Hermann Glaser

Kulturgeschichte der Deutschen Eisenbahn

Schrenk-Verlag

IMPRESSUM

Weißenburger Str. 22
91710 Gunzenhausen
Inh. Dr. phil. Johann Schrenk
www.buchhausschrenk.de

Satz und Layout: Schrenk-Verlag, Gunzenhausen
Titelbild: s. Abb. 7, S. 18
Druck und Herstellung:
Emmy Riedel Buchdruckerei und Verlag, Gunzenhausen
Originalausgabe 2009
ISBN 978-3-924270-64-3

Hermann Glaser

Kulturgeschichte der Deutschen Eisenbahn

Schrenk-Verlag
Gunzenhausen

Schrenk-Verlag

Inhaltsübersicht

Kapitel I EIN NEUER ABSCHNITT IN DER WELTGESCHICHTE **S. 10**

Inhaltsübersicht

Kapitel I

Ein neuer Abschnitt in der Weltgeschichte

Der „Adler“ auf erster Fahrt
England und USA als Vorbilder
Eiserne Straßen
Im Nationalinteresse
Überwindung von Zeit und Raum
Das Ende der Postkutsche
Umstrittene Eisenbahn
Ein Netz wird geknüpft
Liebe zur Bimmelbahn
Bergauf, bergab
Streckenführung durch Baukunst
Arbeitermassen bewegen Erdmassen
Die Industrialisierung kommt in Fahrt
Vom Dampf zum Diesel
Gier nach Eisenbahnaktien
Weltweite Verbindungen

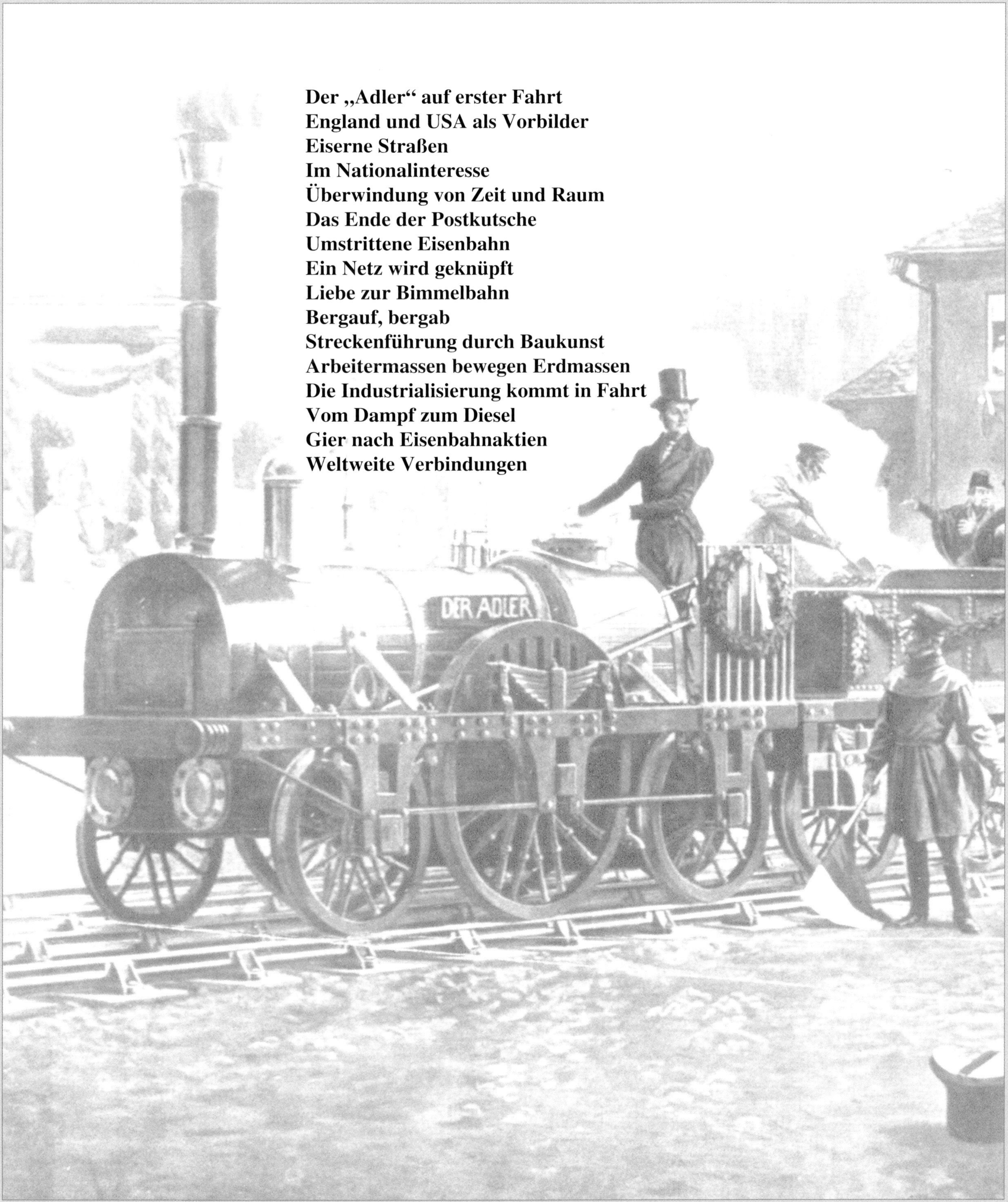

Abb. 1
Abfahrt des ersten Zuges der Ludwigs-Eisenbahn von Nürnberg nach Fürth mit dem Lokomotivführer Wilson und seinem Heizer. In der offiziellen Gruppe von links nach rechts: Regierungspräsident von Stichaner (in Uniform), Denis, Scharrer, Platner, Binder (mit Amtskette), von Baeumen. Nach einem Wandgemälde von Heinrich Heim – Stiftung der Stadt Nürnberg für das Deutsche Museum München.

I EIN NEUER ABSCHNITT IN DER WELTGESCHICHTE

Der „Adler“ auf erster Fahrt

„ ‚Glück auf, mit Gott’, der Anfang ist geschehen,
es liegt die Strecke Bahn! –
Und soll‘s nach Ost und Westen weitergehen
so knüpft man eben an.“

In dem Gedicht des Nürnberger Magistratsrats Jakob Schnerr, das am 7. Dezember 1835 bei der Festtafel anlässlich der Eröffnung der ersten deutschen Eisenbahn, der „Ludwigs-Eisenbahn“, zwischen Nürnberg und Fürth nach der Melodie „Am Rhein, am Rhein, da wachsen unsere Reben“ gesungen wurde, ist die Essenz der Erwartungen, die man mit dem neuen Verkehrsmittel verband, bereits angesprochen. Entstehen sollte ein Netzwerk, das sich in alle Himmelsrichtungen ausbreitet:

„Mit Schienen, Freunde, webet ohne Bangen
ein Netz von Pol zu Pol!
Sieht sich Europa einst darin gefangen,
dann wird es ihr erst wohl.“

Was einst in „roher, harter Zeit“ Wehr und Waffen bedeutet hätten, werde „nun in Schienen umgeschaffen / zum Preis der Menschlichkeit“.[1] Im Protokoll zur Festlichkeit in der Nürnberger Vorstadt Gostenhof heißt es, dass sich morgens um 8 Uhr die Honoratioren – das waren die Aktionäre der Bahn, die königlichen Militär- wie Zivilbehörden und die städtischen Behörden – auf einer Tribüne versammelt hätten, umgeben von einer „ungeheueren Menge Menschen“. Es ertönte die Musik des königlichen Landwehrregiments, die der Rede Jakob

Friedrich Binders voranging. Der studierte Jurist, zunächst Untersuchungsrichter im Staatsdienst, war Dezember 1821 zum Ersten Bürgermeister gewählt worden. Während Nürnberg seit Ende des 18. Jahrhunderts auf Grund der „romantischen Entdeckung“ der Stadt vor allem eine mittelalterliche Aura ausstrahlte, förderte Binder die ersten Ansätze der Industrialisierung; er hat allerdings auch den Erwerb des Albrecht-Dürer-Hauses zur Traditionspflege vorgeschlagen. Er war Vorsitzender des Eisenbahndirektoriums zur Gründung und Errichtung der Ludwigs-Eisenbahn, entscheidend unterstützt von Johannes Scharrer, dem Zweiten Bürgermeister. (Zweiunddreißig Jahre blieb Binder im Amt, doch gab es immer wieder Überlegungen, ihn wegen seines unmoralischen Verhaltens – er hatte zwölf außereheliche Kinder – aus dem Amt zu entfernen. 1853 kam er seiner Entlassung durch Pensionierungsgesuch zuvor.)[2]

Am 7. December 1835.

Glück auf, mit Gott! der Anfang ist geschehen,
Es liegt die Strecke Bahn!
Und soll’s nach Ost und Westen weiter gehen,
So knüpft man eben an. –

Das schöne Werk, der Gegenwart zum Lobe
Wird’s sicher anerkannt
Als erster Punkt, als musterhafte Probe
In unserm Vaterland.

Zwar eben geht’s, zu Nutz und zum Ergötzen,
Von hier zur Schwesterstadt;
Doch kann der Mensch wohl Berge auch versetzen,
So er den Willen hat. –

Und kann’s nicht Einer, nun so können’s Viele,
Wenn Eintracht sie umschlingt.
Geht Aller Streben fest nach e i n e m Ziele,
Gewiss das Werk gelingt.

Seht ihr die Bahn, die Linien von Eisen,
Die, fest und schnurgerad,
Bedeutungsvoll nach Ost und Westen weisen?
Seht Ihr den Zauberpfad? –

Was schnaubt und qualmt dort vor der Wagen Reihe?
Es scheint ein Elephant,
Daß er als Zugthier sich zum Dienste weihe,
Gemacht von Menschenhand. –

Und seht; es zieht mit wunderbarer Schnelle
Den langen Wagenzug
Dies Werk der Kunst gar mächtig von der Stelle,
Im adlergleichen Flug.

Was ist's, das wunderbarlich heut zu Tage
Solch Menschenwerk belebt?
Das Element, auf dem, nach heil'ger Sage,
Einst Gottes Geist geschwebt. –

Und noch ein Element, mit ihm verbunden,
Ihm scheinbar nicht verwandt,
Das Prometheus in thatenvollen Stunden
Dem Himmel kühn entwandt.

Kennt Ihr das Kind des Wassers und der Flammen?
Es wird nur Dampf genannt;
Doch Wunder wirkt's, hält man es klug zusammen,
Gezähmt von Menschenhand.

„Hans Dampf" hat man zum Schimpf oft den geheißen,
Der nicht viel hergeschafft;
Doch Dampf ist nun auf solcher Bahn von Eisen
Das Ideal der Kraft. –

Vergeudet nicht zu Kriegs- und Mordgewehren
Hinfort dies edle Erz!
In Fried' und Glück auf solcher Bahn verkehren,
Erfreue Aller Herz.

Abb. 2
Die „erste Dampfwagenfahrt". Gemälde von B. Goldschmitt und Erich Schilling. Neben dem „Dampfwagen" fuhren bis 1856 zahlreiche Züge auch mit Pferdebespannung; im ersten Betriebsjahr rund 6100 gegenüber 2364 mit Dampf.

Ja, alle Ketten, Fesseln, Wehr und Waffen,
Aus roher harter Zeit,
Sie werden einst in Schienen umgeschaffen,
Zum Preis der Menschlichkeit! –

Mit Schienen, Freunde, webet ohne Bangen
Ein Netz von Pol zu Pol!
Sieht sich Europa einst darin gefangen,
Dann wird es ihr erst wohl.

Jakob Schnerr: Gesang bei der Festtafel anlässlich der Eröffnung der ersten deutschen Eisenbahn (S. 221)

Abb. 3
Deutschlands erste Eisenbahn auf einer der vielen Ansichtskarten, die das Ereignis festhielten. Bis auf geringfügige Krümmungen vor den Endstationen verlief die Trasse völlig geradeaus, was ihren Bau und das Legen der Schienen erleichterte.

Das Protokoll der Eröffnungsveranstaltung hielt im Besonderen fest, dass Binders Rede mit einem dreimaligen Hochruf auf den König und das ganze königliche Haus geschlossen und die versammelte Menge diese Hochrufe „laut schallend unter Musikakkorden“ wiederholt habe. Nach der Enthüllung des Denksteins unter den Klängen des Nationalliedes „Heil unserm König, heil“ hätten die Eingeladenen unter Musik und Kanonendonner den aus Lokomotive und neun „Pferdewagen“ (im Prinzip auf Schienenfahrgestelle gesetzte Postkutschen) bestehenden Zug bestiegen. Dann erfolgte die erste Fahrt.
„Bei der Ankunft in Fürth wurde der Zug von dasigen königlichen und städtischen Behörden bewillkommt und ging nach einigem Aufenthalt daselbst im Gasthof ‚Zum Kronprinzen zu Preußen’ nach Nürnberg zurück, worauf die zweite und dann die dritte Fahrt dem Programm gemäß erfolgte, und die letzte um zwei Uhr nachmittags beendigt; somit die Eröffnungsfeierlichkeit, wobei weder eine Störung der Ordnung noch irgendein Unfall sich ereignete, geschlossen wurde.“[3]
Das sich der ersten Fahrt anschließende Festessen fand im Saal der „Gesellschaft Museum“ statt. Diese Geselligkeits- und Lesegesellschaft war 1810 durch Abspaltung von der „Gesellschaft Harmonie“ entstanden; sie hatte mit der späteren Adresse Königstraße 1 auf dem Areal des ehemaligen Franziskanerklosters im Bereich des vormaligen Zuchthauses (Korrektionsanstalt) ein Gesellschaftshaus mit zwei Lesekabinetten, Spiel- und Gesprächszimmern, Gesellschaftssaal und Kegelbahn errichtet. (Die seit 1484 dort bestehende Brücke erhielt dann im 19. Jahrhundert den Namen „Museumsbrücke“.)

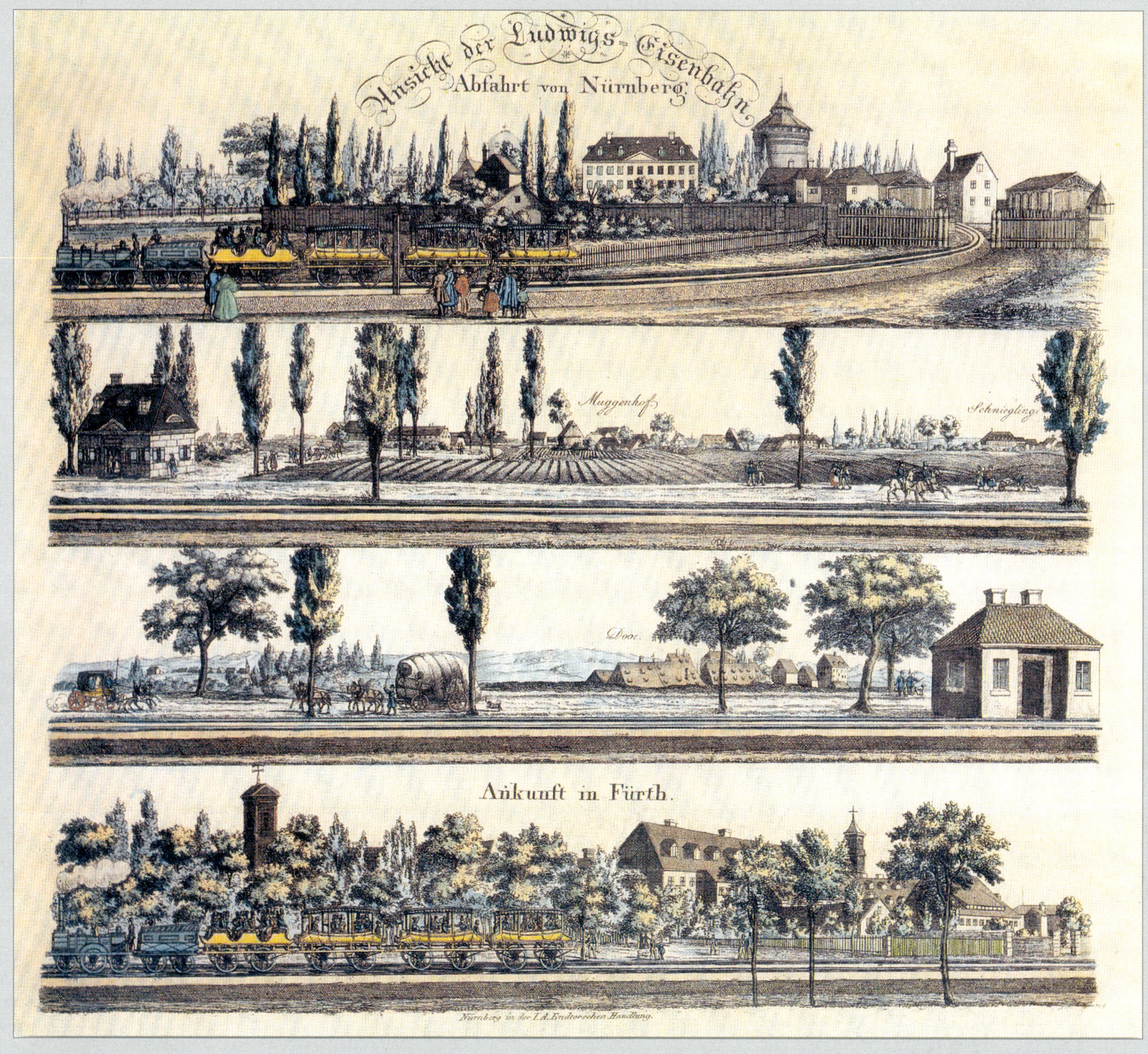

Abb. 4
Vier Streckenteile der Ludwigs-Eisenbahn in einer zeitgenössischen Darstellung; diese nimmt sozusagen die spätere, bei längeren Strecken mit mehr Zügen mit Hilfe von Signalen eingeführte Einteilung in Abschnitte vorweg. In jeden Abschnitt wurde aus Sicherheitsgründen nur ein Zug eingelassen.

Die Entstehung der ersten deutschen Eisenbahn zwischen Nürnberg und Fürth war in Deutschland mit Aufmerksamkeit verfolgt worden; so kam es bei der Eröffnung zu einem verhältnismäßig großen Fremdenzustrom aus München und anderen Städten. Der Nürnberger „Friedens- und Kriegskurier" berichtete, dass „Bestellungen auf Wohnungen in den hiesigen Gasthäusern eingegangen sind, so dass zu jener Zeit einem großen Zusammenfluss von Menschen in unserer Stadt entgegengesehen werden darf. Der Eindruck, den das Erscheinen des Dampfwagens macht, ist aber auch in der Tat ebenso neu als großartig und schon der Mühe einer Reise wert."[4] Nach dem „Intelligenzblatt" der Stadt Nürnberg waren in den ersten zehn Tagen des Dezembers 343 Familien in Nürnberg angekommen, ein Zulauf, der allerdings rasch wieder abnahm.

Abb. 5
Das Gemälde zeigt die Rückfahrt des Zuges von Fürth nach Nürnberg.

In der Presse wurde häufig die „majestätische" Fahrt des Zuges gepriesen, wobei vor allem die Lokomotive und deren englischer Wagenlenker eine besondere Faszination ausübten. „Jede Schaufel Steinkohle, die er nachlegte, brachte er mit Erwägung des rechten Maßes, des rechten Zeitpunktes, der gehörigen Verteilung auf den Herd. Keinen Augenblick müßig, auf alles achtend, die Minute berechnend, da er den Wagen in Bewegung zu setzen habe, erschien er als der regierende Geist der Maschine und der in ihr zu der ungeheueren Kraftwirkung vereinigten Elemente." („Stuttgarter Morgenblatt")[5]
Die Lokomotive, die, wie es in Jakob Schnerrs Gesang hieß, mit wunderbarer Schnelle den langen Wagenzug zog – für die rund sechs Kilometer lange Strecke zwischen den beiden fränkischen Städten benötigte sie etwa 13 Minuten –, trug den Namen „Adler". Die Fabrik von George Stephenson & Co in Newcastle/England hatte sie gebaut. In 19 Kisten verpackt, war sie per Schiff bis Köln und von da ab per Fuhrwerk nach Nürnberg gebracht worden. William Wilson von der Firma Stephenson baute die in rund 100 Einzelteile zerlegte Lokomotive wieder zusammen. Dies erfolgte in der Werkstatt des Johann Wilhelm Spaeth, aus der sich später eine bedeutende Maschinenfabrik entwickelte.
Der „Adler" hatte drei Achsen, sechs Räder, zwei Zylinder; seine Leistung betrug 25 PS bei 4,2 Atmosphären Dampfdruck; als höchste Geschwindigkeit waren 23 Kilometer in der Stunde zulässig; bei Probefahrten erreichte er 40km/h; er kostete 850 Pfund Sterling. Der um 1809 geborene Wilson sollte ursprünglich nur für eine befristete Zeit bei der Ludwigs-Eisenbahn tätig sein; doch blieb er in Nürnberg, wo er auch seine Frau fand. Zunächst fungierte er als alleiniger „Dampfwagenführer" mit einem Gehalt von 1500 Gulden, das 300 Gulden höher war als das des Direktors der Bahngesellschaft; zugleich wirkte er als maschinentechnischer Leiter des kleinen Bahnunternehmens. Er bildete Lokomotivführer aus und arbeitete als Konstrukteur am Zeichentisch wie als Praktiker in der Werkstatt. Nach seinem Tod 1862 wurde er auf dem Nürnberger Johannisfriedhof beigesetzt.

Abb. 6
Wilson sprach und verstand, als er nach Nürnberg kam, kein Wort Deutsch. Bald jedoch lebte er sich ein und wurde heimisch, so dass er seinen zunächst für acht Monate abgeschlossenen Vertrag im August 1836 erneuerte und die Absicht aussprach, die Stadt nicht mehr zu verlassen. In seiner Schlosserwerkstatt führte er mit seinen Gesellen zunächst alle bei der Ludwigsbahn anfallenden kleineren und größeren Reparaturen aus.

Abb. 7
Die Nürnberger „Adler“-Pioniere hatten „eine Vielzahl von Schwierigkeiten im täglichen Betrieb zu bewältigen. Welches war das geeignete Schmiermittel für die eisernen Räder? Wie schützte man die Fahrgäste vor Wind und Wetter? Was war die beste Pflege der Waggons, wenn Schnee und Eis die Landschaft überzogen? Wie ließ sich der Zug an den Endstationen am besten wenden? Auch die vielen störenden Schienenstöße, die bei den kurzen, nur 15 Fuß langen Schienen unvermeidlich waren, sorgten immer wieder für Probleme. Des weiteren zeigten sich wiederholt Risse in den gusseisernen Rädern. So ganz mühelos entfaltete der ‚Adler‘ seine Fittiche nicht, in den ersten Jahren galt es daher eine bunte Palette von technischen Schwierigkeiten in den Griff zu bekommen und womöglich für immer aus dem Weg zu räumen. Was natürlich andererseits in Anbetracht der noch kaum erprobten neuen Technik durchaus seine Vorteile hatte. Von all diesen Erfahrungen profitierten die übrigen Eisenbahn-Komitees in Deutschland, wie die reiche Korrespondenz mit der ‚Ludwigs-Eisenbahn-Gesellschaft‘ zeigt.“ (Peter Heigl)

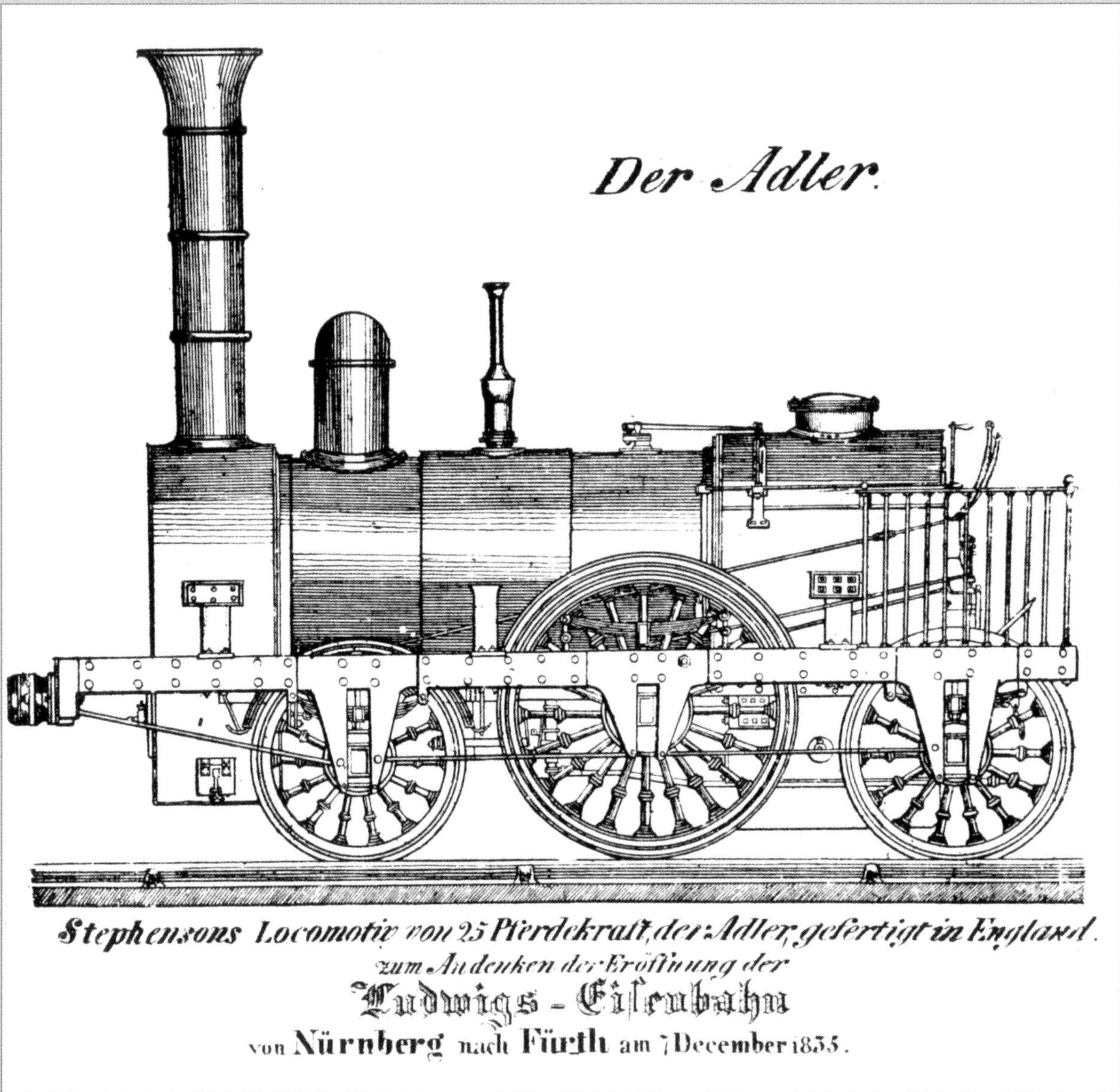

England und USA als Vorbilder

Die erste deutsche Eisenbahn konnte die Erfahrungen nutzen, die man in England und dann in Nordamerika mit dem neuen Verkehrsmittel gemacht hatte. Bei dem Prozess der Industrialisierung war England allen Konkurrenten weit voraus. So war es zu Innovationen im Bergbau gekommen, welche die Entwicklung in anderen Ländern überflügelten; schon Mitte des 18. Jahrhunderts wurden im englischen Grubenbahnsystem bei den an sich seit dem Mittelalter benutzten kleinen Transportwagen, die auf Holzschienen liefen, gusseiserne Räder und bald darauf gusseiserne Schienen verwendet. Entscheidend war der Ersatz der bislang benützten Pferdekraft durch eine auf Räder montierte, vor allem von James Watt entwickelte Dampfmaschine – Lokomotive genannt.
Den ersten Dampfwagen, von dem berichtet wird, hatte der lothringische Artillerieleutnant Nicolas Joseph Cugnot gebaut: ein dreirädriges Monstrum mit einem lenkbaren Vorderrad, das durch die zwei Zylinder einer Hochdruckdampfmaschine angetrieben wurde. Das Vehikel wurde 1769 dem Pariser Kriegsministerium zur Begutachtung vorgestellt (es sollte Kanonen ziehen), prallte aber, als der Dampf ausging, gegen eine Mauer, was dazu führte, dass die Behörde das Projekt ablehnte. Dem Schraubenschneider William Murdock gelang es

dann 1784, mit einigem Erfolg eine Dampfmaschine auf ein Straßenfahrzeug mit Rädern zu setzen. Am 25. Februar 1804 fuhr in einer Waliser Kohlengrube auf einer Schiene die erste Lokomotive, erbaut von Richard Trevithick, der weitere Entwicklungsschritte der Maschine bewirkte. 1814 konnte George Stephenson seine erste Lokomotive vorstellen, die er „Blücher“ nannte. Eine Stephenson-Lokomotive zog 1825 die ersten, auch zur Personenbeförderung dienenden Eisenbahnwagen zwischen Stockton und Darlington.

„Was uns an George Stephenson fasziniert und letztendlich der Grund für seine überragenden Erfolge war, ist die Tatsache, daß er nicht nur Spezialist – Fachidiot pflegt man heute zu sagen – war, sondern rundum begabt, interessiert und tätig. Daß er eine Sicherheitslampe konstruierte, die die Bergleute weitgehend vor den Gefahren der ‚schlagenden Wetter' schützte, sei am Rande vermerkt. Stephenson begriff als erster Konstrukteur die Eisenbahn als System aus Schienenweg und ‚rollendem Material', Organisation, Information, Sicherheit und sich verzinsendem Kapital, nicht nur für die Zwecke englischer Kohlengruben geeignet, sondern ganz allgemein für jeglichen Transport von Gütern und Menschen. Die Zeit war ihm günstig, er segelte vor dem Wind, wenn solch ein Vergleich erlaubt ist in einem Jahrzehnt, in dem allerorten Dampfschiffe und Dampfwagen gebastelt, gebaut, erprobt und vorgestellt wurden.“ (Rolf L. Temming)[6]

Abb. 8
Die „Puffing Bill“ von William Hedley (1813) blieb fast fünfzig Jahre auf der Wylam-Zeche bei Newcastle upon Tyne im Einsatz. Ihr Nachbau fürs Deutsche Museum München (1903-1906) war übrigens dessen erstes großes Exponat. Stephenson kannte Heleys Lokomotive; bei seinen Konstruktionen gelangen ihm wesentliche technische Verbesserungen.

Abb. 15
Bei der Vorführung von Cugnots „Feuerwagen" in Vincennes war der Kriegsminister persönlich anwesend. Weil die Steuerung nicht gelang, endete die Fahrt an einer Mauer. Die Behauptung des Erfinders, dass durch die Maschine Geschütze in Feuerstellung gezogen werden könnten und eingegrabene Geschütze aus dem Schlamm wieder herauszuholen wären, fand so keinen Glauben. Das Gefährt sei lebensgefährlich; weitere Versuche wurden verboten. Eigentlich habe Cugnot, so ein englischer Schriftsteller später, den ersten Panzerwagen der Welt vorgeführt.

Abb. 16
Johann Adam Klein (geb. 1792 in Nürnberg, gest. 1875 in München) fand vor allem Anerkennung als Tier- und Genremaler; sein umfangreiches radiertes Werk fand weite Verbreitung; darunter sind viele fränkische Motive, wie die vor der Ludwigsbahn scheuenden Pferde.

gebaut worden waren, selten als gewinnbringend erwiesen; sie stellten also keine wirkliche Konkurrenz dar.) Nachdem er 1828 den ersten Spatenstich zur Baltimore-Ohio-Bahn vollzogen hatte, meinte der 90-jährige Charles Carroll, einer der Direktoren der Gesellschaft – er war übrigens der einzige überlebende Unterzeichner der amerikanischen Unabhängigkeitserklärung von 1776: „Ich glaube, dies ist eine der wichtigsten Taten meines Lebens und kommt gleich

Abb. 17
Stephenson wurde 1781 als Sohn armer Eltern geboren; er musste schon als Kind hart arbeiten und wuchs ohne Schulbildung auf; erst mit 18 Jahren lernte er lesen und schreiben. Die Maschinerie der Kohlengruben seiner Heimat (Wylam bei Newcastle upon Tyne) faszinierten ihn und bestimmten seinen Beruf als Bremser beim Kohlentransport. Er stieg bis zum Direktor eines Kohlenbergwerks auf und baute dann in Newcastle eine Lokomotivenfabrik; sie erlangte bald Weltruf und lieferte ihre Maschinen überall dorthin, wo neue Bahnen entstanden. Der „Adler" war die 118. Lokomotive aus seinem Werk. Ein Gemälde von Henry Perronet Briggs.

nach meiner Unterschrift unter die Unabhängigkeitserklärung. Aber wahrscheinlich ist sie genauso wichtig."[7] Diese Einschätzung bestätigte sich. Im gleichen Jahr zählte Friedrich List in einem Schreiben an Joseph Ritter von Baader schon zwölf Eisenbahnprojekte auf, die in den USA zu dieser Zeit geplant oder im Bau wären und eine Gesamtlänge von mehr als tausend Meilen ausmachten.

Abb. 18
Zur Feier des 50-jährigen Jubiläums der „ersten deutschen Dampfeisenbahn von Nürnberg nach Fürth" entstand nach einer Zeichnung von C. Daumerlang dieses Gedenkblatt. Es zeigt, eingerahmt von den Bildnissen Stephensons und Borsigs, den Nürnberger Ludwigs-Bahnhof mit dem Scharrer-Denkmal. Links oben Cugnots Dampfwagen; darunter ein Spottbild auf die Eisenbahn und einen amerikanischen Eisenbahnzug von 1831. Rechts oben eine Illustration zur Konkurrenz von Dampf- und Pferdestärke; darunter ein weiteres Spottbild und schließlich der erste Zug der Ludwigsbahn.

Eiserne Straßen

Ganz gegenteilig zu Carolls Enthusiasmus verhielt sich König Ludwig I. von Bayern. Auch wenn er den Betreibern der ersten Eisenbahn 1834 ein auf dreißig Jahre befristetes Privileg erteilt und die Genehmigung gegeben hatte, seinen Namen zu verwenden, mussten die Nürnberger sich weitgehend auf ihre eigene Kraft verlassen, als sie ihr Projekt auf den Weg brachten. Denn der Monarch stand ihm skeptisch gegenüber; das zeigte sich besonders bei seiner negativen Reaktion auf den Vorschlag, den Baader als bayerischer Oberst-Bergrat und Professor 1807 gemacht hatte: zu Nutzen des Kommerzes sollte der Rhein mit der Donau durch eine „Straße mit Eisenbahnen" verbunden werden. Im Schlosspark zu Nymphenburg warb er für seine Idee mit einer Modellbahn.
Baader (1764-1835) hatte in Ingolstadt und Göttingen Medizin, Mathematik und Mechanik studiert und war danach für mehrere Jahre in Frankreich und England gewesen, wo er sich umfangreiche Kenntnisse im Berg- und Maschinenbau erworben hatte. In zahlreichen Schriften über die „fortschaffende Mechanik" – so 1812 in einer „Denkschrift über die Einführung von eisernen Kunststraßen in Bayern" – setzte sich Baader, der 1815 erneut nach England ging, um dort vor allem das Eisenbahnwesen zu studieren, für dessen Einführung in Deutschland ein. Ludwig I. sah darin jedoch eine Konkurrenz zu „seinem" Kanal zwischen Main und Donau; die wollte er nicht dulden. „Trotz allem Gesagten über die Eisenbahn dürften dennoch Canäle zwischen München und der Donau und Main Eisenbahnen vorzuziehen seyn.

Abb. 19
Bei der Konkurrenz von Ludwigskanal und Ludwigs-Eisenbahn kam, entgegen der Vorliebe des Königs, bald der Bahn das größere Gewicht zu. (Kupferstich 1845)

Ein gar nicht bemerkter Hauptgrund für erstere ist die Dauer. Wie leicht können in einem Kriege Eisenbahnen zerstört werden bis auf die Spur. Ein Canal aber, für dessen Speisewasser gesorgt, kann nach Jahrhunderten leichter wieder hergestellt werden.“[8]
Ähnlich wie Baader hatte im Februar 1817 Johann Carl Leuchs in der „Allgemeinen Handlungszeitung“ die Anregung zum Bau von Eisenbahnen in Deutschland und kurz danach zum Bau einer von Nürnberg nach Fürth führenden Linie gegeben. Diese würde den Warentransport sehr erleichtern und damit den inneren Verkehr „lebhafter“ machen sowie mehr Durchfuhrhandel veranlassen. Die Chaussee zwischen den beiden Städten weise schon jetzt den bedeutendsten Personen- und Warenverkehr im ganzen Königreich Bayern auf. Nürnberg, die Wiege deutscher Gewerbsamkeit und deutschen Erfindergeistes, solle nicht hinter dem kleinsten Ort Amerikas zurückbleiben; man solle sich beeilen, Süddeutschland den Ruhm der ersten deutschen Eisenbahn zu sichern. Seine Anregung fand keine besondere Resonanz; auch der Handlungsvorstand zu Nürnberg wies den Antrag mit der Bemerkung ab, dass eine Eisenbahn wohl in England einträglich sein könne, nicht aber hier.
Leuchs stammte aus einer bedeutenden Nürnberger Kaufmannsfamilie; sein Vater Johann Michael war durch die Schriften Immanuel Kants geprägt.[9] Mit seinem Buch „System des Handels“ 1804 wurde er nicht nur Begründer einer modernen Handelswissenschaft, sondern auch Protagonist des Wirtschaftsliberalismus in Nürnberg. In seinem Haus eröffnete er eine Handelsakademie für künftige Kaufleute; zudem fungierte er als Herausgeber mehrerer Zeitschriften, die sich besonders der Verbreitung technologischer Kenntnisse widmeten. Darunter war die „Allgemeine Handlungszeitung“, in der dann 1833 sein jüngerer Sohn Erhard Friedrich, der sich voll zu den Ideen seines Bruders Johann Carl (nun Inhaber des Handelsgeschäfts und des Verlags) bekannte, zur Begründung einer Aktiengesellschaft für den Bau einer Bahn zwischen Nürnberg und Fürth aufrief. In ganz Bayern, vielleicht selbst in ganz Deutschland, sei kein Punkt vorhanden, wo eine Eisenbahn leichter und mit größerem Vorteil für die Unternehmer ausgeführt werden könne. 1800 Exemplare des Aufrufs ließ er in der Stadt verteilen.

Abb. 20
Baader, Sohn eines kurfürstlichen Medizinalrates und Leibarztes in München, erwarb mit 21 Jahren an der Landesuniversität Ingolstadt das medizinische Doktordiplom, doch interessierte er sich vor allem für Mechanik. Im Herbst 1796 reiste er über Holland nach England und konnte im damaligen Musterland der Technik reiche Erfahrungen sammeln – besonders was den Maschinen- und Bergbau sowie das Hüttenwesen betraf.

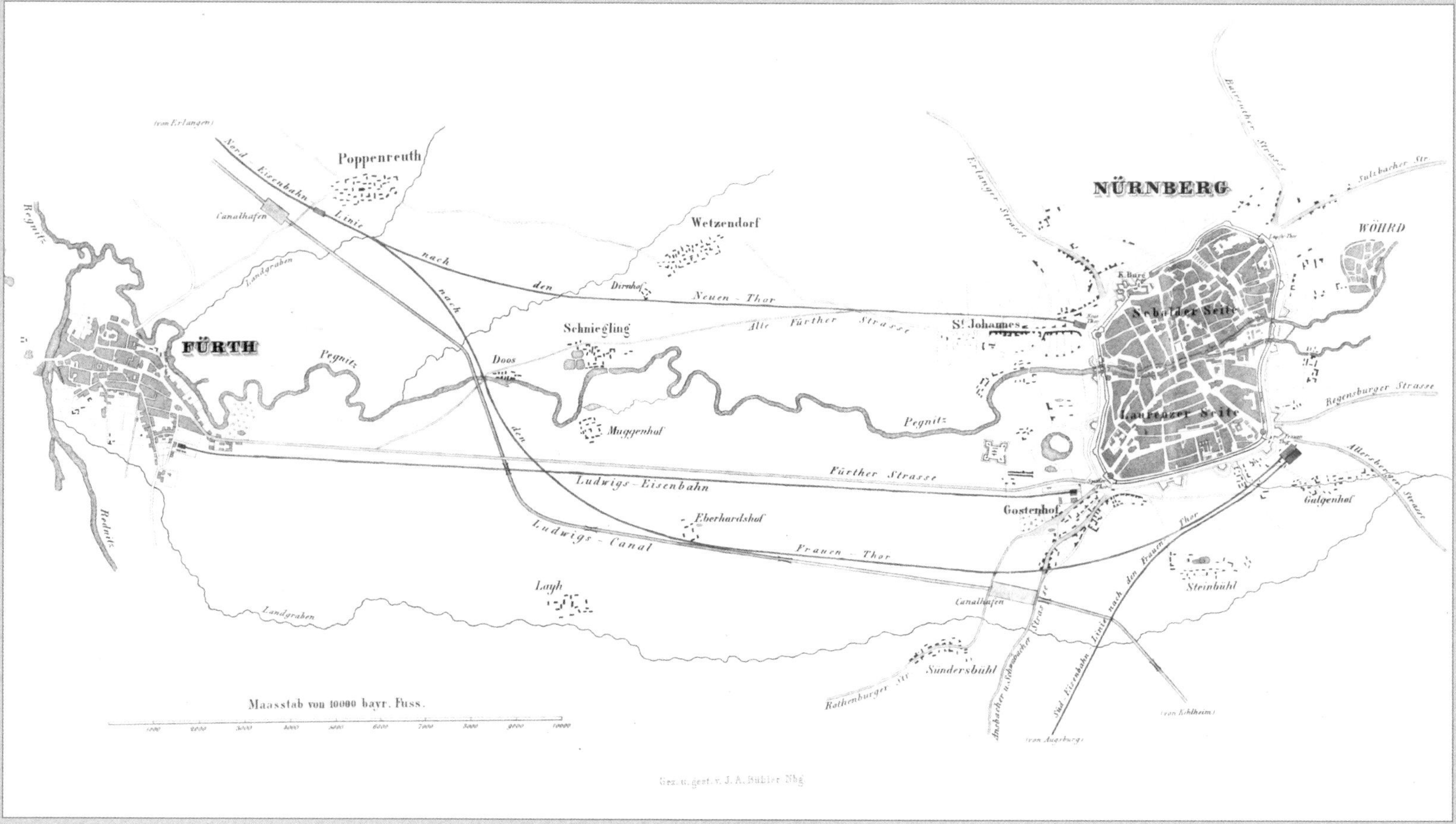

Abb. 21
Lageplan der Ludwigs-Eisenbahn. „Bis auf einige geringfügige Abweichungen verlief die Bahnstrecke auf nahezu vollkommen ebenem Niveau. Die Bahnlinie wurde so konzipiert, daß der Bahnkörper nirgends in das Gelände einschnitt und an allen Stellen über seiner Umgebung lag… Die oberste Schicht des Bahndammes bestand aus Wasserkalk, der die Aufgabe hatte, das Eindringen von Wasser in die Fundamente zu verhindern. Nachdem man den Damm auf diese Weise gefestigt hatte, wurde er außerdem noch mit einer Walze vom Gewicht der später auf ihm zu transportierenden Lasten gefestigt… Da vorgesehen war, die Bahn sowohl mit Pferden als auch mit dem Dampfwagen zu betreiben, wurde der Raum zwischen den Schienen mit Bruchsteinen ausgelegt, über die eine Kiesschicht aufgeschüttet wurde.“ (Carl Asmus)

Die Mehrheit der für das Gemeinwesen von Nürnberg und Fürth Verantwortlichen konnten sich nicht für die Idee erwärmen; doch ergriffen Georg Zacharias Platner, Großkaufmann und Mitglied des Handelsvorstandes, und Johannes Scharrer, Direktor der Polytechnischen Schule, unterstützt von Bürgermeister Binder und dem Fürther Bürgermeister Franz von Baeumen sowie einigen Kaufleuten die Initiative in Form einer Einladung zum 14. Mai 1833 in den Nürnberger Rathaussaal zur Gründung einer Eisenbahngesellschaft. Da das Handelshaus Platner Weltruf genoss, kam es zu zahlreichen Subskriptionen. In nur sechs Monaten wurden 1320 Aktien, das Stück zu 100 Gulden, gezeichnet; das Startkapital für den Bahnbau war somit gegeben. Davon stellten die Nürnberger 53 %, die Einzahler aus München 13 % und Finanziers aus Fürth und Würzburg je 10 %. Die bayerische Regierung zeichnete nur zwei Aktien und blieb zudem das Geld lange Jahre schuldig. Anders verhielt sich Herzog Max von Bayern, der Vater der als „Sissi“ berühmt gewordenen bayerischen Prinzessin; er erwarb zehn Aktien für 1000 Gulden – „in allergnädigster Anerkenntnis“ des Unternehmens als einer „für die Verkehrserleichterung zwischen zweien der gewerbereichsten Städte unseres Königreiches“ dienenden Angelegenheit.
Da George Stephenson mit seinem Angebot, das Eisenbahnprojekt durchzuführen, zu teuer war, übernahm der königliche Bezirksingenieur Paul Camille von Denis, der Studienreisen durch die Eisenbahnländer England und Nordamerika gemacht hatte, die Planung, die er in drei Monaten durchführte; dafür ließ er sich von der Regierung beurlauben. (Später erhielt er auch den Auftrag zum Bau der Strecke München-Augsburg und baute die Taunusbahn von Frankfurt über Wiesbaden nach Mainz; zudem fertigte er einen Entwurf für eine Bahn von Köln nach Bonn.) Die Schienen für die Strecke Nürnberg-Fürth sollten ursprünglich aus England bezogen werden; die Regierung verweigerte jedoch die zollfreie Einfuhr, weshalb eine deutsche Firma im Rheinland, das Eisenwerk Rasselstein bei Neuwied, die Fertigung übernahm. Die zwei Weichen und die sieben Drehscheiben stellte die Werkstätte J. W. Spaeth her.

Abb. 22 (links)
Scharrer (1785-1844) prägte als Kaufmann, Kommunalpolitiker und Sozialreformer nachhaltig die ersten Jahrzehnte Nürnbergs als bayerischer Stadt. Er bewirkte u.a. 1821 die Gründung der Stadtsparkasse und 1823 der Polytechnischen Schule, deren Leitung er 1829 nach seiner Abwahl als 2. Bürgermeister übernahm. (Da er seine Reformprojekte gegen die Bürgerschaft mit Hilfe des autokratischen Königs Ludwig I. durchzusetzen suchte, hatte diese ihm das Vertrauen entzogen.) Von 1836 bis zu seinem Tod war er Direktor der Ludwigsbahn-Gesellschaft.

Abb. 23 (oben Mitte)
Der mit Scharrer befreundete Platner (1781-1862) übernahm nach dem Tod des Vaters 1811 dessen Kolonial- und Wechselgeschäft und baute es wesentlich aus. Von 1818 bis 1843 gehörte er dem Kollegium der Gemeindebevollmächtigten an. Er war in der Ludwigsbahn-Gesellschaft zunächst erster Direktor, dann Kassier.

Abb. 24 (oben rechts)
Als einer der wenigen deutschen Ingenieure, die auch das Eisenbahnwesen des Auslandes kannten, war Camille Denis (1795-1872) – durch die Verleihung des Bayerischen Kronenordens dann geadelt – ein allseits gesuchter Fachmann; insgesamt hat er wohl mehr als 1000 Kilometer Schienenwege erbaut.

Für die Lokomotive als Antriebsmittel benötigte man einen geeigneten Unterbau, eben die Schiene mit ihrer Lagerung und Befestigung, die das schnelle Dahingleiten ermöglichte. An der Schwelle des Eisenbahnzeitalters waren so vor allem die Schwellen von großer Wichtigkeit. Für den Nürnberger Bahnbau hatte Friedrich List 1834 eine Zusammensetzung von Steinen, Holz und Eisen vorgeschlagen; es wurden dann zunächst Steinblöcke für die Lagerung der Schienen verwendet.

Im Nationalinteresse

Entscheidenden Anteil daran, dass in Deutschland zu Beginn des 19. Jahrhunderts die Diskussion über die Notwendigkeit des Eisenbahnwesens und damit einer fortschrittlichen technischen wie industriellen Entwicklung in Gang kam, hatte Friedrich List. Als junger Tübinger Professor für Staatspraxis (1789 in Reutlingen geborgen) sowie Initiator des „Deutschen Handels- und Gewerbevereins" war er zu Festungshaft verurteilt und wegen seiner liberalen Anschauungen zur Auswanderung nach Amerika gezwungen worden. 1832 kam er von dort zurück und trat in Wort und Schrift für den Eisenbahnbau ein. Politische Streitigkeiten und vergebliche Anstrengungen zermürbten ihn so, dass er 1846 bei Kufstein Selbstmord verübte.
Lists weiträumigen Perspektiven, in konkreten sozioökonomischen Erkenntnissen fundiert und überwölbt von einem nationalromantischen Ideenhimmel, hatten sich in den USA ausgebildet. Nun hoffte er, dass das Eisenbahnsystem, zusammen mit dem Deutschen Zollverein – nach Vorstufen 1834 als Zusammenschluss deutscher Bundesstaaten mit dem Ziel einer wirtschaftlichen Einigung durch Abbau von Zöllen und anderen wirtschaftlichen Hemmnissen in Kraft getreten –, die Grundlagen für einen glanzvollen Aufstieg Deutschlands schaffen

Abb. 25
Lists Hoffnung, bei der Leipzig-Dresdner-Eisenbahn, der er sehr schnell zur Verwirklichung verhalf, eine Anstellung zu bekommen, erfüllte sich nicht; auch blieben seine Bemühungen, in Württemberg oder Bayern, dann in Wien und England einen ihm gemäßen Wirkungskreis zu finden, vergeblich. Es sei eine Ehrenpflicht des deutschen Volkes, so L. O. Brandt in der Einleitung zu der 1897 in Reclams-Universal-Bibliothek neu herausgegebenen Schrift Lists über ein sächsisches Eisenbahn-System, das Andenken an ihn als einem Mann, der sein Leben dem Wohle des Vaterlandes geweiht habe, nicht verlöschen zu lassen; ihm gebühre neben den größten Männern der Vergangenheit und Gegenwart „eine Stätte warmer Erinnerung, den man am 30. November 1846 in eisiger Nacht, von frisch gefallenem Schnee mitleidig verhüllt, tot gefunden hat – auf der Landstraße.“

und „die Vervollkommnung der deutschen Nationalzustände“ bewirken werde.[10] Beide Einrichtungen, „zur gleichen Zeit geboren, körperlich aneinandergewachsen, eines Geistes und Sinnes“, würden sich wie Zwillinge wechselseitig unterstützen und einem und demselbem großen Ziel zustreben, nämlich der „Vereinigung der deutschen Stämme zu einer großen

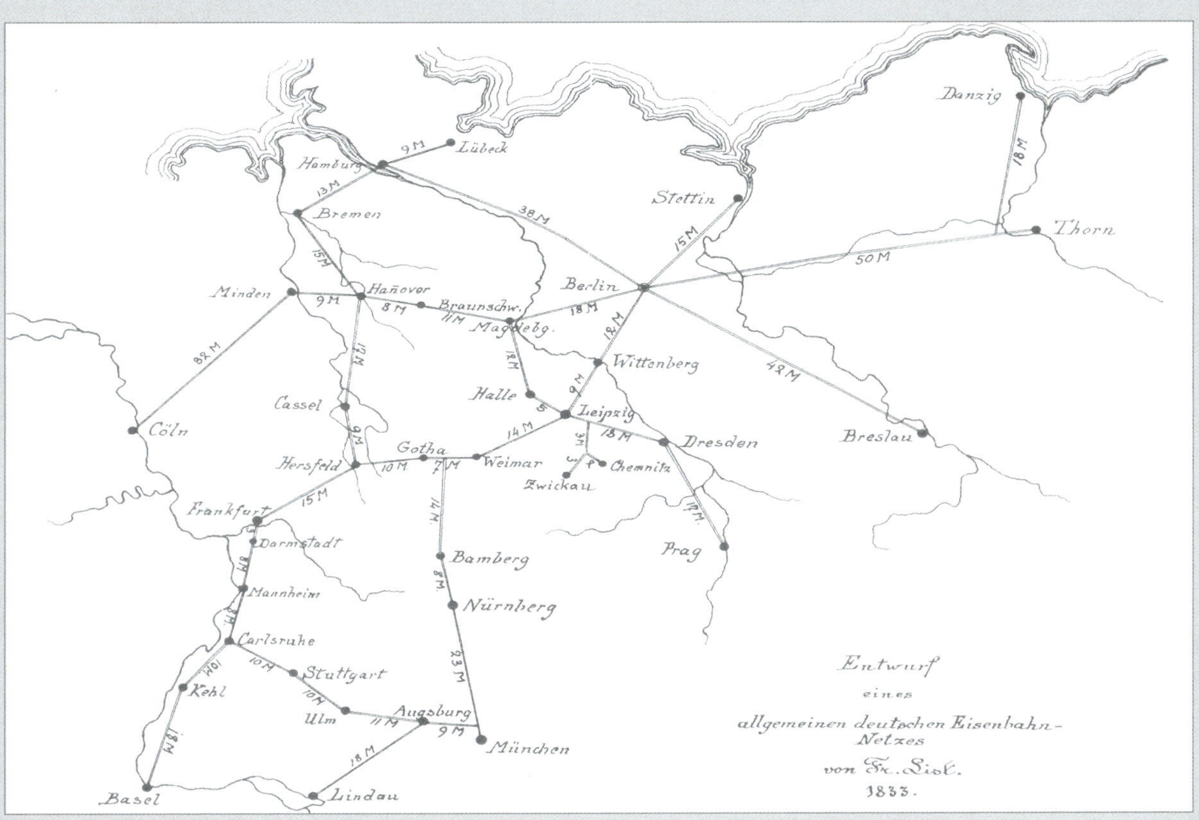

Abb. 26
Entwurf eines Allgemeinen deutschen Eisenbahn-Netzes von Fr. List, 1833

Abb. 27
1833 zeigte Friedrich List mit einer Zeichnung, wie er sich einen deutschen Eisenbahnzug vorstellte; die englischen Vorbilder hatten dabei Pate gestanden.
Darunter eine zeitgenössische Darstellung des ersten Bahnhofs in Leipzig und ein Zug der Leipzig-Dresdner-Eisenbahn. Da zwischen Nürnberg und Fürth mehr Züge durch Pferde als durch die Lokomotive, den „Adler“ gezogen wurden, aber dies bei der sächsischen Eisenbahn nicht so war, nannte man sie manchmal die „richtige Eisenbahn“. Die Strecke war rund 115 Kilometer lang; 1837 ging der erste Abschnitt Leipzig – Althen in Betrieb: sie führte bei Riesa auf einer großen Brücke über die Elbe und bei Oberau durch den ersten deutschen Tunnel; ab 1840 konnte sie bereits zweigleisig befahren werden.

und gebildeten, reichen, mächtigen und unantastbaren Nation“. Auf der einen Seite könne ein deutsches Eisenbahnwesen ohne den Zollverein nie zur Sprache, geschweige denn zur Ausführung kommen; auf der anderen vermöchte sich die gesellschaftliche Ökonomie der Deutschen nur mit Hilfe eines deutschen Eisenbahnwesens zur nationalen Größe emporzuschwingen.

Weitblick Goethes

Wir sprachen sodann über die Einheit Deutschlands und in welchem Sinne sie möglich und wünschenswert sei.

„Mir ist nicht bange“, sagte Goethe, „daß Deutschland nicht eins werde; unsere guten Chausseen und künftigen Eisenbahnen werden schon das ihrige thun. Vor allem aber sei es eins in Liebe untereinander, und immer sei es eins gegen den auswärtigen Feind. Es sei eins, daß der deutsche Taler und Groschen im ganzen Reiche gleichen Wert habe; eins, daß mein Reisekoffer durch alle sechsunddreißig Staaten ungeöffnet passieren könne. Es sei eins, daß der städtische Reisepaß eines weimarischen Bürgers von dem Grenzbeamten eines großen Nachbarstaats nicht für unzulänglicher gehalten werde als der Paß eines Ausländers. Es sei von Inland und Ausland unter deutschen Staaten überall keine Rede mehr. Deutschland sei ferner eins in Maß und Gewicht, in Handel und Wandel und hundert ähnlichen Dingen, die ich nicht alle nennen kann und mag.“

Johann Peter Eckermann: Gespräche mit Goethe in den letzten Jahren seines Lebens, 23.10.1828 (S.605)

Ein deutsches Eisenbahnsystem würde der Förderung der materiellen Nationalinteressen wie der Stärkung aller nationalen geistigen und politischen Kräfte dienen, und zwar:
– als „Verteidigungsinstrument“, denn es erleichtere die Zusammenziehung, Verteilung und Direktion der Streitkräfte;
– als Kulturverbreitungsmittel, denn es beschleunige die Distribution aller Literaturprodukte wie aller Erzeugnisse der Künste und Wissenschaften; es bringe Talente, Kenntnisse und Geschicklichkeit jeder Art in Wechselwirkung; es vermehre die Bildungs- und Belehrungsmittel aller Individuen, von jedem Stand und Alter;
– als „Assekuranzanstalt“, denn es verhindere Teuerung, Hungersnot und eine übermäßige Fluktuation in den Preisen;
– als „Gesundheitsanstalt“, denn es vernichte die Entfernungen zwischen den Leidenden und den Heilmitteln;
– als „Vermittler des gemütlichen Verkehrs“, denn es verbinde den Freund mit dem Freund, die Verwandten miteinander;
– als „Stärkungsmittel des Nationalgeistes“, denn es vernichte die Übel der Kleinstädterei wie des provinziellen Eigendünkels und Vorurteils;
– als festen Gürtel um die Lenden der Deutschen, denn er einige ihre Glieder zu einem streitbaren und kraftvollen Körper;
– als „Nervensystem des Gemeingeistes“ und der gesetzlichen Ordnung, denn es verleihe im gleichen Maße Kraft der öffentlichen Ordnung wie der Staatsgewalt.

1833 erschien Lists Abhandlung „Über ein sächsisches Eisenbahnsystem als Grundlage eines allgemeinen deutschen Eisenbahnsystems“[11]. Das von Leipzig aus nach allen Richtungen sich weithin erstreckende ebene und feste Terrain lade seine Bewohner geradezu ein, ohne Vorbereitung die Schienen auf den Boden zu legen; die Gegend sei für die Anlegung von Eisenbahnen besonders geeignet. Wenn man die Schienen hier unmittelbar auf denjenigen Teil der Heerstraße lege, der jetzt von den zum Chausseebau erforderlichen Steinen versperrt sei, so würde eine sehr starke Bahn von eichenen, mit Eisen beschlagenen Schienen kaum mehr als 15.000 Taler per deutsche Meile kosten. Dazu trete ein weiterer, bei den sächsischen Lokalverhältnissen besonders in Betracht kommender Umstand: nämlich die Eigenschaft Leipzigs als Herzkammer des deutschen Binnenverkehrs, des Buchhandels und der deutschen Fabrikindustrie.

Die Zahl der Hin- und Herreisenden und der Durchreisenden mit Einschluss der Messebesucher sei hier größer als an irgendeinem anderen Ort in Deutschland und würde für sich schon die Anlegung von vier Eisenbahnen, jede 20 Meilen lang, lohnend machen. Gegenwärtig schon rechne man, einschließlich der Durchreisenden, mit 50.000 Fremden. Auf die doppelte Zahl würden diese steigen, könne man eine Reise nach Leipzig von 40 Meilen hin und her für 5 Taler machen, ohne mehr als 10 Stunden auf dem Weg zuzubringen; der Bruttoertrag wäre also in diesem Falle 500.000 Taler. Schließlich komme die Konsumtion am Platze selbst in Betracht. Alle Arten von Lebensmitteln nebst den Brennmaterialien seien hier teurer als in den Seestädten und dabei bedeutend schlechter. Holz koste 100% mehr in der Stadt als 4 bis 5 Meilen entfernt. Während bei so hohen Preisen der großen Masse der Bevölkerung das Brennmaterial äußerst spärlich zugemessen sei, lägen 8 Meilen südlich der Stadt alle Berge voll Steinkohle. An Fabriken, die Wasserkraft und Brennmaterial erfordern, sei nicht zu denken. Kaum reichten die vorhandenen Wasserwerke, das erforderliche Semmelmehl zu liefern; das Schwarzbrot werde dem ärmeren Teil der Bevölkerung vom Lande zu Markte gebracht. Überall gewahre man, wie der Mangel an wohlfeilen Transportmitteln die Bevölkerung und die Gewerbsindustrie niederhalte. Das Eisenbahnwesen würde dem abhelfen und die wirtschaftliche Lage der Hauptstadt wesentlich verbessern.

Die Argumentation überzeugte; im gleichen Jahr baten Leipziger Bürger das Sächsische Staatsministerium um Genehmigung zum Bau einer Eisenbahn von Leipzig nach Dresden mit Hilfe einer Aktiengesellschaft; die Genehmigung erfolgte zwei Jahre später. Außerdem wurde 1835 durch preußische Kabinettsordre einem Kölner Komitee die Erlaubnis zur Bildung einer Aktiengesellschaft zum Bau einer Eisenbahn von Köln an die belgische Grenze gegeben. Die Nürnberger jedoch waren schneller und konnten mit ihrer kleinen Strecke den Wettlauf bei der Fertigstellung der ersten Eisenbahn in Deutschland gewinnen. Das alte Nürnberg, so der dänische Dichter Hans Christian Andersen, der 1840 auf einer Reise in die Stadt kam, war somit die erste deutsche Stadt, „die in den gigantischen Gedanken der jungen Zeit miteinstimmte, die Städte durch Dampf und eiserne Bänder zu verbinden".[12]

Traumgesicht

List saß vor seiner Holzhütte und überlegte:

In Rußland ist Aufstand, die Polen wollen sich selbständig machen; die Griechen haben es bereits getan. In Holland ist Revolution, die Belgier machen sich frei, in Kassel waren Tumulte, in Braunschweig haben sie das Residenzschloß angezündet, den alten Herzog verjagt. In Paris ist die Kammer aufgelöst ... Mit fahrigen Fingern schob er die Korrespondenz des Handelsvereins, die ihn über das Meer begleitet hatte, zur Seite. Noch immer „verhandelten" daheim die Bürokraten. Er legte die Landkarte Europas vor sich hin, in dem noch keine Eisenbahn fuhr, und zeichnete die Eisenbahnkarte Deutschlands:

Eine Linie von Hamburg nach Bremen und Lübeck und Berlin, von dort nach Stettin, nach Breslau und Thorn, von dort nach Danzig. Über Wittenberg nach Leipzig, von

> dort nach Dresden und Prag. Über Weimar und Gotha nach Frankfurt, von dort über Darmstadt und Mannheim nach Karlsruhe. Von diesem nach Basel, zum Anschluß an die Schweiz. Eine andere über Stuttgart, Ulm und Augsburg (von dort fuhr ein Strich zur Grenze nach Lindau ab), nach München. Von da über Nürnberg und Bamberg nach Gotha zurück. Von Leipzig über Halle nach Magdeburg, über Braunschweig, Hannover nach Köln.
>
> Die Poststraßen und Zollgrenzen bekümmerten ihn nicht, auch über Flüsse und Gebirge weg zeichnete er, ohne zu zögern, mit der Sicherheit eines Traumwandelnden die Hauptlinien, die nach seinem Plane unverändert, als er tot war, gebaut wurden, auf denen heute unsere Güter rollen.
>
> „Da werden sie fahren“, murrte er und hielt das Blatt weit ab vor sich hin in die Luft und betrachtete es. „Ich werd’ euch antreiben, ich werd’ euch mit den anderen zusammen bringen!“
>
> Er sah in der Wildnis die Heerschar der hölzernen Unterkunftsbaracken rundum, in denen die Arbeiter wohnten, die wie kribbelnde Ameisen die Berge und Täler bedeckten. Kreischen: tief unter ihm schärfte einer sein Stahlwerkzeug mit einem Schleifstein, der dreitausend Meilen über das Meer bis hierher gereist war.
>
> So bleibt es nicht.
>
> Glatt wie der Ozean sind die Eisenbahnschienen, sie hebt kein Sturm und keine Welle. Er zog eine Apfelsine aus der Hosentasche, die dadurch wieder Möglichkeit zu einer rechtmäßigen Form gewann, und begann gierig die Frucht auszusaugen. Von neuem schloß sich der Kontakt: in Reutlingen ist diese italienische Frucht teurer als hier – wenn das kein Unsinn ist! In Paris sind Demonstrationen der Arbeiter, mit den Schreien „Arbeit und Brot!“ Ihn blendete und warf beinahe hintenüber der Ansturm seines Blutes durch das seherische Traumgesicht, das vor ihm stand:
>
> Durch Europa rollten die Züge, verwirrt hockten die Perücken an ihren Konferenztischen, hilflos standen die Zollbüttel, die Züge brausten über die Grenzen hinweg! Menschen aller Länder saßen darinnen und winkten und winkten und riefen sich zu, besuchten sich, lernten sich kennen. Wo blieb die Absperrung…?

Walter von Molo: Ein Deutscher ohne Deutschland (S. 214)

Die Eisenbahn, auch als Wegbereiterin der Industrialisierung, erschien den fortschrittlich Gesonnenen als das revolutionärstes Mittel, das die Geschichte für Verkehr, Wirtschaft und Kultur bis dahin verzeichnet habe – eine Gegenkraft zum feudalen Gesellschaftssystem. Denn der Eisenbahnbau als ursprünglich private Angelegenheit machte die Spannungen zwischen dem monarchisch-bürokratischen Staatsapparat und dem erstarkenden Wirtschaftsbürgertum deutlich. „Ausgehend von der ersten deutschen Eisenbahn im Königreich Bayern, gefördert durch die Gründung weiterer Eisenbahn-AGs im Lande und gesteigert durch den lukrativen Handel mit Eisenbahnaktien, wurden die Eisenbahnen seit 1835 zum beherrschenden Thema der öffentlichen und veröffentlichten Diskussion. Die bayerischen Zeitungen, die die Eisenbahnen bisher völlig ignorierten, behandelten nun über Nacht technische Fragen des Eisenbahnbaus, meldeten Vorhaben in Württemberg und anderen deutschen Staaten, brachten täglich die Kurse der Eisenbahnaktien, schrieben wöchentlich über die Personenfrequenz auf der Linie Nürnberg-Fürth und berichteten über das Eisenbahnwesen in Amerika und England. Auch in den technischen Fachzeitschriften wurden die Eisenbahnen mit einem Schlage das bevorzugte Thema. Genauso wie die wirtschaftliche Seite der Eisenbahnen ein führender Gegenstand war, bildete sich bei der Bevölkerung erstmals so etwas wie ein industrielles Bewußtsein. Jetzt merkten und spürten die Menschen symbolhaft, daß das spätfeudale Gesellschaftssystem in seinen letzten Zügen lag und vom neuen, industriellen Zeitalter abgelöst wurde, in dem andere Mechanismen und Gesetzmäßigkeiten galten. Die Zeitungen diskutierten breit den volkswirtschaftlichen Segen und Fluch der Eisenbahnen, verdammten die überdurchschnittlich hohen Spekulationsgewinne des Eisenbahnaktienhandels oder verteidigten sie als notwendiges Übel. Selbst die Unterhaltungsblätter des breiten Volkes schrieben darüber und zeigten so den Sieg des rationalen Zeitgeistes an. War zu Beginn des Jahrhunderts der Großteil der Bevölkerung auch seßhaft, beschränkte sich Umwelterfahrung noch auf den lokalen Bereich des Wohnorts, so wurden jetzt durch den Bau der Eisenbahnen der menschliche Horizont erweitert, räumliche Grenzen überwunden und damit eine lokale Mobilität, ja unser Massentourismus angekurbelt. Diese Mobilität erregte das menschliche Bewußtsein." (Karl Bosl)[13]

Abb. 28 (links)
Unter der Leitung von Johann Friedrich Krigar (1774-1852) – er war preußischer Hütteninspektor und dann Direktor einer Eisengießerei (in England hatte er die Anwendungsmöglichkeiten der Dampfkraft studiert) – wurden in Berlin schon zwanzig Jahre vor der ersten deutschen Eisenbahn Nürnberg-Fürth zwei Dampfwagen gebaut. Die erste Lokomotive war für die Kohlenförderung in Schlesien bestimmt und dorthin, in 13 Kisten verpackt, transportiert worden; sie passte aber nicht auf die Schienen; unbekannt ist, was aus ihr geworden ist. Die zweite Lokomotive war nicht stark genug, um Lasten zu ziehen und somit praktisch nutzlos.

Abb. 29 (rechts)
Neben List gab es eine Reihe von Persönlichkeiten, welche die Eisenbahn als das wichtigste zukünftige Verkehrsmittel propagierten. Für das Herzogtum Braunschweig war der im Staatsdienst tätige Philipp August von Amsberg (1788-1871) von Bedeutung. Auf sein Anraten entstand die erste deutsche Staatsbahn von Braunschweig nach Wolfenbüttel als Beginn des Braunschweigschen Eisenbahnnetzes, das dann von Preußen (durch Aktienkauf) übernommen wurde. (Kolorierte Lithografie einer Zeichnung von Otto Kreyher, um 1862)

Überwindung von Zeit und Raum

Die „Erregung" des Bewusstseins beschrieb Heinrich Heine 1843 eindrucksvoll anlässlich der Eröffnung zweier neuer Eisenbahnen von Paris nach Orleans und Rouen. Die Zeit rolle rasch vorwärts, unaufhaltsam auf rauchenden Dampfwagen; man würde die abgenutzten Helden der Vergangenheit, die alten Stelzfüße abgeschlossener Nationalität, die Invaliden und Inkurablen, bald aus den Augen verlieren. Mit den Eisenbahnen, deren Erfindung man mit der Entdeckung Amerikas, der Anwendung des Schießpulvers und der Revolutionierung der Buchdruckerei vergleichen könne, werde unsere ganze Existenz in neue Gleise fortgerissen, fortgeschleudert; es erwarteten die Menschheit neue Verhältnisse, Freuden und Drangsale; das Unbekannte übe einen schauerlichen Reiz aus, verlockend und beängstigend zugleich.

Abb. 30 und 31 (rechte Seite) Die beiden Darstellungen in der Zeitschrift *Punch* (1851) und von Paul Joostens (1917) versuchen, das durch die Eisenbahn erlebte neue Geschwindigkeitsgefühl, verbunden mit der „Auflösung“ des Raums, unmittelbar zu visualisieren.

Abb. 32 und 33
Die symbolischen wie mythischen Deutungen der Eisenbahn waren Ausdruck der Faszination, die sie ausübte. Demgegenüber verbreitete sich Unbehagen über das, was sich aus dem „Brausen des Anfangs“ alles entwickeln könnte. „Wie wird es sein, wenn wir mit der Schnelligkeit des Blitzes Nachrichten über die ganze Erde werden verbreiten können, wenn wir selbst mit großer Geschwindigkeit und in kurzer Zeit an die verschiedensten Stellen der Erde werden gelangen, und wenn wir mit gleicher Schnelligkeit große Lasten werden befördern können?“ (Adalbert Stifter: „Nachsommer“)
Die beiden Bilder zeigen oben „Triumph des Dampfes“ (Michael Echter, 1862) und unten „Die Eisenbahnen als Verkehrsstraßen“ (1892).

Den Denker erfasse ein unheimliches Grauen, wie er es immer empfinde, wenn das Ungeheuerste, das Unerhörteste geschehe, dessen Folgen unabsehbar und unberechenbar seien.
„Es beginnt ein neuer Abschnitt in der Weltgeschichte, und unsre Generation darf sich rühmen, daß sie dabei gewesen. Welche Veränderungen müssen jetzt eintreten in unsrer Anschauungsweise und in unseren Vorstellungen! Sogar die Elementarbegriffe von Zeit und Raum sind schwankend geworden. Durch die Eisenbahnen wird der Raum getötet und es bleibt uns nur noch die Zeit übrig. Hätten wir nur Geld genug, um auch letztere anständig zu töten!
In vierthalb Stunden reist man jetzt nach Orléans, in ebensoviel Stunden nach Rouen. Was wird das erst geben, wenn die Linien nach Belgien und Deutschland ausgeführt und mit den dortigen Bahnen verbunden sein werden! Mir ist, als kämen die Berge und Wälder aller Länder auf Paris angerückt. Ich rieche schon den Duft der deutschen Linden; vor meiner Türe brandet die Nordsee.“[14]
Die Sprache, mit der das neue Geschwindigkeitserlebnis beschrieben wurde, war metaphorisch-rhapsodisch. Als Andersen die Ludwigs-Eisenbahn kennen lernt, erschien ihm die Fahrt – etwa 30 bis 35 km/h – als „Wolkenflug“: „Oh, welche Großtat ist doch diese Erfindung! Man fühlt sich so mächtig wie ein Zauberer der alten Zeit! Wir spannen unser magisches Pferd vor den Wagen, und der Raum entschwindet; wir fliegen wie die Wolken im Sturm, tun es den Zugvögeln nach! Unser wildes Pferd schnaubt und prustet, aus seinen Nüstern quillt der schwarze Rauch. Schneller konnte Mephistoles nicht mit Faust auf seinem Mantel fliegen! Durch natürliche Mittel sind wir in unserer Zeit ebenso mächtig, wie man im Mittelalter es nur vom Teufel glaubte, unser Scharfsinn hat ihn eingeholt, und ehe er sich‘s noch versieht, sind wir an ihm vorbei.“[15] Beliebt sind Vergleiche, die von einem „pfeilschnellen Dampfross“, vom „Feenzug“, von der „Windsbraut“ sprechen; Vogelarten werden heran-

gezogen; man spricht vom „schnaubenden Ausatmen eines riesenhaften antediluvianischen Stieres“, von einer „wandelnden Cyklopen-Werkstätte“, von einem „furiosen Drachen“. Der Fahrgast werde auf Schienen so befördert, als ob er, rasch dahingleitend, kaum noch Bodenhaftung habe. Eine häufige Redensart im 19. Jahrhundert besagt, dass man sich wie ein Projektil bewege:

Ein Zug, der 75 Meilen schnell fahre, habe nur eine vier Mal geringere Geschwindigkeit als eine Kanonenkugel. Landschaften und Orte befänden sich in Auflösung. Die Eisenbahn, so Wolfgang Schivelbusch in seiner „Geschichte der Eisenbahnreise“ , habe die psychische Struktur des Menschen entscheidend verändert. Eine gegebene räumliche Entfernung, für deren Überwindung traditionell ein bestimmtes Maß an Reise- bzw. Transportzeit aufzuwenden war, werde mit einem Mal in einem Bruchteil dieser Zeit bewältigt; oder anders ausgedrückt: in derselben Zeit könne nun ein Mehrfaches der alten räumlichen Entfernung zurückgelegt werden. Natürlich bleibe der objektive Raum von der Geschwindigkeit, mit der das eiserne Vehikel ihn durcheilt, unberührt; es verändere sich aber das Zeit-Raumerlebnis, das subjektive Raum-Zeit-Kontinuum.[16]

Abb. 34
Die Zähmung der Dampfkraft (Buchillustration 1884)

Umstürzt mich die Erde mit Bildern

Langsame Stadt!
Durch die breiten Fenster des D-
Zugs umstürzt mich die Erde mit Bildern,
– Kaum kann ich, was ich seh,
Dem Bewusstsein schildern,
Das links und rechts treibt.
... Dieser dicke Berg bleibt
Wohl noch Sekunden.
– Verschwunden – in weite Teiche.
– Doch das Dorf, wie eine Leiche
Weiss, liegt schon in Wiesen grün.
– Schon muss ein Tunnel Hügel durchdunkeln.
– Und weltberühmte Schornsteine glühn
Zum Himmel starr. – Die Fichten schunkeln
Im riesenkurzen Wald. – Ueber knatternde Brücken.
(Das war ein deutscher Fluss)
– Andrer Zug dicht vorbei wie ein Kuss.
– Tausend Wegestücken
Von meinem Blick begangen.
Tausend Menschen, mit ohnmächtigen Mienen,
Von mir abgefangen
Hunderttausend Telegraphenstangen.
Weltlange Schienen ...

Alfred Wolfenstein:
Eisenbahnfahrt (S. 689)

Es gehe, so die zeitgenössische Kritik, die „Erlebnisfähigkeit" zurück. Die Menschen empfänden sich selbst als Pakete, die an ihren Bestimmungsort geschickt werden; nicht mehr die Wegstrecke „dazwischen" sei wichtig; es zählten lediglich Abfahrt und Ankunft. Reisezeit, ursprünglich Zeit für Erlebnisfülle, nehme Warencharakter an; wenn Zeit Geld ist, werde die Reduzierung der Reisezeit zum ertragreichen Faktor. „Beim Reisen in der Bahn", heißt es in einem anonymen Text von 1844, gingen in den meisten Fällen der Anblick der Natur, die schönen Ausblicke auf Berg und Tal verloren oder würden entstellt. Das Auf und Ab im Gelände, die gesunde Luft und all die anderen aufmunternden Assoziationen, die man mit „der Straße" verbinde, verschwänden oder würden zu tristen Einschnitten, düsteren Tunnels und zum ungesunden Auswurf der dröhnenden Lokomotive. John Ruskin meinte, dass es gleichgültig sei, ob man Augen im Kopf habe oder blind oder schlafe, ob man intelligent oder dumm sei – was man über das Land, durch das man fahre, bestenfalls erfahren könne, sei seine geologische Struktur und seine allgemeine Oberfläche.
Bei den unteren Schichten fehlte solche kultur- und technikkritische Einschätzung der Eisenbahnreise; sie konnten nicht verlieren, was sie vorher nie besessen hatten: freudvollen Reisegenuss. Wer Arbeit suchte und nun mit Hilfe der Eisenbahn zur Arbeitsstätte gelangen konnte, sei es im Pendelverkehr, durch Umzug oder Auswanderung, wurde nun zumindest bequemer, schneller, billiger zum Bestimmungsort gebracht. Vom bürgerlichen Standpunkt aus wurde der „Paketcharakter" des Reisenden beklagt; vom proletarischen aus war es sogar ein Vorteil, wenigstens als Paket betrachtet, behandelt und entsprechend (also ziemlich sorgsam) befördert zu werden.

Abb. 35
Dass Deutschland eins werde, dazu würden, so Goethe Oktober 1828, auch die „zukünftigen Eisenbahnen“ und „guten Chausseen“ beitragen; bei letzteren dachte er sicherlich an den zunehmend besser werdenden Postkutschenverkehr, der noch für Jahrzehnte die Eisenbahn ergänzte. Die Kopie nach einem Ölgemälde von Paul Friedrich Meyerheim von 1875 bringt solches harmonisches Miteinander der beiden Verkehrsträger zum Ausdruck.

Das Ende der Postkutsche

Der Wettlauf zwischen dem traditionellen und dem neuen Beförderungsmittel schien allerdings zunächst noch offen – zumal die Eisenbahnen am Anfang recht langsam fuhren und, da schienengebunden, wenig „Mobilität“ ermöglichten. Der Postreiseverkehr erfuhr zudem in der ersten Hälfte des 19. Jahrhunderts erhebliche Verbesserungen. Der Gesichtspunkt größtmöglicher Beschleunigung trat in den Vordergrund und verdrängte „die alte fiskalische Maxime, nach der die Post lediglich als ertragreiche Einnahmequelle zur Aufwertung des staatlichen Finanzhaushalts galt. Eine Vielzahl von interterritorialen Postverträgen regelt die Verkehrsabwicklung unter den – von ehemals 300 weltlichen Herrschern – auf 39 souveräne Mitglieder geschrumpften Staaten des Deutschen Bundes. Die Personenbeförderung durch die Post erlebt die Zeit ihrer Hochblüte. Zum Markenzeichen wird ein Verkehrsprinzip, das sich bemerkenswert rasch etablieren kann, freilich unterschiedliche Namen erhält: Preußen führt es unter dem Begriff Schnellpost, die übrigen Länder des deutschen Staatenbundes führen es unter der Bezeichnung Eilwagen ein.“[17] Bei reiflicher Erwägung unseres Posttransportsystems, hieß es in einem preußischen staatlichen Memoire vom 8. Juli 1821, dürfe man die Überzeugung haben, dass die Briefposten dahin umgestaltet werden könnten, dass sie zugleich ein vorzügliches Transportmittel für Reisende darstellten. „Wir werden eine Posteinrichtung erhalten, die alle Bequemlichkeiten gewährt und die Reisenden, den Briefen gleich, so schnell an den Ort ihrer Bestimmung bringt, als wenn sie mit Courierpferden reisen würden... Und wenn dafür gesorgt wird, dass von dem Reisenden nichts weiter als das Personengeld zu entrichten ist, und die Plackereien Seitens der Wagenmeister und Postillons um Gebühren, Trinkgelder u. sowohl unterwegs, als bei der Abfahrt und Ankunft gänzlich aufhören, so werden diese Wagen immer besetzt und eben so vortheilhaft für den Ruf unserer Posten, als für die Postkasse sein.“[18]

Genugtuung verbreitete sich auch angesichts der technischen Verbesserungen im Wagenbau, was eine kurierähnliche Personenbeförderung ermöglichte. Zeitgenössische Beobachter heben die Leichtigkeit, Eleganz und Bequemlichkeit der veränderten Wagen hervor, die ein völlig neues Reisegefühl ermöglichten. Anstelle der bisherigen Zweiteilung von Fahrzeuggestell und Wagenkasten, für welche die in Riemen hängende Postkutsche ein typisches Beispiel darstellte, zeichnete sich der Eilwagen jetzt durch seine selbsttragende Konstruktion aus.

Der Wagenaufbau saß direkt (vertikal) auf der Federung auf, wodurch sich die schweren horizontalen Stütz- und Dämpfungselemente erübrigten, die den Wagen vormals in seinem Gleichgewicht hielten. „Bedingt durch die enorme Belastung, der die Federung ausgesetzt wird, erforderte der praktische Einsatz des neuen Kutschentyps allerdings das feste Steinfundament einer Chaussee. Deshalb forcierte nun auch Preußen energisch den Ausbau seiner Kunststraßen.

Ungeteilten Beifall fanden neben der modernen Ausführung der Eilwagenmodelle die von seiten der Postbehörden angestrengten Maßnahmen zur organisatorischen Straffung des Reiseverkehrs. Auf einzelnen ‚Diligence'-Kursen bereits erprobt, setzte sich bei den Eilwagen eine strenge Limitierung des ‚Handgepäcks' durch: ‚die großen Packereyen (wurden) von dem Transport mit denselben ausgeschlossen'. Auf diese Weise entfiel das zeitraubende Ein- und Ausladen auf den Stationen. Charakteristisch für die neue Verkehrsführung ist der Beiwagen (Beichaise), der das schwere Gepäck, bei Bedarf auch weitere Passagiere, aufnimmt und ‚dem Eilwagen vorausgeht, oder nachfolgt'. Das Interesse der Anstalten ging ferner dahin, die Fahrpreise im Sinne einer Aufhebung aller ‚Nebengelder' zu vereinheitlichen. Erstmals stößt man in den Reisehandbüchern auf den Hinweis, daß ‚das einmal bezahlte Passagiergeld ... in der Regel für den ganzen Cours entrichtet wird'. Das Fahrgeld wurde also

Abb. 36
„Mag der Pfiff der Lokomotive immerhin greller klingen, als des Posthorns Ton und dessen poetischen Nymbus zerstört haben, er bedeutet doch den Anfang einer neuen Epoche im Verkehrs- und Völkerleben", hieß es in einer „Geschichte der Post" aus dem Jahr 1889; da war längst entschieden, dass die Personen- und Güterbeförderung weitgehend auf die Bahn übergegangen war. „Die Eisenbahnen hin und her / erhielten den Engros-Verkehr / mit ihrer Windeseile." Die Postillione und Fuhrleute schimpften und klagten; sie mussten, wie auf diesem „satyrischen Blatt", mit „langer Nase" ihrem Niedergang zusehen.

vor Antritt der Reise in Form einer einmaligen Aufwendung beglichen.[19] Aber all dies konnte nicht verhindern, dass die Postillions im doppelten Sinne des Wortes das „Nachsehen" hatten: Die Eisenbahnen fuhren schneller und damit den Postkutschen davon; sie schufen sich ein Netz, das dem der Poststraßen zunächst ebenbürtig und bald überlegen war; auch konnten nun Massen von Menschen und Gütern befördert werden. Freilich endete die Postkutschen-

Der romantische Rückblick hatte auch eine sehr handfeste politische Motivation: Man spürte oder wusste, dass die neue Epoche nicht nur durch Geschwindigkeit, sondern ebenso durch die „Demokratisierung von Geschwindigkeit“ bestimmt werde. Somit bestand Gefahr, dass die patriarchalisch, hierarchisch und feudal gegliederte Gesellschaftsstruktur eingeebnet werde; die Mobilität der Massen begünstigte den „Aufstand der Massen“. Was Ortega y Gasset in gleichnamigem Buch 1932 vom elitär-aristokratischen Standpunkt aus beklagt – die Nivellierung (überall träfe man auf Überfüllung, in den Wartezimmern der Ärzte, in den Urlaubhotels, in den Reisezügen) –, diese Kritik an der gleichmacherischen Vermassung kann man bereits in der ersten Hälfte des 19. Jahrhunderts antreffen. In seinen „Erinnerungsblättern aus der Biedermeierzeit“ legt Alexander von Sternberg einem Bekannten, mit dem er zum Bahnhof geht, eine ironische Charakteristik des damals gängigen „Wertkonservativismus“ in den Mund: „Sehen Sie nur unsere Vornehmen und Exklusiven, wie erbittert und mit Recht sie gegen die Eisenbahn sind. Daß sie rasch an irgendeinen Ort hinkommen, daran liegt ihnen wenig, aber daß sie nicht mehr auf ihre Weise die Reise machen sollen, das ist ein Gräuel... Früher hatte man seinen Reisewagen, seine Dienerschaft, alles das hing von dem Befehl des Herrn ab, er ließ stundenlang bei grimmer Kälte oft Postillon und Diener warten, dann bewegte sich der prächtige Wagen so wie der Herr es wollte, langsam oder schnell, und nie konnte es sich ereignen, daß besagter Wagen oder sein Inhalt mit der Krapüle in Berührung kam. Das ist anständig, da hatte man doch sichtlich und greifbar etwas vor der Menge voraus, aber jetzt, wenn man auch noch so teuer ein Kupee mietet, das Fatale ist, man muß anhalten, wenn die Menge anhält; das Fatale ist, man muß fahren, wenn die Menge fährt. Wahrlich, der Spaß ist ganz verdorben worden, und es bleibt für unsere Hochtories nur noch übrig, daß sie ihre Landhäuser oder Schlösser gar nicht mehr verlassen und kleine Hofhaltungen darauf etablieren, wo sie nur ihresgleichen zu sehen bekommen.“[23]
Was sich für die rückwärtsgewandten Vertreter „politischer Romantik“ als „verdorbener Spaß“ erwies, erschien einem progressiven, vorwärtsdrängenden Zukunftsoptimisten als demokratische Vision:

> „Kommt einst die Zeit, und sie wird kommen,
> Da wir auf luftigen Bahnen fliegen,
> Wo nur der Aar den Flug genommen
> Bis jetzt, und sich nur Wolken wiegen,
> Dann wird uns selbst die Kraft des Dampfes
> Schwach scheinen bei der neuen Praxis,
> Wie die des weiland Roßgestampfes
> Der deutschen Reichspost Thurn und Taxis.“[24]

Seit Beginn des 19. Jahrhunderts entwickelte sich ein für die Kulturgeschichte der Kommunikation signifikanter Antagonismus: auf der einen Seite die romantische Position, die die angestrebte Souveränität des Subjekts durch den Triumph des Rationalismus gefährdet sah und in ihrer Zivilisationsabwehr bzw. -ablehnung immer wieder regressiven Strömungen anheim fiel; auf der anderen Seite die realistisch-futuristische Position, die technischen Fortschritt mit dem Fortschritt der Vernunft gleichsetzte und für die „Dialektik der Aufklärung“ (den Umschlag von Aufklärung in ihr Gegenteil) unzugänglich blieb. Die Romantik, so Dirk Hoeges,[25] begreife zwar die Gefahr der Zerstörung ihrer Elementarbegriffe von Raum und Zeit, die von der Entwicklung der Technik und insbesondere von der Eisenbahn und ihren Möglichkeiten drohe; sie reduziere aber „reaktiv“, wenn auch sensibel und luzide, die Möglichkeiten der technischen Entwicklung auf die Gefahren, die mit ihr einhergingen. Mit dieser Kritik verbunden, immer gleichzeitig sich regend, sei die Opposition gegen die

Entwicklung der Demokratie und Ökonomie; diese drei Kritiken gingen stets Hand in Hand, träten gemeinsam auf und schafften eine Tradition, die bis heute weiterwirke. Der Gegensatz zwischen Gegnern und Anhängern des Fortschritts sei in dieser Zeit selten so deutlich zutage getreten wie in dem etwa einhundertzwanzig Seiten langen Artikel „Eisenbahnen" in „Meyers Conversations-Lexicon für die gebildeten Stände" aus dem Jahr 1846; er enthält eine umfängliche scharfe Kritik und radikale Absage an die Dichtung der Romantik, die als schimärengeplagter, hypochondrischer Feind moderner Entwicklung bezeichnet und verdächtigt wird. „Der Wille zur Herrschaft über Raum, Zeit und Welt, oftmals anmutend wie von einem biblischen ‚macht Euch die Erde untertan' beseelt und beherrscht, reagiert unwillig, abschätzig und mit barscher Polarisierung auf die Warnung vor der Zerstörung von Raum, Zeit und Welt, auf die Gefahr der Zerstörung seiner Gewißheiten und Hoffnungen." Der Lexikon-Artikel attackiert mit Vehemenz die „Zweifler und Heuchler", die die Baulust verleiden möchten, die mit den „Jeremiasbildern einer gänzlichen Zerstörung alles Gemütlebens" die Eisenbahnen schrecken wollen, die in den Werken der Mechanik nichts weiter zu sehen vorgeben als Faktoren eines krassen Materialismus: „Es gibt keine lächerlichere Phantasmagorie als die, daß durch das Eisenbahnwesen die Prosa zur Herrschaft gelangen und die Poesie verschwinde. O ihr Freunde der Miethkutschen, der Knitteldämme, der Moräste, der Hohlwege – schöpft Muth und seyd getröstet. Es wird trotz Eisenbahnen, immer noch Miethkutschen, Eilwagen, Knitteldämme ... auf der Welt geben, an welchen sich euer Gemüth erfreuen und begeistern mag. Wahr ist es freilich, daß die Poesie die Stereotypenbilder von flüchtigen Rossen und von Wagen, die am olympischen Grenzstein zerschellen, nicht mehr lange vorbringen kann und daß sie aus ihrer Stabilität herausgetrieben wird auf die Fluthen des grünen Frühlingslebens – um entweder ohnmächtig zu schweigen oder unter dem wolken-blauen Himmel mit den Sängern der Lüfte zu wetteifern."[26]
Das Postkutschenzeitalter wird abserviert; die Postkutsche erscheint als Postschnecke, die sich mühselig parterre bewegt; stattdessen wird die Lokomotive als „schönes Ungeheuer" gepriesen, das spielend Raum und Zeit überwindet.

Und die „gute alte Zeit"? Sie gilt als die Zeit eines fortschrittsfeindlichen Spießertums; sie hat sich freilich bis heute in nostalgischer Verklärung als sehr lebendig erwiesen.

Valet Postkutsche

Welcher Anblick ist imposanter und zugleich begeisternder, der Anblick eines Wagengauls, der eine Miethkutsche mühselig im Koth langsam fortschleppt, oder der Anblick einer unabsehbaren Bahn, die mitten durch die Felder ihres Weges zieht, Gräben und Flüsse überspringt, durch Wälder fliegt, die Berggelände erklimmt, Brücken über Abgründe schlägt, weiten Thälern das Joch auflegt und die Ebene durch den Bauch der Berge sucht? Dazu denke man sich die im Fluge auf metallenem Geleise daher brausende Maschine, das schöne Ungeheuer, mit dem Eingeweide voller Flammen und den Adern voll siedenden Wassers, ungestüm und gewaltig wie der Sturm und doch gehorchend der Hand eines Kindes. Sieht man sie von fern, während sie von den Bäumen am Wege zwischen den blumigen Wiesen, den bewaldeten Bergen und den prangenden Erndtefeldern dahingleitet, so ist nichts ihrer Eleganz, ihrer Behendigkeit, ihrer ruhigen, immer gleichen Grazie vergleichbar. Steht man ihr nahe, während ihr Räderwerk lärmt, ihr Feuerherd knistert, das Horn ihrer Esse zittert, ihre Hebel wie eiserne Fangen,

Jetzt welch ein Rennen, welch Getümmel,
Bis sich gefüllt der Wagen Raum!
Drauf „fertig!“ schreit‘s, und Erd’ und Himmel
Hinfliegen, ein dämon’scher Traum.

Dampfschnaubend Tier! Seit du geboren,
Die Poesie des Reisens flieht;
Zu Roß mit Mantelsack und Sporen
Kein Kaufherr mehr zur Messe zieht.

Kein Handwerksbursche bald die Straße
Mehr wandert froh in Regen, Wind,
Legt müd sich hin und träumt im Grase
Von seiner Heimat schönem Kind.

Kein Postzug nimmt mit lust’gem Knallen
Bald durch die Stadt mehr seinen Lauf,
Und wecket mit des Posthorns Schallen
Zum Mondenschein den Städter auf.

Auch bald kein trautes Paar die Straße
Gemütlich fährt im Wagen mehr,
Aus dem der Mann steigt und vom Grase
Der Frau holt eine Blume her.

Kein Wandrer bald auf hoher Stelle,
Zu schauen Gottes Welt, mehr weilt,
Bald alles mit des Blitzes Schnelle
An der Natur vorübereilt.

Ich klage: Mensch, mit deinen Künsten
Wie machst du Erd’ und Himmel kalt!
Wär’ ich, eh’ du gespielt mit Dünsten,
Geboren doch im wildsten Wald!

Wo keine Axt mehr schallt, geboren,
Könnt‘s sein, in Meeres stillem Grund,
Daß nie geworden meinen Ohren
Je was von deinen Wundern kund.

Fahr zu, o Mensch! treib‘s auf die Spitze,
Vom Dampfschiff bis zum Schiff der Luft!
Flieg mit dem Aar, flieg mit dem Blitze!
Kommst weiter nicht, als bis zur Gruft.

Justinus Kerner: Sämtliche poetische Werke (S. 36 ff.)

Später hat Sigmund Freud diese Zwiespältigkeit psychoanalytisch gedeutet: „Die Erschütterungen in der Wagenfahrt und später der Eisenbahnfahrt üben eine so faszinierende Wirkung auf ältere Kinder aus, daß wenigstens alle Knaben irgend einmal im Leben Kondukteure und Kutscher werden wollen. Den Vorgängen auf der Eisenbahn pflegen sie ein rätselhaftes Interesse von außerordentlicher Höhe zuzuwenden und dieselben im Alter der Phantasietätigkeit (kurz vor der Pubertät) zum Kern einer exquisit sexuellen Symbolik zu machen. Der Zwang zu solcher Verknüpfung des Eisenbahnfahrens mit der Sexualität geht offenbar von dem Lustcharakter der Bewegungsempfindungen aus. Kommt dann die Verdrängung hinzu, die so vieles von den kindlichen Bevorzugungen ins Gegenteil umschlagen läßt, so werden dieselben Personen als Heranwachsende oder Erwachsene auf Wiegen und Schaukeln mit Übelkeit reagieren, durch eine Eisenbahnfahrt furchtbar erschöpft werden oder zu Angstanfällen auf der Fahrt neigen und sich durch Eisenbahnangst vor der Wiederholung der peinlichen Erfahrung schützen.“[28]

Im übertragenen Sinne verweist eine solche Interpretation auf ein dominantes „Seelenmuster“ des 19. Jahrhunderts: Die Verknüpfung des lustvollen Gefühls der Ichvergessenheit im Geschwindigkeitsrausch mit dem Verdrängungsmechanismus einer lustfeindlichen Wirklichkeit, die libidinöse Dynamik eben nur dann zuließ, wenn sie aufs Zweckrationale umorientiert, das heißt, ihren ursprünglichen Zielen entfremdet wurde. Eisenbahnangst signalisierte das Scheitern von Lustgenuss; das Entgleisen des Zuges wird zum Symbol von „Entgleisung“ schlechthin. Sinnliche Daseinsfreude wird auf festgelegte Strecken geleitet und kollidiert mit den starren „Apparaten“ (Institutionen). Es bietet sich das Bild einer geschlossenen Gesellschaft, die in separierten Klassen voller Verzweiflung der Phantasmagorie von Fortschritt nachrast. „Wir sind“, heißt es in einem Gleichnis von Franz Kafka – und dieses ist zeitgeschichtlich wie existentiell zu verstehen –, „mit dem irdisch befleckten Auge gesehen, in der Situation von Eisenbahnreisenden, die in einem langen Tunnel verunglückt sind, und zwar an einer Stelle, wo man das Licht des Anfangs nicht mehr sieht, das Licht des Endes aber nur so winzig, daß der Blick es immerfort suchen muß und immerfort verliert, wobei Anfang und Ende nicht einmal sicher sind. Rings um uns aber haben wir in der Verwirrung der Sinne oder in der Höchstempfindlichkeit der Sinne lauter Ungeheuer und ein je nach der Laune und Verwundung des Einzelnen entzückendes oder ermüdendes kaleidoskopisches Spiel. Was soll ich tun? oder: Wozu soll ich es tun? sind keine Fragen dieser Gegenden.“[29]

Wenn man Techniklob und Technikfurcht am Beispiel der Eisenbahn betrachtet und in einzelne Aspekte auffächert[30], so ergeben sich zunächst, schon in der Anfangszeit, einander schroff gegenüberstehende wirtschaftliche und dann ausgeprägte ökologische Argumente. Schon wenige Monate nach der Eröffnung der Ludwigs-Eisenbahn publizierte ein Anonymus in Erlangen eine Streitschrift mit dem bezeichnenden Titel „Ideen über die Eisenbahn in Bayern und deren Gefahren für das bayerische Vaterland und für ganz Deutschland“; sie war eine Vorwegnahme der wichtigsten volkswirtschaftlichen Einwände gegen die Eisenbahn, wie sie dann immer wieder erhoben wurden. Unzählige Arbeitsgelegenheiten und Gewerbe erführen durch das neue Verkehrsmittel schwere Schädigung, z. B. solche, die vom Straßenverkehr lebten (Fuhrleute, Schmiede, Wagner, Sattler, Seiler, Gastwirte, Bäcker, Metzger). Auch die Landwirtschaft sei gefährdet, da sich der Bedarf an Pferden und Futtermitteln verringere. Demgegenüber sahen andere Autoren, im Gefolge von Joseph Baader und Friedrich List, einen ungemein großen ökonomischen Aufschwung durch den Bau von Eisenbahnen voraus. So meinte der Industrielle und Politiker Friedrich Harkort: „Möge auch im Vaterland bald die Zeit kommen, wo der Triumphwagen des Gewerbefleißes mit rauchenden Kolossen bespannt ist und dem Gemeinsinne die Wege bahnet.“ Während konservative Kreise als soziale Konsequenz die größere Mobilität der Arbeitskräfte beklagten, dass nämlich der Fabrikarbeiter, der Bauer, der Handwerker „von der Scholle losgeknüpft“ werde – die Eisenbah-

Abb. 38
Der Unternehmer Friedrich Harkot (1793-1880) gehörte zu den frühesten Befürwortern des Eisenbahnwesens. Seine Schrift „Railroads" („Eisenbahnen") erschien schon ein halbes Jahr vor der Eröffnung der ersten englischen Strecke von Stockton nach Darlington. Nach einer Denkschrift über die Vorteile einer Bahnverbindung zwischen Ruhr und Wupper schlug er 1833 eine Eisenbahn von Minden nach Köln vor, die 10 Jahre später als Teil der Bergisch-Märkischen Eisenbahn entstand und deren Vorstand er dann angehörte. Als rheinischer Liberaler war er Mitglied der preußischen Nationalversammlung von 1848, dann des preußischen Abgeordnetenhauses, des Norddeutschen Reichstags und schließlich des ersten Deutschen Reichstags. (Gemälde von A. Hegemann)

nen töteten „jede Anhänglichkeit an die Heimat" und machten die Hälfte der Bevölkerung zu Vagabunden –, sahen die Modernisten in dem durch die Eisenbahn bewirkten sozialen Wandel einen großen Fortschritt. Die Junker fühlten nun, so wiederum Harkort, dass die Lokomotive der Leichenwagen sei, auf dem Absolutismus und Feudalismus zum Kirchhof gefahren würden.

Angesichts der einige Zeit noch bestehenden spätabsolutistischen Struktur der meisten deutschen Staaten mit ihrem rückwärtsgewandten, Fortschritt verhindernden Beharrungsten-denzen, zeige der für das Eisenbahnwesen sich engagierende Bürger, dass er „die Dinge" besser schaffe, als der Staat, „dem weder die moralischen noch pecuniären Kräfte des Privat-manns zu Gebote“ stünden, so der Erlanger Professor Alexander Lips 1836. Das Gegenüber von bürgerlicher Initiative und staatlicher Obrigkeit brachte die Eisenbahn auf diese Weise in den Verdacht, ein nicht nur im sozialen, sondern auch politischen Sinn revolutionäres Verkehrsmittel zu sein. König Ernst August von Hannover meinte, die Eisenbahn würde die Pferde auf den Koppeln scheu machen, der Fahrtwind würde die transportierte Wolle austrocknen und schließlich käme die Revolution ins Haus. Im bayerischen Landtag wurde die Eisenbahn als eine „Saat von Drachenzähnen“ bezeichnet. Das war vor dem Hintergrund der revolutionären Ereignisse der Jahre 1830/31 zu sehen, durch welche die ohnehin bestehende Revolutionsfurcht der Konservativen verstärkt wurde.

Was die Natur betraf, so schien die Eisenbahn, der durch die Lüfte rasende „düstre, qualmige Komet“, ihre Gefährdung anzukündigen. „Mitten durch den grünen Hain, / ungestümer Hast, / frißt die Eisenbahn herein, / dir ein schlimmer Gast. / Bäume fallen links und rechts, / wo sie vorwärts bricht, / deines blühenden Geschlechts, / schont die Rauhe nicht.“ (Nikolaus Lenau) [31] Und bereits 1835 warf der dem „Jungen Deutschland“ nahe stehende Dichter Theodor Mundt in einem Brief aus England an seinen Freund in Berlin die Frage auf, ob man das nun wie ein Raubtier mit ächzenden Maschinen unter schwarzem Rauch und mit dem Wirbelwind umherfliegenden Steinkohlenschlacken aufziehende Zeitalter das eiserne oder das goldene nennen solle; an ein „grünes“ könne man nicht mehr denken. Dem entsprachen auch die seit der ersten Eisenbahnfahrt immer wieder artikulierten Ambivalenzgefühle, die in techni-schen Apparaturen und Gerätschaften sowohl „eiserne Engel“ als auch „eiserne Teufel“ sahen. Das rollende Flügelrad, später gerne auf Fahrplänen, Prospekten, Uniformen verwendet, war ein Wappenzeichen, das als Symbol bald für die Auffahrt zum zivilisatorisch-kulturellen Olymp, bald als Abfahrt in den Abgrund der Hybris empfunden wurde. Die Tatsache, dass man nun „beschränkungslos“ mit Hilfe der Dampfmaschine Raum und Zeit durcheilen und mit der Streckenführung der Eisenbahnen Natur „durchschneiden“ konnte, sich dieser nicht mehr anpassen musste, stattdessen die natürlichen Bedingungen und Grenzen aufzuheben vermochte, bewirkte ein Gefühl unendlicher Kraft und Macht.

In den Augen vieler Fortschrittsfreunde bedeutete die Ersetzung der tierischen durch eine mechanische Antriebkraft eine Befreiung von natürlichen Beschränkungen, was freilich wiederum vor allem Spätromantiker als Entfremdung des Menschen von der Natur anprangerten. Die Eisenbahn, die auf bislang unerhörte Weise in die Natur eingriff, Berge untertunnelte, in Hügel einschnitt und Täler überspannt, stieß auf die Kritik derjenigen, die für sich beanspruchten, zur Landschaft ein nicht bloß instrumentelles Verhältnis zu haben. Die zeitgenössischen Klagen gegen eine durch Eisenbahnen vergewaltigte Natur waren zahlreich. Der Drang, Raum und Zeit zu überwinden, erschien als Hybris, durch die Ruhe und Gemütlichkeit zerstört würden; mit Hilfe der Maschine wolle der Mensch Gott, den Herrn der Schöpfung, entthronen.

Der katholische Philosoph Joseph Görres meinte, wenn in Deutschland Dampfwagen zu Tausenden über Berg und Tal flögen und in all seinen Straßen die Räder der Maschinen klapperten, ginge die Deutschland „innewohnende Seele“ verloren. „Die Natur, das heißt die räumliche Entfernung, an der die animalischen Bewegungsapparate sich bis zur Erschöpfung abarbeiteten, wird nun selber zum Opfer des neuen mechanischen Bewegungsapparats Eisenbahn, welche mit der Gewalt eines Projektils durch sie hindurchschießt. Vernichtung von Raum und Zeit (annihilation of time and space) lautet der Topos, mit dem das frühe 19. Jahrhundert beschreibt, wie die Eisenbahn in den bis dahin unumschränkt herrschenden natürlichen Raum einbricht. Ob und wie und welche Bewegung stattfindet, das hängt von nun an nicht mehr ab von der Natur dieses Raumes, sondern von der mechanischen Kraft, die sich ihre eigenen neuen Räumlichkeiten schafft.“ (Wolfgang Schivelbusch)[32]

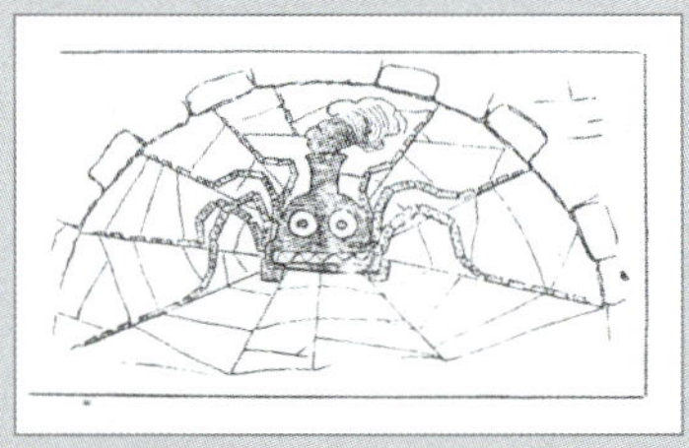

Abb. 39
Die Illustration aus der 1841 gegründeten britischen satirischen Wochenzeitschrift „Punch“ zeigt 1865 die Eisenbahn als Spinne; die Schienenverbindungen waren der besondere Grund dafür, dass im 19. Jahrhundert im makrotechnischen Bereich (etwa bei Kanälen, beim Telegraph und bei der Elektrizität) immer mehr von Netzen und Netzwerken, welche die Städte und Länder durchzogen, gesprochen wurde – Vorläufer der dann im digitalen Zeitalter zentralen Netzmetapher.

Ein Netz wird geknüpft

Kassandrarufe konnte dem Vernetzungstraum wenig anhaben; man verwirklichte ihn Kilometer um Kilometer. Der Eisenbahnbau wurde nach dem erfolgreichen Start der Ludwigs-Eisenbahn sofort und zwar von mehreren Aktiengesellschaften vorangetrieben. Auch die einzelnen deutschen Länder engagierten sich zunehmend im Eisenbahnbau. 1841 kam in München ein Staatsvertrag zwischen der königlich-bayerischen Regierung und der königlich-sächsischen wie herzoglich-sachsen-altenburgischen Regierung „betreff Herstellung einer direkten Eisenbahnverbindung zwischen Nürnberg und Leipzig“ zustande. Zwei Jahre später, anlässlich eines Beschlusses über den Bau von Eisenbahnen auf Staatskosten, wurde eine Linie von der Reichsgrenze bei Hof über Bamberg, Nürnberg bis Lindau projektiert; man sprach von den „unermesslichen Wirkungen“, welche diese Erfindung nicht nur auf Handel, Gewerbe und Ackerbau, sondern auch in geistiger Beziehung hervorbringen würde. Bayern dürfe im Wettkampf aller Regierungen, die durch Errichtung von Eisenbahnen Verbindungen in ihren Länder wie nach außen schaffen würden, nicht zurückbleiben.[33]
Hatte die erste Eisenbahnstrecke 1835 zwischen Nürnberg und Fürth etwa sechs Kilometer betragen, so belief sich fünf Jahre später die Länge aller deutschen Linien bereits auf 500 Kilometer; 1845 betrug die Gesamtlänge 2300 Kilometer. Das Ziel war, möglichst rasch eine „Gesamtvernetzung“ mit Anschluss an die Bahnsysteme des benachbarten Auslandes zu erreichen. Die Optimisten rechneten damit, dass im Verlauf von zehn Jahren ein sehr beträchtlicher Teil Deutschlands mit Eisenbahnen „bedeckt“ sei. 1865 waren 14.700 Kilometer Schienen verlegt, um die Jahrhundertwende etwa 50.000 Kilometer; 1917 wurde die Ausdehnung von 65.000 Kilometern erreicht. Nach dem verlorenen Krieg ging die Streckenlänge, wegen der Abtretung von Gebieten, auf rund 53.000 Kilometer zurück.
Übrigens blieb die Ludwigs-Eisenbahn, die nicht nur für das deutsche, sondern auch für das europäische Eisenbahnwesen Vorbild war – auf dem Festland war ihr nur die belgische Strecke Brüssel – Mechlen (5. Mai 1835) vorausgegangen –, selbst nach der Eröffnung der Staatsbahnen in Franken und neben der Nürnberg-Fürther Straßenbahn, die 1881 ihren Betrieb aufnahm, weiter selbstständig bestehen, bis sie schließlich am 1. Januar 1922 wegen der

Abb. 40
Eine Lithographie von Gustav Krauss zeigt den ersten durchgehenden Zug von München bis Augsburg (4. Oktober 1840), eine Strecke, die in mehreren Teilabschnitten seit 1838 erbaut worden war. Die schwierigsten Passagen waren die Überwindung der Wasserscheide zwischen Isar und Lech und die Durchquerung des Haspelmoors. Der Münchner Bahnhof war am westlichen Stadtrand auf dem Marsfeld gelegen; es war ein hölzerner Behelfsbau, der 1847 abbrannte; dann entstand der neue Bahnhof im Bereich des heutigen Münchner Hauptbahnhofs.

Konkurrenz und der schwierigen Geld- wie Kohlenverhältnisse schließen musste. Ehe die weiträumige Vernetzung erfolgte, waren in Deutschland nach dem Vorbild der Ludwigs-Eisenbahn viele in sich geschlossene Kurzstrecken entstanden: 26 Kilometer zwischen Berlin und Potsdam (eröffnet im Oktober 1838), 12 Kilometer zwischen Braunschweig und Wolfenbüttel (Dezember 1838), 25 Kilometer zwischen Düsseldorf und Elberfeld (Dezember 1838), 15 Kilometer zwischen Magdeburg-Leipzig (Juni 1839), 18 Kilometer zwischen Mannheim und Heidelberg (September 1840). Verhältnismäßig lang, nämlich 129 Kilometer, war die Strecke zwischen Leipzig und Dresden (Oktober 1838); ferner die 82 Kilometer lange Strecke zwischen München und Augsburg (Oktober 1840) sowie die 43 Kilometer lange Taunus-Eisenbahn Frankfurt – Wiesbaden (April 1840). Man kann sagen, dass diese Kurzstrecken zumindest von ihrer Länge her gewissermaßen die Neben- bzw. Klein- bzw. Sekundär- bzw. Lokal- bzw. Vizinal- bzw. Bimmelbahnen antizipierten.

Abb. 41
„Heda, liebe Seele, kommen Sie gerade von unten?" – „Ja!" – Sagen Sie, was ist denn das, die Erde sieht ja jetzt aus wie ein umsponnener Topf. Will sie denn auseinander fallen?" – „Gott bewahre! das sind ja die Eisenbahnen." – „Eisenbahnen! – Ha, das ist gewiß wieder so eine neue Erfindung." (Ein „Bildscherz" aus dem Jahr 1857)

MÜNCHEN-AUGSBURGER-EISENBAHN.

Fahrten

bis Althegnenberg.

Mit künftigen Montag den 14. dieß anfangend, werden die Dampfwagen-Fahrten **täglich** in folgender Weise Statt haben:

Abfahrten in München

mit Anhalten an allen Zwischen-Stationen:
7 Uhr Morgens bis **Althegnenberg,**
11 Uhr Vormittags **nur** bis **Nannhofen,**
halb 3 Uhr Nachmittags **nur** bis **Maisach,**
5 Uhr Nachmittags bis **Althegnenberg.**

Rückfahrten

mit Anhalten an allen Zwischen-Stationen:

Von **Althegnenberg:**
halb 9 Uhr Morgens,
halb 7 Uhr Abends.

Von **Nannhofen:**
¾ auf 9 Uhr Morgens,
halb 1 Uhr Nachmittags,
¾ auf 7 Uhr Abends.

Von **Maisach:**
9 Uhr Morgens,
¾ auf 1 Uhr Nachmittags,
halb 4 Uhr Nachmittags,
7 Uhr Abends.

Allgemeine Personen-Fahrtaxen:

	bis Pasing				bis Lochhausen				bis Olching				bis Maisach				bis Nannhofen				bis Althegnenberg			
	1te Classe	2te	3te	4te	1te Classe	2te	3te	4te	1te Classe	2te	3te	4te	1te Classe	2te	3te	4te	1te Classe	2te	3te	4te	1te Classe	2te	3te	4te
von München	24kr.	18kr.	15kr.	9kr.	36kr.	30kr.	22kr.	12kr.	57kr.	45kr.	33kr.	18kr.	1fl. 15kr.	1 fl.	42kr.	24kr.	1fl. 36kr.	1fl. 15kr.	57kr.	30kr.	2 fl.	1fl. 36kr.	1fl. 15kr.	42kr.
von Pasing					15kr.	12kr.	9kr.	6kr.	—	—	—	—	—	—	—	—	—	—	—	—	—	—	—	—
von Lochhausen									21kr.	15kr.	12kr.	9kr.	40 kr.	30kr.	24kr.	15kr.	1fl.	48 kr.	36kr.	21kr.	1fl. 24kr.	1fl. 6kr.	54 kr.	30kr.
von Olching													21 kr.	15kr.	12kr.	9kr.	—	—	—	—	—	—	—	—
von Maisach																	21 kr.	18 kr.	15kr.	9 kr.	48 kr.	40 kr.	33 kr.	18kr.
von Nannhofen																					30 kr.	24 kr.	18 kr.	12kr.

Ermäßigte Taxe

für bestellte Wagen zu 24 Personen oder Wagen-Abtheilungen zu 8 Personen, welche auf Voranmelden bei der Stations-Cassa in München zu haben sind:

Nach **Lochhausen** und **zurück**:
1te Classe 1 fl. — kr. die Person. 3te Classe 33 kr. die Person.
2te " — " 45 " " " 4te " 21 " " "

Nach **Maisach** und **zurück**:
1te Classe 1 fl. 48 kr. die Person. 3te Classe 1 fl. 6 kr. die Person.
2te " 1 " 24 " " " 4te " — " 42 " " "

Zur Fahrt nach anderen Stationen können unter verhältnißmäßiger Preisberechnung auch Bestellungen, jedoch nur auf ganze Wagen bei der Stations-Cassa in München gemacht werden.
Wegen der Benutzung der Eisenbahn zu Waaren- und Viktualientransporten werden die Aufschlüsse wie bisher bei der Abfahrts-Station München ertheilt.

Verbindungsfahrter, mit der Eisenbahn.

Mit Bruck. Mittelst Stellwagen von und nach Maisach à 9 kr. die Person.

Mit Augsburg. Mittelst Augsburger Lohnkutscher mit der ersten und letzten Fahrt von und nach Althegnenberg zu 1 fl. die Person, mit der zweiten Fahrt von und nach Nannhofen zu 1 fl. 12 kr. die Person, incls. Trinkgeld und Einschreibgebühr. 40 Pfund Gepäck sind frei. Jedes weitere Pfund zahlt 2 kr. Diese Lohnkutscher haben sich verbindlich gemacht, zu jeder dieser eben genannten Fahrten täglich 6 viersitzige Wagen zur Weiterreise nach Augsburg in der Art zu stellen, daß je zwei Wagen um 8 Uhr Morgens und 6 Uhr Abends in Althegnenberg und um 12 Uhr Mittags in Nannhofen bereit seyn werden.

Diejenigen Reisenden, welche diese Gelegenheit benützen wollen, können sich schon hier auf der Abfahrts-Station, jedoch spätestens eine halbe Stunde vor Abgang des Dampfwagens, gegen Entrichtung der Fahrgebühren einschreiben lassen und erhalten dagegen einen mit laufender Nummer versehenen Anweisschein, der ihnen ihren Platz zur Weiterbeförderung nach Augsburg sichert.

München den 11. September 1840.

Das Directorium der München-Augsburger-Eisenbahn-Gesellschaft.

J. v. Maffei, Vorstand.

Maillinger, Geschäftsführer.

Abb. 42
Aushangblatt des Fahrplans München-Althegnenberg; bis dorthin reichte der fünfte und vorletzte Bauabschnitt der München-Augsburgischen Bahnlinie, der am 14. September 1840 eröffnet wurde.

Abb. 43
Die Karte zeigt das Anwachsen des Liniennetzes von 1835 bis 1845 und dann bis 1850. In diesem Jahr kam es zur ersten Techniker-Versammlung des Vereins Deutscher Eisenbahn-Verwaltungen, bei der „Grundzüge für die Gestaltung der Eisenbahnen Deutschlands" und „Einheitliche Vorschriften für den durchgehenden Verkehr auf den bestehenden Vereinsbahnen" beschlossen wurden.

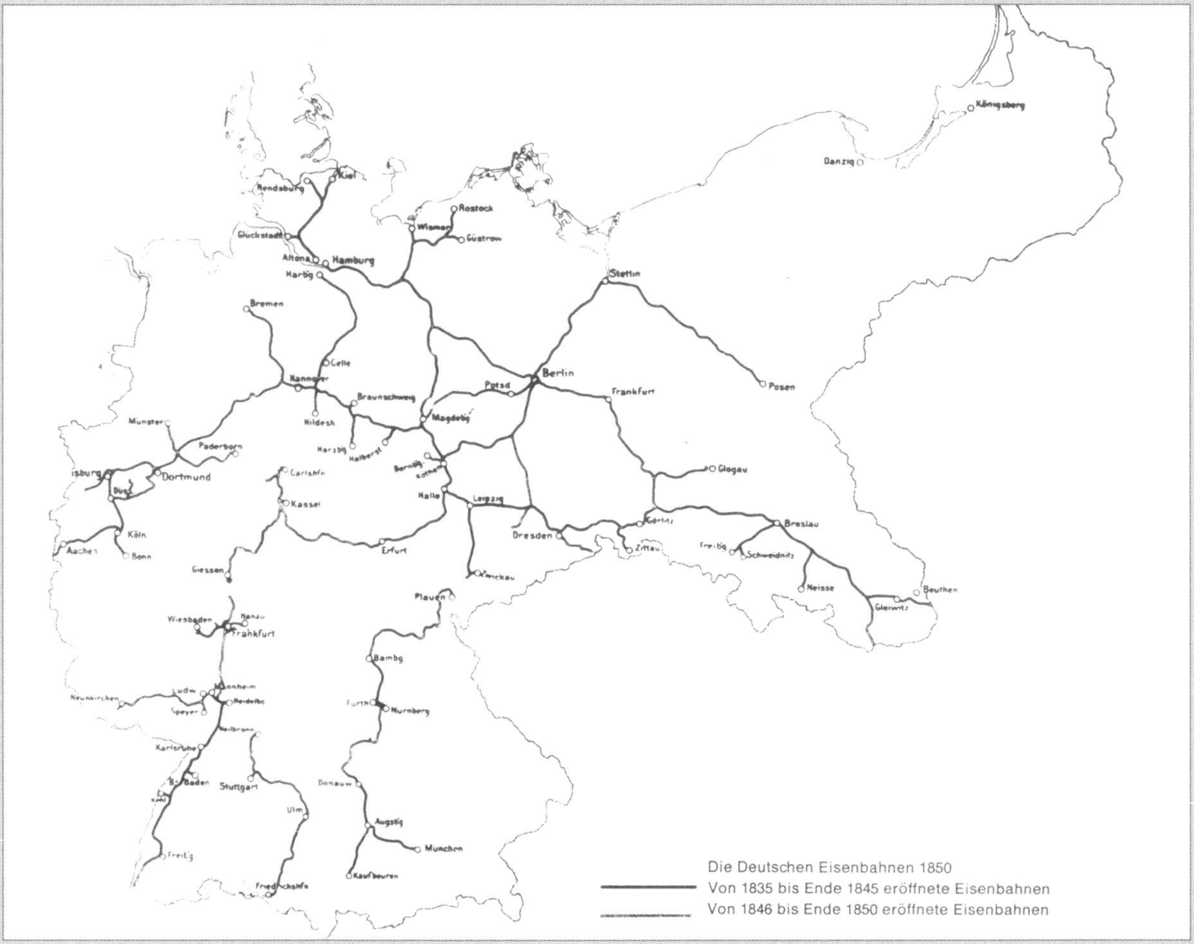

Abb. 44
Die Entwicklung des Schienennetzes bis 1870. In diesem Jahr wurde ein Betriebsreglement und Bahnpolizeireglement für die Eisenbahnen des Norddeutschen Bundes erlassen.

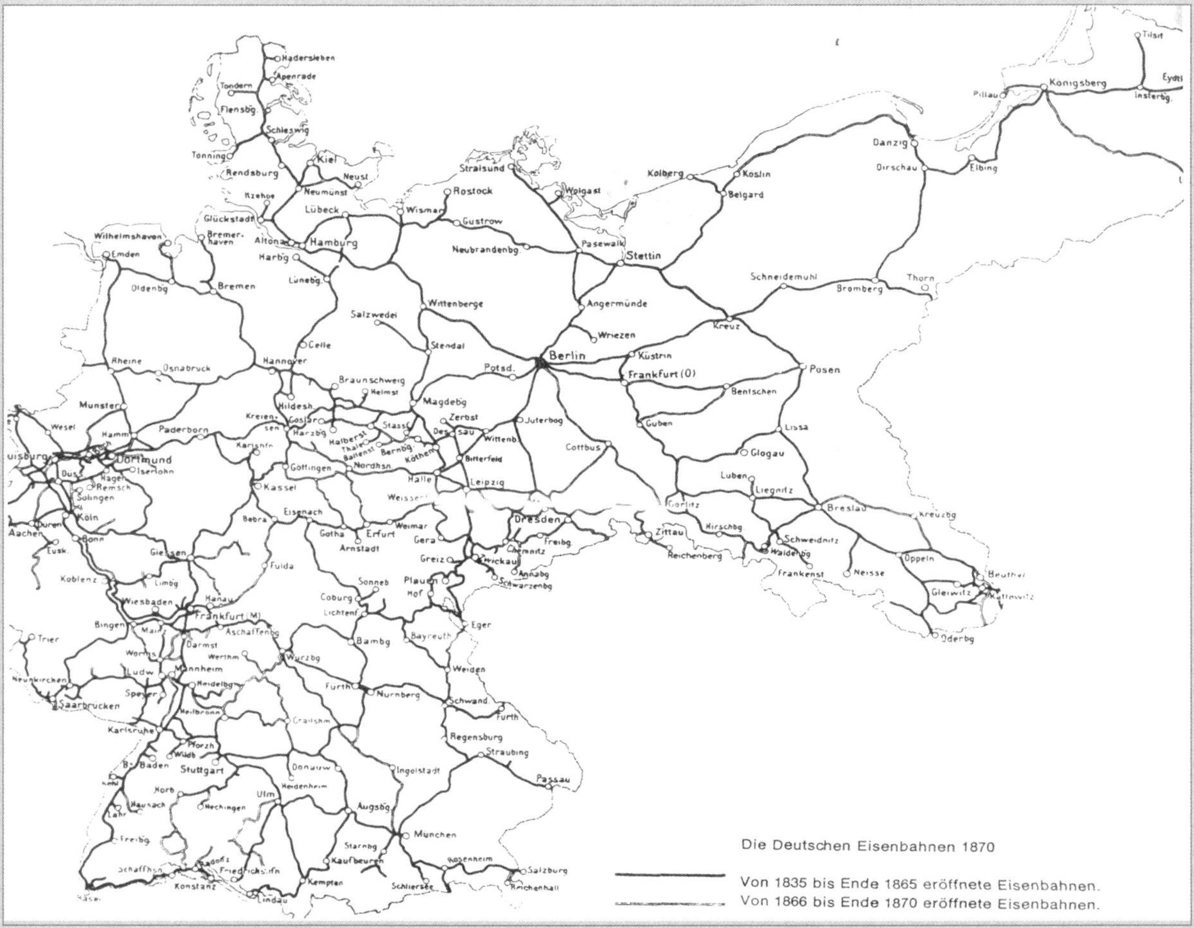

Abb. 45
Das Eisenbahnnetz Europas um 1875.

Abb. 46
Ein Zug der Düsseldorf-Elberfelder-Bahn verlässt den Bahnhof Steinbeck (1840); sie war die erste Eisenbahnstrecke in Westdeutschland. Drei Monate vorher war die erste preußische Linie von Potsdam nach Zehlendorf eröffnet worden.

Abb. 47
Auf einem Erinnerungsblatt zu „Dresdens erster Dampfwagenfahrt" heißt es in einem beigefügten Gedicht, dass die Bevölkerung „Neugierfieber" erfasst habe.

„... Die Reise vorwärts und retour
Geschieht in zwölf Minuten;
Und bei derselben kurzen Uhr
Fliegt, ohne Nasenbluten
Und Schwindel, eh' der Abend winkt
Und in ihr Nest die Sonne sinkt,
Arm-Reich, und Hoch und Nieder
Zur Traube hin und wieder.

Die Zeit hat Ehre, Gute Nacht!
Und Hand darauf gegeben:
Da, wo wir heute Schicht gemacht
Den Morgen anzuheben.
So fahren flink wir ab und auf
Bis uns mit Leipzig und bald drauf
Mit allen Himmelswinden
Die Dampffahrt wird verbinden."

(Leipzig konnte erst vier Monate später erreicht werden.)

Liebe zur Bimmelbahn

Im Gegensatz zu dem im Eisenbahnwesen sich ständig steigernden „veloziferischen Prinzip", wie Goethe den Beschleunigungsdrang des technischen Zeitalters nannte, konnte man die Eisenbahn auch als einen „Vermittler des gemütlichen Verkehrs" bezeichnen (so Friedrich List). Bei Nebenbahnen ließen Streckenführung und häufige Aufenthalte hohe Geschwindigkeit gar nicht zu. Pfeifen und Bimmeln nicht nur wegen der häufigen kreuzenden Wege und Straßen, sondern jeweils als Ankunftszeichen einige Zeit vor dem jeweiligen Ort – hatten doch viele Passagiere keine Uhr (nun wussten sie, dass es „höchste Eisenbahn" war) – signalisierten „gemächliche Eile". „ ‚menau!' rufen die Schaffner, ‚menau!' Mit dem Ton auf der letzten Silbe. Wir sehen hinaus. Da rauschen ein paar Bäume, der Sta-tionsvorsteher hat sich Sonnenblumen gezogen, die aus der Zeit herrühren, wo er noch nicht Fahrdienstleiter hieß, da steht ‚Männer' dran und da ‚Frauen', und für die Zwitter ist auch noch ein Güterschuppen da. Die Lokomotive atmet. Niemand steigt aus. Niemand steigt ein. Aber hier ist: Aufenthalt." Dem feuilletonistischen Stimmungsbild von Kurt Tucholsky[34] entspricht das von Ludwig Thoma, mit dem er die „Atmosphäre" der bayerischen Nebenbahnen charakterisiert. „Der Zug hält schon wieder, und Sie fliegen rücklings mit dem Hinterkopfe auf den Wärmeregulierungshebel, welcher sehr hart ist. Einen Moment denken Sie an ein Unglück und lassen das Fenster hastig herunter. Was gibt's?! Nichts, mein Bester. Strengen Sie Ihre Augen an, und Sie werden eine kleine Hütte sehen, vor welcher zwei leere Blechkübel stehen. Sie waren heute morgen mit Milch gefüllt und sind soeben dem Besitzer eingehändigt worden, damit er sie morgen wieder zur Bahn bringt. Beförderung der landwirtschaftlichen Erzeugnisse. Bleiben Sie ruhig sitzen, denn sonst müßten Sie nach wenigen Minuten eine

Abb. 48
„Die kleine Station" malte Hans Baluschek 1912 – einer Hoch-Zeit des Baus von Nebenbahnen. Der Künstler, dessen Vater bei der Bahn arbeitete, war im Verein mit Käthe Kollwitz und Heinrich Zille ein Porträtist des vorwiegend berlinerischen Proletariats, seines Elends und minimalen Sonntagsglücks. Schon die Zeitzeugen nannten Baluschek wegen der häufig als Motiv erscheinenden Lokomotiven, Züge, Gleise, Signalanlagen – meist verbunden mit menschlichen Motiven (etwa Auswandererfamilie mit Sack und Pack auf dem Bahnsteig) – den „Eisenbahnmaler".

neue Körperverletzung erleiden. Wir halten in Haching, Glaching, Moching, Daglfing, Kraglfing, Gscheerthausen, Woadling und Haar."[35]

Die kürzeste Linie im bayerischen Königreich war die Vicinalbahn im Laber-Tal, das „Allinger-Bockerl" (von Alling nach Regensburg, wo man seit 1859 Anschluss nach Landshut oder Nürnberg hatte); sie war relativ bekannt, da sie Firmen bediente, die einen hohen Bekanntheitsgrad hatten, so die Papierfabrik Pustet, die damals größte Papierfabrik Bayerns

Ist die Kleinbahn „nicht seit eh und je eine liebenswerte Erscheinung unseres Eisenbahnwesens? Sie, die ein wenig zurückgebliebene, vernachlässigte, etwas einfältige und deshalb doppelt geliebte Tochter der großen Mutter Eisenbahn? Freilich, ihre Bescheidenheit, ihre Unscheinbarkeit, hat seit alters kaum mehr als zu Spott, zu behaglichem Schmunzeln, zu verständnisvollem Lächeln und liebenswürdigem Verstehen herausgefordert und dem Karikaturisten Stoff in Hülle und Fülle für boshafte Glossen geliefert. Aber eben darum haben wir sie geliebt, wegen dieser einmaligen Mischung von Sachlichkeit und Groteske, von Technik und Romantik, von Fortschritt und Altertümelei, eben wegen dieses alten Lokomotivchens, wegen der kleinen hölzernen Wagen, wegen des Gebots, das Blumenpflücken während der Fahrt zu unterlassen. Es war die Gemütlichkeit, die Beschaulichkeit, die Ruhe in der Bewegung, die über der Kleinbahn und ihrem ganzen Betrieb lag." (Karl-Ernst Mädel)

Abb. 49 (oben)
„Wir haben sie naufghängt, damit sie geräuchert werden, wenn die Lokomotive unten durchfährt

Abb. 50 (rechts)
Unerwarteter Aufenthalt. Der Schaffner versucht die Gründe zu erklären.

Abb. 51
Turner-Zeitvertreib auf der Secundärbahn

und die in ganz Deutschland bekannte Tabakfabrik Bernard, ferner viele Glasschleifen, deren Produkte in den Weltmarkt gingen, sowie Mühlen, deren Farben und Mehl in ganz Südosteuropa vertrieben wurden.[36]

Für Nebenbahnen war überhaupt charakteristisch, dass sie sowohl landwirtschaftliche als auch industrielle Produkte in nahe gelegene Städte zum Umschlag auf die Hauptlinien transportierten und einer zunehmenden Zahl von Arbeitskräften das Pendeln ermöglichten. (1876 beförderte die Laberbahn 8733 und 1899 bereits 27.682 Fahrgäste.)

So wie beim „Allinger-Bockerl“ mit dem Eröffnungsjahr 1875, bedeuteten die 1870er Jahre in Deutschland die Blütezeit aller deutschen Kleinbahnen. Die wesentlichen Hauptbahnen waren geschaffen, nun mussten die Nebenbahnen die Aufgabe übernehmen, Gebiete, die noch abseits lagen, aber am wirtschaftlichen Aufschwung teilhaben wollten, verkehrsmäßig zu erschließen. Bis 1910 wurden fast 22.000 Kilometer solcher Strecken gebaut. Dadurch konnte das wirtschaftliche und kulturelle Gefälle zwischen Orten mit und solchen ohne Bahnanschluss schrittweise abgebaut, die Verbesserung der Infrastruktur des „offenen Landes“, wie sie vor allem auch von den ländlichen Grundbesitzern und Fabrikanten gefordert wurde, erreicht werden. Der Markt für Rohstoffe, Arbeitskräfte, Fertigprodukte wurde „beweglich“.

Im Deutschen Reich kostete 1910 ein Tonnen-Kilometer Ware beim Fuhrwerksbetrieb durchschnittlich 30 Pfennige gegenüber 13 Pfennigen auf der Kleinbahn; beim Reiseverkehr

Abb. 52
„… es ist dieselbe von vorhin…“

Abb. 53
Am liebsten hätte man einen Postillon als Lokomotivführer gesehen.

Abb. 54
„Im Coupé“ (um 1890)

waren 10 gegenüber 4 Pfennigen je Personenkilometer zu bezahlen. Dazu kam noch die Zeitersparnis. In einer Eingabe der Gemeinde Schwiegershausen am Harz im Jahre 1911 an die Königliche Eisenbahnverwaltung heißt es, und dies kann als eine exemplarische Beschreibung der für solche Orte gegebenen Situation verstanden werden: „Unsere 1301 Einwohner zählende aufstrebende Gemeinde ist von der Eisenbahn Seesen-Herzberg 7,5 Kilometer, von der Station Wulften der Eisenbahnstrecke Nordhausen-Ottbergen rund 5 Kilometer entfernt. Sie entbehrt einer eigenen Eisenbahnverbindung. Seit langen Jahren ist es der selbstverständliche und dringende Wunsch unserer Gemeinde, eine Eisenbahnverbindung zu erhalten.“ Die Konsequenzen eines Bahnbaus oder seiner Ablehnung waren in einem Gutachten zusammengefasst. „Im Personenverkehr gibt die Bahn ihren Anwohnern die langersehnte Gelegenheit, in einem Tag in die Kreisstädte mit ihren verschiedenen Behörden fahren zu können; für Göttingen kommt dann noch hinzu, daß das ganze Bahngebiet zum Landgericht Göttingen gehört, und daß seine Bewohner auf die Universitätsstadt mit ihren Kliniken angewiesen sind. Den zahlreichen im Hinterland wohnenden Bauhandwerkern, die tagsüber oder meist die ganze Woche hindurch von Hause fort sind, oder täglich Märsche bis zu 20 Kilometer zurücklegen müssen, um zum Arbeitsort zu gelangen, wird eine bequeme Gelegenheit geboten, täglich in ihre Familie zurückzukehren und in der freien Zeit ihre Parzelle intensiver zu bewirtschaften als das heute möglich ist.
Der bedenklichen Abwanderung vom Lande würde nur so gesteuert werden. (Das Dorf Waake, das vor 25 Jahren ca. 1000 Einwohner zählte, hat jetzt nur noch 536.) Die Steinbrüche dortselbst haben wegen den teuren Landfrachten den Betrieb einstellen müssen. Ebergötzen ist im Laufe der letzten Jahre von 1000 auf 750 Einwohner zurückgegangen. Die meisten Bauhandwerker des Ortes ziehen nach Göttingen, obwohl aus wirtschaftlichen und socialen Gründen ihr Verbleiben im Heimatort wünschenswerter wäre.“[37]

Abb. 55
Zur „Seekuh“ verballhornten die Erlanger liebevoll ihre „Sekundärbahn“. Es war keineswegs selten, dass Lokalbahnen auch auf Straßen fuhren.

Wegen der Bedeutung der Nebenbahnen für den Transport landwirtschaftlicher Erzeugnisse zu den Zentren des Verbrauchs spielten sie in Preußen eine besonders große Rolle – angesichts der weit gestreckten agrarisch genutzten Gebiete. 1909 gab es in Preußen 245 Kleinbahnen, auf denen 1099 Dampflokomotiven, 2557 Personenwagen und 13.949 Güterwagen liefen. Das dichteste Kleinbahnnetz bestand in Pommern; dort entfielen bereits im Jahre 1905 auf je 10.000 Einwohner 8,28 Kilometer Kleinbahnen. An zweiter Stelle folgte Schleswig-Holstein mit 5,11 Kilometern.

In seiner Autobiographie „Das Leben eines Landarbeiters“ schildert Franz Rehbein (1867-1909) unter anderem, wie das Eisenbahnwesen die hinterpommersche Gutswirtschaft veränderte. Der Bürgermeister seines Heimatortes habe gegenüber den Ackerbürgern argumentiert, dass durch den Zuganschluss der Verkehr anwachsen, die Stadt sich vergrößern und der

Abb. 56
Die Idylle stirbt: Zu den heißesten verkehrspolitischen Themen gehören heutzutage die Stilllegung von Nebenstrecken und der Ersatz des „Bähnle“ durch weit weniger romantische Omnibusse.

Wert von Grund und Boden zunehmen werde. Als die erste Lokomotive angekommen sei, eine winzige „Teckelmaschine“, mit der die Vorarbeiten zum Bahnbau begonnen wurden, habe er zur Feier dieses Ereignisses eine Proklamation erlassen. Honoratioren, Handwerker und auch die „hochehrenwerten Herren Ackerbürger“ sollten erscheinen, um das Dampfross an den Platz seiner Tätigkeit zu begleiten – was sie auch taten. Die Lokomotive steht am Stadtende auf einem Rollwagen, mit vier Pferden davor gespannt. Man betrachtet staunend das kalte eiserne Ungetüm. Der Bürgermeister hält eine Rede und der Herr Superintendent auch. Der Rollwagen wird durch die Stadt gezogen, mit der Stadtkapelle voran. Am Ende redet nochmals der Bürgermeister und die Musikanten spielen, wobei der ganze Festzug einstimmt: „Nun danket alle Gott.“[38]
Die Entwicklung der Nebenbahnen wurde erleichtert durch Gesetze und Verordnungen, welche die Sicherheitsbestimmungen, die für Anlagen des Fernverkehrs galten, milderten. Dadurch und durch eine oft geringere Spurweite konnten wesentliche Einsparungen beim Bau und Betrieb solcher Linien erreicht werden. Die Ansprüche an Signalanlagen und Wegkreuzungen sowie die Länge für Kreuzungs- und Überholgleise wurden zum Beispiel drastisch reduziert. Der sonst verbotene kombinierte Transport von Passagieren und Fracht in einem Zug wurde zur Regel; die Geschwindigkeit sollte nach Ansicht der Aufsichtsbehörden nicht

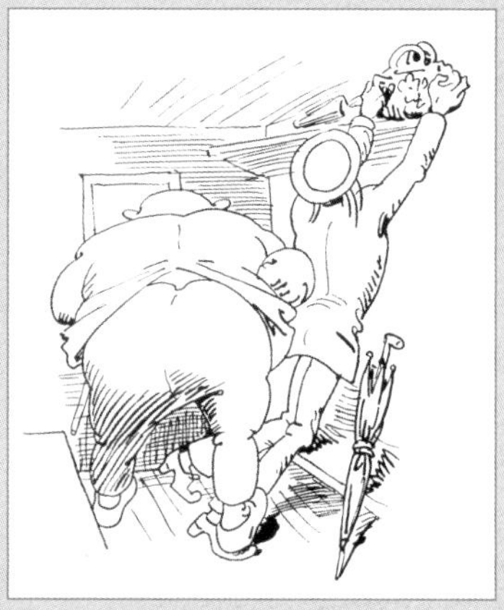

Zu Abb. 57-59
Hier spricht er: „Lebe wohl, Cäcilie!
Ich bring euch auch was Schönes mit!“
Dann schwingt er sich mit leichtem Schritt,
Damit er nicht die Zeit verpasse,
In die bekannte Dichterklasse.

Der Pfiff ertönt, die Glocke schlug.
Fort schlängelt sich der Bummelzug…

Ein langer Pfiff. – Da hält er schon
auf der ersehnten Bahnstation.

Ein wohlgenährter Passagier
In Nägelschuhen wartet hier.
Er zwängt sich hastig in's Coupé.
Pardon! – Er tritt auf Bählamm's Zeh' –
Des Lebens Freuden sind vergänglich;
Das Hühnerauge bleibt empfänglich.

(Wilhelm Busch)

mehr als 20 oder 25 Kilometer auf eigenem Bahnkörper und nicht mehr als 15 km bei der Mitbenutzung von Straßen betragen, so dass „in jedem Moment der Zug so rasch wie das Pferdefuhrwerk selbst zum Stehen gebracht werden kann“.
Einerseits war die Kleinbahn ein entscheidender wirtschaftlicher und damit auch sozialer wie kultureller Faktor; die Provinz wurde aus ihrem Abseits herausgeholt; andererseits wurde die Kleinbahn selbst zum Teil dieser Provinz; über ihr lag ein Hauch von ländlicher Deftigkeit, Gemütlichkeit und Poesie. Die Kleinbahn strukturierte den Tagesablauf; der Pfiff des Morgenzuges fiel mit dem Arbeitsbeginn zusammen; war der letzte Zug ins Städtchen gepoltert, fand der Tag sein Ende. „Der letzte Zug ist herein, nun können wir zur Ruhe gehen.“ „Eine oft unbewußte Liebe verband die Bevölkerung mit ihrer Kleinbahn. Man schimpfte zwar über sie, über ihre Bedächtigkeit, über ihren Rauch, über ihr lärmendes Gepfeif und Gebimmel, aber man liebte sie. Man wurde gemeinsam mit den Lokomotiven und Wagen alt; es waren ja immer die gleichen. Man kannte die Bahnbeamten, man kannte die Strecke, die Klein-Kleckersdorf mit der großen Welt verband. Freud und Leid teilte man mit seiner Bimmelbahn in guten und bösen Zeiten. Die vielen rauh-zärtlichen Bezeichnungen sind Beweis dafür.“[39]
Die Sekundärbahn ermöglichte das Umsteigen auf die Primärbahn. An solcher „Nahtstelle“ traf die kleine idyllische mit der großen urbanen Welt für kurze Zeit zusammen; diese ratterte zwar rasch vorüber, heftete aber die Sehnsucht der Zurückbleibenden an sich. Da geht (in Ludwig Thomas literarischer Skizze „Auf dem Bahnsteig“) der Gymnasialprofessor Hasleitner immer an den Dornsteiner Bahnhof, um die Grande monde zu erleben: „Dort im ersten Coupe schob eine schmale Hand den Vorhang zurück, und ein Paar müde Augen blickten entsetzt auf die Philister, hier prallte ein entzückender Kopf entrüstet zurück. Es war die große Welt, die eine Minute lang Dornsteiner Luft einzog und Pariser Odeurs zurückgab. Und da stand es auf weißen Tafeln und war darum kein phantastisches Märchen: Paris – Avricourt – Wien.“ Aber da rollt der Zug schon wieder davon![40]

Der Stationsvorstand

Wir befinden uns vor einem Bahnhofsgebäude und sehen von links nach rechts eine Tür, die nach dem ersten Stock führt, einen Fahrkartenschalter und abermals eine Tür mit Milchglasscheiben und der Überschrift „Stationsvorstand“. Daneben einige Signalhebel, Läutwerk und dergleichen. An der Wand kleben Fahrpläne und Reisereklame … Auf den Bänken warten zwei Reisende: Die Bäckermeistersgattin Frau Leimgruber und ein Waldarbeiter mit einem leeren Rucksack und einer Baumsäge. Das Läutwerk läutet, dann wirds gleich wieder still. Jetzt kommt ein dritter Reisender von links mit Hand- und Aktentasche, ein Vertreter aus der Stadt. Er hält und blickt auf die Bahnhofsuhr. Es ist neun Uhr abends, eine warme Frühlingsnacht.
Vertreter tritt an den Fahrkartenschalter und klopft, aber es rührt sich nichts, er klopft abermals, und zwar energisch.

WALDARBEITER Da könnens lang klopfen, der macht erst knapp vor Abfahrt auf.
VERTETER blickt wieder auf die Uhr: Hat denn der Zug Verspätung?
FRAU LEIMGRUBER lacht hellauf, zum Waldarbeiter: Was sagens zu dieser Frage?
WALDARBEITER grinst: Der Herr kommt vom Mond – Zum Vertreter. Natürlich haben wir Verspätung, dreiviertel Stund!
VERTRETER Dreiviertel Stund? Elende Schlamperei – Er zündet sich wütend eine Zigarre an.
FRAU LEIMGRUBER Es ist eben alles desorganisiert –
WALDARBEITER fällt ihr belehrend ins Wort: Es kommt eben alles daher, weil immer nur abgebaut und abgebaut wird. – Die werden noch so lange rationalisieren, bis überhaupt nix mehr fahren wird.
VERTRETER bläst den Rauch von sich. „Rationalisierung“ – ein übles Kapitel.
WALDARBEITER Die schicken ja jeden zum Teufel, das beste Menschenmaterial.
FRAU LEIMGRUBER wird plötzlich geschwätzig, zum Vertreter: Zum Beispiel hier auf unserem Bahnhof: was meinens, wieviel Personal wir da haben? Einen, einen einzigen Mann haben wir da.
VERTRETER perplex: Wieso dies? Nur einen einzigen Beamten?
FRAU LEIMGRUBER Zum Glück ist unser Herr Vorstand ein wirklich tüchtiger Mann, ein gebildeter, höflicher, emsiger Charakter, ein selten strammer Mensch! Der scheut keine Arbeit, er trägt die Koffer, vernagelt die Kisten, stellt die Weichen, steht am Schalter, telegraphiert und telephoniert – alles in einer Person! Und miserabel bezahlt ist er auch.
WALDARBEITER Wer?
FRAU LEIMGRUBER Na der Vorstand.
WALDARBEITER Miserabel nennen Sie das? Ich nenn das eine königliche Gage – denkens doch nur an seine freie Dienstwohnung da droben! Er deutet auf den ersten Stock. Der hat ja sogar einen Salon und wenn er aufsteht, hört er die Vöglein zwitschern und sieht weit ins Land – Er grinst. Jetzt läutet das Läutwerk und der Stationsvorstand Thomas Hudetz tritt rasch aus seiner Türe, er bedient den Signalhebel und schon rast ein Schnellzug vorbei, er salutiert und wieder ab.
FRAU LEIMGRUBER Das war der Expreß, der hält nicht bei uns.
VERTRETER Kann ich ihm nachfühlen. Wieviel Einwohner hat denn das Nest?
WALDARBEITER Zweitausenddreihundertvierundsechzig.

Ödön von Horváth: Der jüngste Tag (S.531 f.)

Abb. 60
Die Bahn Augsburg-Lindau windet sich bei Immenstadt durchs Allgäu (Gemälde von Carl Herrle, Ausschnitt). In Konkurrenz mit Württemberg, das eine Strecke von Ulm nach Friedrichshafen plante, sollte der Bau allein auf bayerischem Boden verwirklicht werden. So hoffte man, möglichst viel Transitverkehr aus Italien und der Schweiz auf die bayerische Süd-Nordtransverse zu lenken und damit den Handelsplatz Lindau sowie die Gewerbestädte Kaufbeuren, Kempten und Augsburg stärken zu können. Zwar kam man beim Bau, um die Höhe von 789 Meter bei Oberstaufen zu erreichen, mit Steigungen von 10 % aus; doch musste man dafür nie gekannte Längen und viele enge Bögen, die eine Begrenzung der Geschwindigkeit auf 60 bis 70 kmh verlangten, in Kauf nehmen. Die 1844 begonnene Bahn wurde 1853 beendet; die Württemberger hatten den Bodensee schon drei Jahre früher erreicht.

Bergauf, bergab

Ein junger Mann mit dem Namen Hans Castorp, der im Hochsommer von Hamburg, seiner Heimatstadt, nach Davos-Platz im Graubündischen mit der Eisenbahn fährt (in Thomas Manns Roman „Der Zauberberg"), unternimmt eine weite Reise. „Es geht durch mehrerer Herren Länder, bergauf und bergab, von der süddeutschen Hochebene hinunter zum Gestade des Schwäbischen Meeres und zu Schiff über seine springenden Wellen hin, dahin über Schlünde, die früher für unergründlich galten." Das letzte Stück der Reise ist von besonderer Faszination. „Er sah hinaus: der Zug wand sich gebogen auf schmalem Paß; man sah die vorderen Wagen, sah die Maschine, die in ihrer Mühe braune, grüne und schwarze Rauchmassen ausstieß, die verflatterten. Wasser rauschten in der Tiefe zur Rechten; links strebten dunkle Fichten zwischen Felsblöcken gegen einen steingrauen Himmel empor. Stockfinstere Tunnel kamen, und wenn es wieder Tag wurde, taten weitläufige Abgründe mit Ortschaften in der Tiefe sich auf. Sie schlossen sich, neue Engpässe folgten, mit Schneeresten in ihren Schründen und Spalten." Es gibt Aufenthalte an armseligen Bahnhofshäuschen, Kopfstationen, die der Zug in entgegengesetzter Richtung wieder verlässt – und das bedeutet einen verwirrenden Orientierungswechsel. Großartige Fernblicke in die „heilig phantasmagorisch sich türmende Gipfelwelt des Hochgebirges" tun sich auf. Der Zug verlässt die Zone der Laubbäume und die der Singvögel; Castorp, angewandelt von einem leichten Schwindel und Übelbefinden, bedeckt die Augen für zwei Sekunden mit der Hand. Nun hat der Zug die Passhöhe überwunden und rollt auf ebener Talsohle bequemer dahin.[41]

Abb. 61
Ansicht von der Gotthard-Bahn: Brücke über den Ticino bei Stalvedro. Im Jahr der Eröffnung der Bahnlinie hieß es in der „Gartenlaube“ (Nr. 20): „In das viele Hundertausende von Meilen umfassende Schienennetz der Erde ist somit ein neues wichtiges Glied eingefügt, dessen Mangel bisher schwer genug empfunden worden; was aus der Thatkraft der Unternehmer, dem Schweiße und Blute der Arbeiter in jahrzehntelanger mühsamer Arbeit geschaffen, wird zum Gewinn für ganz Europa.“

Abb. 62
Ansicht der Gotthardbahn: Brücke über den Rohrbach bei Wattingen.

Der Text verweist auf eine andere bedeutsame Entwicklung durch Nebenstrecken: nämlich die Erschließung von Mittelgebirgs- und Gebirgslandschaften wie überhaupt von landschaftlich reizvollen Gegenden, was für die Touristik von hoher Bedeutsamkeit war. Hinsichtlich der Anstiegs- und Abstiegsneigungen waren in Deutschland auf den Hauptbahnen 25, auf Nebenbahnen 40 Promille zugelassen; besondere Bestimmungen regelten die Sicherheit. Die

Abb. 63
„Über den Mont Cenis, der Hannibal mit seinen punischen Legionen, sowie den gallischen Kriegern bei ihrem Angriff auf Rom als Übergangspunkt diente, ließ 1693 Marschall Catinat eine für leichtes Fuhrwerk und kleines Geschütz fahrbare Straße leiten. Nun wollte man eine Eisenbahn anlegen; aber die Steigungen wurden so bedeutend, daß selbst das System Fell, mit einer gezahnten Mittelschiene, an der sich die Lokomotiven in die Höhe arbeiten, kein befriedigendes Resultat versprach. Da durchbohrte man den Berg. … Die Bohrungen wurden von zwei Seiten begonnen. Der Anfangspunkt auf der savoyischen Seite bei Madonne liegt 1249 m über dem Meere, der andre auf französischem Boden bei Bardonneche, in einem reizenden Thale, 147 m tiefer, während an einer andern Stelle die Bahn bis zu 2170 m aufsteigt. … Der ganze 12.200 m lange Tunnel wurde am 25. Dezember nachmittags 4 Uhr, also fast genau zehn Jahre nach seinem Beginn eröffnet.“ (F. Reuleaux)

erste bayerische Zahnradbahn wurde am 12. Mai 1912 eröffnet; sie führte auf den 1838 Meter hohen Aussichtsberg Wendelstein; (1910 hatte der bayerische Prinzregent Luitpold die Konzessionsurkunde unterzeichnet).

Die erste Gebirgsbahn baute Dr. Karl Ritter von Ghega in Österreich (1848 – 1851). Die Übersteigung des Semmering auf der Strecke zwischen Wien und Triest galt als Wunder des Eisenbahnbaus: auf einer Strecke von nur einigen Kilometern wurden fast alle Bauformen der damals verfügbaren Eisenbahn-Ingenieurkunst aufgeboten. „Es ist gewiß nichts Geringes, eine 5 1/2 Meilen lange Eisenbahn über die Thäler, Schluchten, Klippen und Hänge eines fast 1550 m hohen Felsengebirges zu führen, sie gegen Wildwasser, Überschwemmungen, Bergstürze zu schützen, ihre Steigung zu verringern und doch den Paß zu erreichen, Tunnels zu sprengen und turmhohe Viadukte zu bauen, deren Bogen wieder auf Bogen ruhen. Nur der Sachkundige vermag die ungeheuren Schwierigkeiten zu beurteilen, welche, unterstützt durch kenntnisreiche Baumeister, der Erbauer des Werkes, Ritter von Ghega, vorher zu berechnen und zu beseitigen hatte, ehe die Bahn ausgeführt werden konnte.“

Abb. 64
Fünfzehn Tunnels von zusammen 4200 Meter Länge, 16 Viadukte, Galerien, Bogen, Pfeiler, Böschungen: Das ganze Repertoire der Eisenbahn-Ingenieurkunst musste für die Bahn über den Semmeringpass in den österreichischen Ostalpen aufgeboten werden. (Die Gebirgsbahn wurde inzwischen zum Unesco-Weltkulturerbe erklärt.)

Abb. 65
Zugspitzbahn; sie wurde 1930 eröffnet, ist viereinhalb Kilometer lang und führt ungefähr 1000 Meter in die Höhe; sie hat eine maximale Steigung von 250 ‰.

Auf der Semmering-Strecke

Der Zug saust durch lange Tunnels, um auf der andern Bergseite in Krümmungen, über bogenreiche Viadukte, Pfeilerbaue, und an steilen Wänden entlang durch die Bergwildnis dahinzurasseln, bald in hellem Sonnenschein, bald in Finsternis, bald zwischen nackter Felswildnis, bald in kühler Waldung, bald über dem Thal, bald tief unter dem über uns sich hinziehenden Wald. In Schlangenwindungen durchs Schwarzathal über den Bayerbach-Viadukt rückwärts nach dem Eichkogel und zu den steilen Thalschluchten der beiden Adlitzgräben gelangt, sieht man vor sich schroffe und wilde Wände, vielfach ausgezackt und zertrümmert, fast senkrecht über dem engen, grünen Thalstreifen emporsteigen. Eine Zeitlang folgt die Bahnlinie in weit ausschweifendem Bogen dieser Felsenwindung, dann zeigt sie zwei gewaltige Viadukte von über 30 m Höhe, bis sie endlich über eine Felsenwand in einen 200 m langen Tunnel dringt, um aus dem unteren Adlitzgraben in den oberen zu gelangen. Nackte, zerbröckelnde Felswände von steiler Böschung, dabei von tiefen Waldgräben durchschnitten, ragen vor uns in die Lüfte empor. Da das lockere Gefüge des Gesteins befürchten ließ, daß es mit der Zeit infolge der Erschütterung, welche ein schwer bepackter Wagenzug verursacht, ganz auseinander gerüttelt werden möchte, so mußte man hier bei der Weinzettelwand den Weg tief hinein in die Felswand sprengen und diese Wand durch Pfeiler und Mauern stützen, um sie vor dem Auseinanderfallen zu sichern, so daß drei Tunnelreihen durch Galerien zu einem langen Haupttunnel vereinigt wurden. So fliegt die Lokomotive dahin an der Wand zur Kalten Rinne, über deren Klüfte sie mit Hilfe gewaltiger Viadukte gelangt, deren untere Bogen und Pfeiler nebst Eck- und Mittelpfeilern aus Quadern, die oberen aus Ziegeln ausgeführt sind. Am Ende der steilen Weinzettelwand mündet der Schienenweg unter dem Passe in einen 140 m langen ausgemauerten Tunnel, so daß er bis Mürzzuschlag, wo er an die steirische Bahn anschließt, 15 Tunnels von zusammen 4200 m Länge und 16 Viadukte von bedeutender Ausdehnung durcheilt hat. Neben der eigentlichen Bahnanlage mußte auch noch für die Bedürfnisse des Betriebes gesorgt werden, z. B. für die Wasserspeisung der Maschinen, indem die Bergwasser gesammelt, geklärt und durch Pumpwerke oder Röhren weitergeleitet wurden. Wenn bei jedem Bahnbau schon die mühevollen Vorarbeiten, als Vermessung der Höhen, Feststellung der Bahnlinie, Berechnung der Bahnkrümmungen, des Steigens und Fallens, mehr als eines denkenden Menschen geistige und körperliche Kräfte in Anspruch nehmen, so sind damit doch erst die Anfänge des Bahnbaus überwunden. Bald fehlt es an Wegen und Unterkunftsorten, bald stören elementare Ereignisse den Weiterbau, während doch auch die Wünsche der Bevölkerung, sowie die Gesamtwohlfahrt des Landes bei Entwurf und Ausführung billige und gerechte Berücksichtigung finden sollen.
Bei dem Bau der Semmeringbahn machten sich aber ganz ungewöhnliche Hindernisse geltend: es dauerte geraume Zeit, ehe sich nur ein Stamm tüchtiger und zuverlässiger Arbeiter in der unwirtbaren Gegend zusammengefunden hatte. Man zog solche aus Slowenien, Italien und den deutschen Provinzen heran, und so entwickelte sich an dem gewaltigen Gebirgsstocke nach und nach, hoch über den Thalgründen, in der Felseinsamkeit ein eigentümliches Volksleben unter diesen Nomaden der Industrie. Wenn das Signal zur Arbeit mit der Glocke gegeben wurde, da zogen lange Arbeiterkolonnen die schmalen, geschlängelten Pfade entlang. Einige derselben verschwinden in den Tun-

nels, während andre mit Bohrer, Meißel, Brecheisen und Hacke den Fels mitten an seiner senkrechten Wand angriffen und mächtige Blöcke absprengten, weiter unten italienische Steinmetzen die hinuntergerollten Felsstücke glatt behauten, steirische Fuhrleute sie auf ihre zweiräderigen Wagen luden, um sie aus dem Thale hinaufzufahren, wo sie zu Pfeilern und Viadukten gebraucht wurden.

Franz Reuleaux: Einführung in die Geschichte der Erfindungen. Bd. 1 (S. 380)

Streckenführung durch Baukunst

Abb. 66
Rahrbacher Tunnel auf der Ruhr-Sieg-Strecke zwischen Littfeld und Welschen Ennest zur Bauzeit um 1860, nach einer Skizze von Jacob Scheiner

Dass die Eisenbahn sich als „Nervensystem des Gemeingeistes" in den unterschiedlichsten Landschaftsformationen ausbreiten konnte, war in erheblichem Maße kühnen Ingenieurleistungen zu verdanken: Die Sicherheit des Dahinrollens basierte auf einer Baukunst, die mit fast jedem natürlichen Hindernis fertig zu werden vermochte. Es waren Flüsse und Berge zu überwinden, Dämme mussten aufgeschüttet, Stützmauern gebaut, Wasserfälle und Moore gebändigt, Wälder gerodet, Felsen beseitigt werden. Einschnitte, Durchstiche und Viadukte, Tunnels und Brücken dienten einer Streckenführung, bei der die Steigungen möglichst gering und die Krümmungen nicht zu scharf gezogen sein sollten. Die erste große Eisenbahnbrücke, gemauerte Pfeiler durch hölzerne Bogen verbunden, wurde 1837 über die Elbe bei Riesa errichtet. Fünf Jahre arbeitete man an dem Viadukt über das Göltzschtal im Vogtland, das 1851 dem Verkehr übergeben wurde; 78 Meter hoch führte der Weg der Bahn für mehr als einen halben Kilometer auf steinernen Gewölben, die in drei, teilweise vier Stockwerken aufeinandergetürmt waren, dahin.
Von besonderer Bedeutung waren die Tunnels; Hindernisse wie Berge konnten so „untergangen" und Umwege vermieden werden. Der erste deutsche Eisenbahntunnel entstand 1839 bei Oberau auf der Strecke Leipzig – Dresden; er war 513 Meter lang. Für die Reisenden war das

Abb. 67
Die Eisenbahn trieb die Entwicklung des Brückenbaus wesentlich voran. Bau der eisernen Gitterbrücke über die Kinzig bei Offenburg

„Eintauchen“ in die Dunkelheit eine gleichermaßen faszinierende wie erschreckende Erfahrung. Als der Waldbauernbub Peter Rosegger mit seinem Paten Jochem die Wallfahrtskirche Mariaschutz am Semmering besucht, sehen sie auch die neue Eisenbahn: eine scharfe Linie, der entlang ein brauner Wurm kriecht, mit einem Rauchwölkchen darüber. Sie nähern sich und treffen zunächst auf einen „ungeheuren Schutthaufen“ mit einem kohlfinsteren Loch dahinter. „Das Loch war schier so groß, daß darin ein Haus hätte stehen können, und gar mit Fleiß und Geschick ausgemauert; und da ging eine Straße mit zwei eisernen Leisten daher und schnurgerade in den Berg hinein. Mein Pate stand lange schweigend da und schüttelte den Kopf; endlich murmelte er: ‚Jetzt stehen wir da. Das wird die neumodische Landstraßen sein. Aber derlogen ist‘s, daß sie da hineinfahren.’“ Bald donnert es; auf eiserner Straße kommt ein kohlschwarzes Wesen heran; es scheint anfangs stillzustehen, wird aber immer größer, naht mit mächtigem Schnauben und stößt aus dem Rachen gewaltigen Dampf aus. „Und wahrhaftig, wenn wir sonst gedacht hatten, an das Lokomotiv wären ein paar Steirerwäglein gespannt, auf denen die Reisenden sitzen konnten, so sahen wir nun einen ganzen Marktflecken mit vielen Fenstern heranrollen, und zu den Fenstern schauten lebendige Menschenköpfe heraus, und schrecklich schnell ging’s, und ein solches Brausen war, daß einem der Verstand still stand. Das bringt kein Herrgott mehr zum Stehen! fiel’s mir noch ein. Da hub der Pate die beiden Hände empor und rief mit verzweifelter Stimme: ‚Jessas, Jessas, jetzt fahren sie richtig in‘s Loch!’ Und schon war das Ungeheuer mit seinen hundert Rädern in der Tiefe; die Rückseite des letzten Wagens schrumpfte zusammen, nur ein Lichtlein davon sah man noch eine Weile, dann war alles verschwunden, bloß der Boden dröhnte, und aus dem

Abb. 68
Der Göltzschtal-Viadukt im sächsischen Vogtland bei Reichenbach ist die größte steinerne Eisenbahnbrücke der Welt. Baumaterial: Ziegel und Naturstein. Noch heute gilt der Göltzschtal-Viadukt nicht nur als technische Meisterleistung, sondern auch als eines der schönsten, proportional besonders ausgeglichenen Eisenbahn-Bauwerke.

Abb. 69
Die Innbrücke bei Passau; Gemälde von Emil Kirchner (1813-1885). Er gehörte zu den ersten Künstlern, die sich dem Motto „Eisenbahn“ zuwandten.

Loche stieg still und träge der Rauch.“ Auch wenn der Pate Jochem der Meinung ist, dass die Eisenbahn Teufelswerk sei, wagt er den Ritt auf dem Dampfwagen. Am Semmering steigen beide ein; Jochem befürchtet, dass sein letztes Stündlein geschlagen habe. Als der Zug abgeläutet wird, empfindet er dies als die Mahnung der Totenglocke. Aber kaum sind sie durch den Tunnel, gefällt es ihm. „Richtig wahr, der Dampfwagen ist was Schönes! Jegerl und jerum, da ist ja schon das Spitalerdorf. Und wir sind erst eine Viertelstunde gefahren! Du, da

Abb. 70
Arbeiten im Scheiteltunnel der Semmeringbahn. Mit der Vollendung des Tunnels wurden die Alpen erstmals von der Eisenbahn ‚überwunden‘.

haben wir unser Geld noch nicht abgesessen. Ich denk, Bub', wir bleiben noch sitzen." Die Angst hat sich gelegt; was vorher eine Ausgeburt der Hölle schien, erweist sich nun als ein wichtiges Medium des gemütlichen Verkehrs. Aber da Jochem und Peter mit ihrer Fahrkarte zu weit gefahren sind und kein Geld mehr haben, werden sie stundenlang auf dem Bahnhofe zurückbehalten; nach mehreren Verhören meint der Pate am Schluss: „Beim Dampfwagen da – 's ist doch der Teufel dabei."[42]

Abb. 71
Der Burtschneider-Viadukt bei Aachen auf der Strecke Köln-Antwerpen.

Abb. 72
Die Eröffnung der sächsisch-böhmischen Eisenbahn: Ankunft auf dem Bahnhof in Bodenbach (1851)

Abb. 77
Schematische Darstellung eines Durchstichs

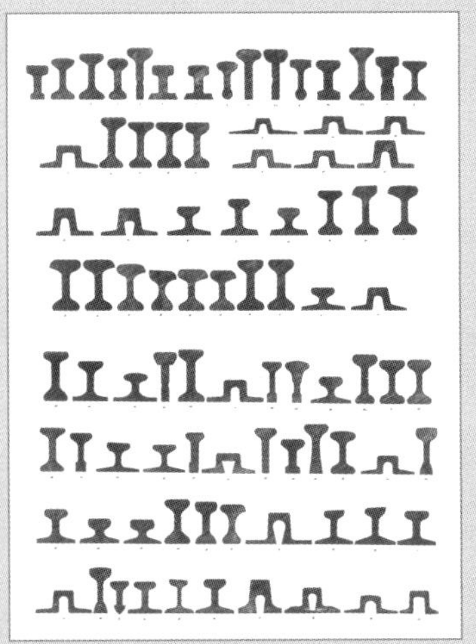

Abb. 78
Schienenprofile in unterschiedlichen Ausführungen. Die Flachschiene blieb nur Episode; die pilzförmige Breitfußschiene hat sich im Prinzip bis heute erhalten.

habe in 2 Jahren da nur 4-5 Kameraden gewechselt, und habe mich mit allen gut vertragen, bis auf einen, und mit dem habe ich grade am längsten gezottelt, der wollte mir manchmal zu verstehen geben …, als ob er mehr thäte als ich; aber ich wußte das besser, denn grade dieser war der Ungeschickteste von allen, die ich da gehabt habe, und als er mir das einmal zu arg machte, da wars vorbei." So berichtet Karl Fischer in seiner Autobiographie[43] über den Eisenbahnbau der Strecke Halle – Kassel in den 60er Jahren des 19. Jahrhunderts, einer wichtigen Verbindung innerhalb des Gesamtsystems. Nach der Schulentlassung und der Konfirmation 1855 hatte der 1841 in Grünberg (Schlesien) Geborene zunächst bei seinem Vater in dessen Bäckerei gearbeitet; er lernte dort nicht viel, bestand aber 1859 die Gesellenprüfung. Das einst blühende Geschäft war heruntergewirtschaftet; er musste sich deshalb andere Arbeit

Abb. 79
„Eine vollkommene Straße müßte glatt, eben, hart und gerade sein." Der Schienenweg kommt diesem Ideal nahe, aber er muss mit der Topographie in Einklang gebracht werden; dies ist das Grundprinzip des Eisenbahnbaus. Seine Rezepte sind: Einschnitte, Aufschüttungen (Dämme), Durchstiche.

suchen und verdingte sich beim Bahnbau. Die Arbeiter, die von Strecke zu Strecke zogen, kamen aus allen Gegenden Deutschlands und waren durch Einheimische ergänzt. Als Fischer „nach der Bahn ging", traf er auf Ost- und Westpreußen, Polen und Schlesier, Pommern und Mecklenburger, Brandenburger und Sachsen, Hessen und Hannoveraner, auch einzelne Österreicher, Süddeutsche und Leute aus der Eifel.

Fischers Autobiographie erschien 1904; 1906 starb der Autor in einem Siechenhaus, zwei Wochen nach Vollendung seines 65. Lebensjahres. Seine Erinnerungen reichen bis 1900 und sind eine der wenigen Arbeiterzeugnisse aus der beginnenden Hochindustrialisierung, der Zeit zwischen der Revolution von 1848 und der Reichsgründung 1871. Der durch ihn ermöglichte Einblick in die Arbeitsbedingungen des Eisenbahnbaus zeigt, wie schwer die Tätigkeit dort war; aber da im Umbruch von der Agrar- zur Industriegesellschaft viele Menschen arbeitslos geworden waren und keinen Platz in der traditionellen Sozialstruktur mehr hatten, erwies sich die Eisenbahn als eine Art „neuer Heimat" mit unerwarteten Verdienstmöglichkeiten – vor allem, wenn man im Akkord arbeitete.

„Wenn wir mit dem leeren Wagen wieder oben und bei unserer Ladestelle angelangt waren, da wollte sich der Wachtmeister, wie mancher andere immer erst ausruhen, aber ich sah wohl wie die andern das machten: schnell den Wagen rumgedreht, und passend hingestellt, mit einer Hand den Zottel von der Schulter und mit der andern schon nach der Schippe gelangt; dann ging das Werfen wieder los: was hast du, was kannst du! bis der Wagen wieder voll war, und durfte gar nicht lange dauern, bei der letzten Schippe sagte einer: ‚Gut' und da ließen sie die Schippen bloß aus der Hand fallen, und im Nu hatten sie schon beide den Zottel auf der Schulter und zottelten wieder los."[44]

Wie Ameisen

Abb. 80
Gleisbau im Jahr 1928

Ein tüchtiger Arbeiter hauet den Erdboden, der zum Ausgraben mit der Stechschippe zu fest seyn mag, mit der Kreuzhacke los, ein zweiter schaufelt während dem Loshacken den Boden in einen Schubkarren und ein dritter führt ihn so lange in der Richtung nach dem Abladeort vorwärts, als es währt, bis ein zweiter Schubkarren durch die beiden ersten Arbeiter fast gefüllt ist, dann macht er Halt, indem er den gefüllten Karren einem vierten Arbeiter übergibt und von demselben einen leeren empfängt, den er nun zum Aufladeort zurückführt und dagegen den gefüllten in Empfang nimmt. Während dieser Zeit hat der vierte Arbeiter den gefüllten Karren ebenso lange weiter geschafft, als der dritte Zeit brauchte, um ihn zum Wechselort zu bringen; er kehrt dann mit einem von einem fünften Arbeiter empfangenen leeren Karren zurück und liefert ihn am Wechselort dem ihm mit beladenem Karren entgegen kommenden dritten Arbeiter wieder ab. So setzt sich der Transport bis zum Abladeort fort, und wird eigentlich durch dessen Entfernung die Zahl der zu der Rotte nöthigen Arbeiter bestimmt, wiewohl, wenn der Abladeort nahe ist, auch zwei Karren von vier Arbeitern auf einmal geladen und ebenso doppelt transportiert werden können. Beim Wechseln der Karren bleiben auch den Arbeitern einige Augenblicke Zeit, um zu verschnaufen. Sind die Arbeiter von der Art ihrer Beschäftigung ermüdet, so wechseln sie und jeder nimmt den Platz seines Vorgängers ein. (Es ist wohl nicht ganz ohne Interesse zu erwähnen, daß sich die Ameisen eines ganz ähnlichen Transportsystems, versteht sich ohne Schubkarren, bedienen, wenn sie ihre unterirdischen Gänge bauen.)

Eisenbahn-Zeitung, 31. August 1845 (S.123)

In einer Untersuchung über den Eisenbahnbau südlich Nürnbergs 1841-1849 (einem Teilstück der Strecke Augsburg-Hof) hat Ulrich Otto Ringsdorf die organisatorischen, technischen und sozialen Probleme des Eisenbahnbaus der damaligen Zeit aufgezeigt; die hier geschilderten einzelnen Arbeitsabläufe waren weitgehend typisch für die allgemeine Art

Abb. 81
Eisenbahnbau der Gegenwart. – Das Prinzip ist gleich geblieben, die menschliche Arbeitskraft ist freilich durch die Maschine ersetzt. Durchstich im Südabschnitt der 327 km langen Neubaustrecke Hannover-Würzburg beim Schwarzenfels-Tunnel; für Züge mit einer Geschwindigkeit von über 200 Stundenkilometer geeignet.

des Vorgehens. Eine königliche Eisenbahnkommission legte mit Hilfe ihrer Ingenieure und Techniker die Trassenführung fest, die neben politischen und wirtschaftlichen vor allem verkehrsgeographische Faktoren und die geologische Ausprägung der Landschaft zu berücksichtigen hatte. Man entschied sich, die Strecke nach „englischer Bauart" zu errichten, d. h. unter Vermeidung allzu enger Kurvenradien und starker Steigungen. Diese Trassierung war zwar teuer, erlaubte aber den Einsatz starrachsiger Lokomotiven mit hoher Geschwindigkeit und Zugfähigkeit. Nach der Einzelaufnahme des Geländes, der Parzelleneinteilung und der Festlegung der Bahnachse wurde der Erwerb jener Bodenflächen eingeleitet, die zur Herstellung der Bahnanlage erforderlich waren. Man ging von einer zweispurigen Bahn aus, die zunächst nur einspurig gebaut werden sollte. Ein Gesetz über die Zwangsabtretung von Grundstücken aus dem Jahr 1837 ermöglichte Enteignungsverfahren. Mit Hilfe einer Ausschreibung wurden die öffentlichen Arbeiten an Privatfirmen vergeben. Ein Baulos entsprach einem Streckenabschnitt von 4 bis 6 Kilometern Länge, auf welchem der Bewerber den Unterbau einschließlich Erdarbeiten, kleinerer Kunstbauten, Flusskorrektionen etc., aber auch jeweils größerer Hochbauten herzustellen hatte. „Werkzeuge, Rüstungen, Geräte" hatten die Unternehmer selbst zu stellen. „Die Schwierigkeiten, welche die natürliche Gestaltung der Erdoberfläche der Ausführung einer Eisenbahn entgegensetzt, lassen sich im allgemeinen aus der Menge der bewegten Erdmassen, aus der Zahl und Größe der ausgeführten Kunstbauten, aus dem Verhältnis der Bahnlänge zur Länge der Straßen erkennen, welche bisher zur Verbindung der von der Bahn berührten Orte gedient haben."[45] Die Arbeiten am Unterbau begannen damit, dass bei Wiesen der Rasen abgestochen und in Haufen neben der Trasse, mit der Rasenseite nach unten, aufgesetzt wurde. Bei den Feldern wurde die Ackerkrume abgetragen; man lagerte sie zur späteren Befestigung der Böschungen in Haufen. In den Waldungen wurden die Bäume und das Buschwerk gefällt, die Wurzelstöcke gerodet und etwaiger guter Boden abgeschält und ebenfalls zur Seite gekarrt. Zur Wegräumung von Felsen wurden Sprengmittel eingesetzt. Bei den Erdarbeiten wurde ein Ausgleich zwischen den Damm- und Einschnittmassen angestrebt; wenn zur Dammschüttung nicht genügend Abtrag vorhanden war, musste die nötige Menge aus Füllgruben neben der Trasse ausgehoben werden. Eine besondere technische Herausforderung, die das neue Verkehrssystem an die Bautechniker stellte, bestand in der Anlage des Oberbaus.

Poesie des Eisenbahndammes

Wenige von den Millionen Menschen, die täglich mit der Eisenbahn in der Welt umherfahren, haben je daran gedacht, daß die Böschung, auf der der Zug dahinbraust, etwas anderes als ein wüster aufgeschotterter Steindamm sein könnte. Wenige der Reisenden, die voller Interesse vom Kupeefenster aus zwischen vorbeiflitzenden Telegraphenstangen die eiligen Landschaftsbilder mit Äckern und Feldern, Dörfern und Städten betrachten, ahnen, daß auch der Bahnkörper ein eigenes, in sich selbst abgeschlossenes, reiches Leben führt. Die Natur ist überall bemüht, jedes Fleckchen Erde zu begrünen. Sie überzieht Felsen mit Moos und Flechten, läßt noch zwischen dem kargsten Gestein und Geröll zarteste Blumen erblühen, schafft besondere Lebewesen für salzzersetzte Ufer und ausgebrannte Steinwüsten. Die Natur hat auch die Schotterdämme der Eisenbahn mit den schönsten Pflanzen geschmückt und eine ganze Reihe von Tieren ausersehen, dort zu wohnen.

Von den ersten Frühlingstagen an, wenn die gelben Scheiben des Huflattichs auf dem schwarzen, verrußten Gestein aufleuchten, grünt und blüht der Damm bis in den späten Herbst hinein. Dem Huflattich folgen das kleine Hungerblümchen, das Fingerkraut und die Rotwurz. Und wo dünner Rasen den bekiesten Hang bezwungen hat, steht das Hundsveilchen in dicken blauvioletten Büscheln beisammen. Im Mai prangen ganze Flächen im lichten, hellen Blau des Ehrenpreises, des Günsels und mit gelblichgrünen Wuschelköpfen der Wolfsmilch. Das Hornkraut bildet große dicke Polster, von deren feinem graugrünem Ton viele weiße Sterne sich strahlend abheben. Die Erdbeere klettert tapfer bis an die Schwellen hinauf, Wegerich wiegt sich im Wind, Eisenkraut und Salbei entfalten ihre knospenden Rispen.

Es ist so ruhig und friedlich draußen auf der großen Strecke zwischen den grünenden Feldern. Ein kleiner, dicht von Sumpfdotterblumen besetzter Graben läuft neben dem Bahndamm her. Leitungsmaste und überhängende Weiden spiegeln sich in der schmalen blauen Wasserfläche. Eine Schopflerche trippelt eifrig vorüber, läßt ihr sanft-freudiges „Hoi-ti-ti – hoi-ti-ti" hören. Sie, die ursprünglich der Wüste entstammte, ist ein ausgesprochener Straßen- und Wandervogel. Daher paßt sie auch hierher auf die Schienenstraße, über die eiserne Räder wandern. Das Straßenbauamt sollte den Vogel im Wappen führen! Schwüle Sommerluft tanzt im Sonnenglast über die Schienen. Es surrt leise und einschläfernd in den Drähten. Die Goldammer sitzt droben auf porzellanenem Knauf und singt ihr stilles, wehmütiges Lied. Ein großes schönes Eidechsenmännchen liegt wie in Erz gegossen auf dem warmen Schotter. Seine Kehle zittert in der drückend-heißen Luft. Ein Schnellzug braust heran.

Carl Olof und Elly Petersen: Die Moosschwaige (S. 197)

Die einzelnen Staatsbahnen und Eisenbahngesellschaften probierten verschiedene Lösungen aus. Zur Bettung verwendete man Stein, Kies und Sand; für die Querschwellen wurden zunächst Steine benutzt, da man bei Holzschwellen wegen des Mangels an geeigneten Imprägnierungsstoffen einen raschen Verschleiß zu erwarten hatte. Es gab eine große Menge verschiedener Schienenformen; sowohl Roheisen zur Herstellung von Schienen wie Stabeisen (fertige Schienen) mussten zunächst importiert werden. Die Massenaufträge der deutschen Eisenbahnen für Schienen wurden vor allem von belgischen und englischen Eisenwerken erfüllt. Die Schienen befestigte man mit Hilfe von „Schienenstühlen“ auf den Steinschwellen; dafür mussten in die Steinquader Löcher gebohrt und in diese dann hölzerne Dübel eingetrieben werden; etwa 25 % der Steine zersprangen dabei. Die Betriebsgebäude wurden in der Regel zunächst provisorisch errichtet; die endgültigen Bauwerke, vorwiegend die Haupt- und Zentralbahnhöfe, sollten hohen architektonischen Ansprüchen genügen. Bereits 1841 hatte Ludwig I. verfügt, dass der Nürnberger Bahnhof im „Style des Mittelalters“, der Münchner im „antik-römischen Baustyle“ auszuführen sei.
Die fortschreitende Bevölkerungszunahme mit Massenverarmung führte dazu, dass „billiges Menschenmaterial“ für den Eisenbahnbau zur Verfügung stand; deren Ausbeutung und Verelendung waren die Folge. „Der Eisenbahnbau“, hieß es in der Eisenbahn-Zeitung, bewirkt immer „ein Zusammendrängen größerer Massen von Handlangern, Gesellen an einzelnen Punkten. Die oft aus weiter Ferne zusammen geströmten Arbeiter können aber auf den einzelnen Baustellen oder in deren Nähe nicht immer genügend Herberge mit Obdach und Lagerstätte, noch weniger zu jeder Zeit eine gesunde und nahrhafte Verköstigung finden ... Hier findet dann fast immer ein Einlagern in Zelten und Hütten, Scheunen und Ställen neben unregelmäßiger Verköstigung statt. Selbst aber da, wo Herberge und Verköstigung wohl zu finden wären, wird die Erlangung einer gesunden und kräftigen Nahrung nur zu oft durch Verteuerung der Preise erschwert, während die Arbeiter selbst meist bereitwilliger sind, ihr Geld zur Anschaffung geistiger Getränke als zum Ankauf der ihnen so nöthigen Nahrungsmittel zu verwenden. Die Folgen solcher Mängel können dann keine anderen als häufige Erkrankungen sein, welche aber leider zu neuen Verlegenheiten führen. Die öffentlichen Landkrankenhäuser sind nicht immer in der Nähe, nicht immer erreichbar für die Erkrankten. Diese selbst sind in der Regel mittellos. Die Gemeinden, welche die Verpflichtung haben, für die in ihren Gemarkungen erkrankten Fremden zu sorgen, haben selten ersprießliche Einrichtungen, und oft auch nicht die Mittel dazu, besonders, wenn dergleichen Fälle häufiger vorkommen, wie dieß an der Bahnlinie nicht ausbleiben kann.“
Der Begriff „Eisenbahnarbeiter“ umschloss alle beim Bahnbau beschäftigten Berufsgruppen, also die Handwerker, die Tagelöhner, die Vorarbeiter und Aufseher. In einer Sektion waren zum Beispiel tätig: 14 Aufseher und Vorarbeiter, 18 Schmiede, Schlosser und Dreher, 26 Zimmerleute, 52 Maurer, 78 Steinhauer, 126 Steinbrecher und 938 Tagelöhner. Die Fluktuation war beträchtlich, zumal viele den Anstrengungen nicht gewachsen waren. Ein Teil der Eisenbahnbauarbeiter, vor allem die Erdarbeiter, rekrutierte sich aus dem Dienstboten- und bäuerlichen Bereich sowie aus kaum oder gerade noch existenzfähigen gewerblichen Kleinbetrieben. Oft meldeten sich ganze Familien mit ihren Kindern zur Arbeit. Die Eisenbahnarbeiter wurden oft als „große Masse von Proletariern“, als „Leute aus den untersten Klassen der Bevölkerung“, als „Hefe des Volkes“, als „rohes Gesindel“ abqualifiziert.
Die Disziplinierungsmaßnahmen waren streng, gleichermaßen die Arbeitszeit wie das Freizeitverhalten betreffend. Die Arbeiter mussten sich jeweils vor Arbeitsbeginn, vor der Mittagspause und vor Feierabend zum „Verlesen“ einfinden; wer nicht bei diesem Appell anwesend war, wurde mit Lohnabzug bestraft. Abwesenheit vor der Mittagspause hatte den Verlust des ganzen, Abwesenheit vor Feierabend den des halben Tageslohns zur Folge. Polizeilich angezeigt wurden Vergehen wie Zechen und Trunkenheit, Streit und Rauferei, „jede

unsittliche Handlung“ sowie die Entwendung irgendwelchen Materials von den Baustellen. Nach der Arbeit mussten die Arbeiter sich unmittelbar in ihre Unterkunft begeben und durften sich nicht außerhalb des Herbergsortes auf den Straßen herumtreiben oder entfernte Wirtshäuser aufsuchen. Den Polizeibehörden blieb es vorbehalten, den Besuch von Wirtshäusern innerhalb der Herbergsorte ebenfalls zu verbieten. Nach 20 Uhr im Winter und 21 Uhr im Sommer mussten sich die Arbeiter in ihrer Unterkunft befinden. Im Sommer wurde über 10 Stunden, nach einigen Quellen 14 bis 16 Stunden gearbeitet; die Anmarschwege waren zusätzlich lang. Der Eisenbahnbau brachte vielerlei Unfälle mit sich, hervorgerufen durch Erdniedergänge, Sprengungen, Abstürze (bei den Hochbauten). Die Nahrungsversorgung war in Deutschland in den 1840er Jahren sehr schlecht. Missernten, unter anderem durch die Kartoffelkrankheit hervorgerufen, führten zu einer Ernährungskrise, in der die Versorgung der Bevölkerung nicht mehr gesichert war. Die vielen Menschen beim Eisenbahnbau bewirkten eine zusätzliche Knappheit an Lebensmitteln bei entsprechender Teuerung. In einer Quelle heißt es, dass die Nahrung der Arbeiter vor allen Dingen auf Brot und Bier beschränkt sei; der Genuss von Fleisch, Hülsenfrüchten und Kartoffeln sei selten, weil diese Nahrungsmittel schwer zu bekommen seien und außerdem vor dem Genuss erst noch zubereitet werden müssten, was in den Quartieren nicht geschehen könne. Die besser gestellten Eisenbahnarbeiter suchten zumindest einmal am Tag eine nahe gelegene Wirtschaft auf. Zur Erhaltung ihrer physischen Existenz waren die Eisenbahnbauarbeiter häufig auf Betteln, Schuldenmachen und Zechprellerei angewiesen; die Kleinkriminalität stieg dadurch an. Oft stand der erforderliche Raum zur Unterbringung der Arrestanten nicht zur Verfügung; die Gefängnisse waren überbelegt.

Abb. 82
Zum 100-jährigen Bestehen der deutschen Eisenbahnen (1935) wurde der „Adler“ vom Reichsbahn-Ausbesserungswerk Kaiserslautern originaltreu und betriebfähig nachgebaut; das Original war nach zwanzigjährigem Einsatz an eine Firma in Augsburg verkauft und später verschrottet worden. Bei einem Brand 2005, der den Lokomotiv-Schuppen des DB Museums Nürnberg zerstörte, fiel auch die Nachbildung der Lokomotive den Flammen zum Opfer; sie wurde im Dampflokwerk Meiningen 2007 restauriert.

Abb. 83
Der Stahlstich zeigt die Maschinenfabrik von Joseph Anton von Maffei. Der Unternehmer begann 1840 auf eigenes Risiko mit dem Lokomotivenbau. Nachdem 1844 seine Lokomotiven bei den Bayerischen Staatsbahnen eingesetzt wurden, gelang der Firma der Durchbruch bei der Semmering-Bahn; bei einem Wettbewerb hatte eine Maffei-Lokomotive eindeutig den Sieg errungen. Im Todesjahr des Gründers 1870 wurde die 800. Lokomotive, 1874 die 1000. ausgeliefert.

Die Industrialisierung kommt in Fahrt

Auf eisernen Schienen ging es mit Tempo in die industrielle Zukunft. Vom Eisenbahnwesen gingen die wichtigsten Impulse für einen modernen Maschinenbau und eine moderne Eisen- bzw. Stahlindustrie sowie, als Folge, für den Kohlebergbau aus. Dies zeigen zum Beispiel die Daten, die über die preußische Kapitalbildung vorliegen. In diesem Bereich betrugen die durchschnittlichen Nettoinvestitionen in den 40er Jahren des 19. Jahrhunderts – in Preisen von 1913 gemessen – 60,9 Millionen Mark (zum Vergleich: in der Landwirtschaft 59,2 Millionen, im Gewerbe 7,0 Millionen Mark).
Die Nachfrage nach Schienen führte zu den in Großbritannien entwickelten Techniken der Koksverhüttung, des Puttelns und des Walzens. Der aus Steinkohle gewonnene Koks wurde zum neuen Brennmaterial in der Eisen- und Stahlindustrie; er löste die bisherige zentrale Ressource Holz ab. Vor allem die Nachfrage nach Lokomotiven bewirkte den Aufschwung des Maschinenbaus. Zunächst dominierten britische, belgische und amerikanische Anbieter; die erste in Deutschland gebaute brauchbare Maschine, die Lokomotive „Saxonia“, fuhr auf der Strecke Leipzig-Dresden; sie war von Johann Andreas Schubert 1839 gebaut worden. Mitte

Abb. 87
Das Geschlecht der Maffeis stammt aus der Lombardei. Nach der Hochzeit des bayerischen Kurfürsten Ferdinand mit Henriette von Savoyen waren zahlreiche savoyische und lombardische Familien im Gefolge der Fürstin mit nach Bayern gezogen und dort sesshaft geworden, darunter auch die Familie der Maffeis. Der spätere Lokomotivenbauer Joseph Anton Maffei, der ursprünglich den schönen Künsten zuneigte, wurde vom Vater, dem Gründer einer Tabakfabrik, in die kaufmännische Laufbahn gezwungen, die er dann erfolgreich absolvierte. Er war auch im Bankbereich und in der Politik tätig (Berufung in den Bayerischen Landtag 1837). Gemälde von Konrad Pfau

Das größte Werk, das um die Mitte des 19. Jahrhunderts in Deutschland Lokomotiven herstellte, war die 1837 in Berlin von Johann Carl Friedrich August Borsig (1804-1854) gegründete Maschinenbauanstalt und Eisengießerei – mit der ersten Maschine 1841, einem amerikanischen Modell nachgebildet. Zwischen 1844 und 1846 lag die Produktion zwischen 20 und 50 Lokomotiven jährlich. 1847 beschäftigte Borsig bereits 1200 Arbeiter; im gleichen Jahr lieferte er 67 Lokomotiven mit Tendern. Drei Jahre später wurde ein Eisenwalzwerk in Moabit in Betrieb genommen. Anfang der 1850er Jahre erwarb er die ersten Kohlefelder in Oberschlesien und errichtete dort ein Hochofenwerk. „Damit waren sämtliche Produktionsbereiche von der Eisenerzeugung bis zur fertigen Dampfmaschine in der Hand eines Unter-

Abb. 88 (rechts oben)
Johann Friedrich Karl August Borsig, Maschinenbauer und Fabrikant, stieg als Lokomotivenhersteller vom Breslauer Zimmermann zum reichsten und angesehensten Unternehmer Berlins auf.

Abb. 89 (links oben)
In Berlin-Moabit, „Das Borsig'sche Etablissement" um 1900, nahm der Industrielle 1849 ein Eisenwalzwerk in Betrieb; wenig später gehörten zu dem Imperium Kohlegruben und Hochöfen in Oberschlesien. Die Produktionskette war geschlossen. (Stich von J.M. Kolbe)

Abb. 90 (links unten)
Der „Zusammensetzungssaal" bei Borsig 1848. Schon drei Jahre später hatte die Fabrik 330 Lokomotiven produziert.

nehmens vereint. Dieses Verbundsystem mit dem Vorteil der Unabhängigkeit einer Produktionskette war für Preußen östlich der Elbe eine Neuheit. 1857 lieferte das Werk in Berlin 131 Loks an sämtliche europäische Eisenbahngesellschaften, und insgesamt 3000 Arbeiter verhalfen der Firma dazu, eine der bedeutendsten Lokomotivfabriken der Welt zu sein."
Das Fest der tausendsten, von der Firma Borsig hergestellten Lokomotive („Borussia" genannt) 1858 vermittelte einen tiefen Einblick in die inzwischen entstandene Mythologie des Eisenbahnwesens, die sich in der Lokomotive verdinglichte; sie symbolisierte die Vermählung des natürlichen mit dem künstlichen Lebensprinzip.[47] Mit der Bändigung des Dampfes sei eine gewaltige Naturkraft domestiziert worden: – ein Triumph des Geistes über anar-

chische Kraft. Diesen bekunden auch die „feinen, schönen Reimlein“, die beim Festzug zu Ehren der „Borussia“ vorgetragen wurden. Die humoristischen Formulierungen dürfen nicht darüber hinwegtäuschen, dass das darin zum Ausdruck kommende Lebensgefühl – wie viele andere zeitgenössischen Zeugnisse beweisen – ganz ernst gemeint war. Aus der Feindschaft getrennter Naturen, aus der „Wut des Elementenkampfes“ sei das friedliche Wunder des gezähmten Dampfes hervorgegangen. So zog beim Festzug „auf Schiffes-Schnabel“ Herr Neptun mit seiner Gabel voran – Herrscher über Wolken und Wasser. Darauf folge Vulkan, der Gott des Feuers und der Berge – der „brave Mann, der Wasser nicht vertragen kann“. Dann erschien ein Dampfschiff: Neptun und Vulkan hätten sich friedlich zusammengetan.

„Sie schnaubten schaufelnd auf nasser Bahn
und trotzten dem Sturm auf dem Ocean,
und ohne Segel und ohne Wind
entflogen sie über die Meere geschwind.“

Hoch- und Niederdruck versprächen segensreiche „Bewegung“. Das Fortschrittsdenken ist gewissermaßen in Dampf gehüllt, aus dem sich die Konturen eines irdischen Paradieses herausbilden.

„Was keines Menschen Arm vollbringt,
der Dampf ist‘s, dem es leicht gelingt,
worauf der Mensch sonst Jahre verbracht –
der Dampf erzwingt‘s in einer Nacht.
Wo sonst im Sand der Berliner schritt
im blätterleeren Moabit,
wohin die Gefangenen man verwies –
schuf Borsig‘s Dampf ein Paradies.
Bewegung! Es stiegen vor jedem Thor
die hohen Dampf-Schornsteine empor,
es stiegen der Menschheit Interessen
empor und wurden größer durch – Essen. …
Wohin wir auch blicken im Lebenskampf –
die Welt will vorwärts mit Dampf, mit Dampf!
Das war‘s, was Vater Borsig bedacht,
als er die erste That vollbracht,
als er die Erze, die fern von uns schliefen,
erweckte zu feurigen Locomotiven.
Heil ihm! Er lebet in Werk und Wort,
und in unsern Herzen lebendig fort.
Heil ihm, der durch seines Geistes Ruf,
hier Licht und Flammen und Leben schuf!“

Solcher Tenor kennzeichnete auch die Taufrede, die mit „würdevollem Pathos“ gehalten wurde, als die „Borussia“ (dreiachsig, mit angekoppeltem Tender) von 70 Arbeitern aus der Montagehalle über den Fabrikhof zum Hebewerk gezogen wurde. „Ziehe hin, ‚Borussia‘, Du Kind der Preußischen Industrie, ziehe hin in Frieden und erzähle dem Rheine von dem Wachsthume unserer Fabrik, von dem Fleiße, der Treue und Ausdauer der Berliner Arbeiter! Sei behütet vor Unglück und behüte vor Unglück! Hilf dem Menschen vorwärts kommen und verhilf ihn zu den Gütern des Lebens. Wandle rasch und glücklich Deine Wege, ‚Borussia’, und komme niemals aus dem rechten Gleise!“ Wie „eine Braut im hellen Festschmuck“, „spiegelblank, die keusche, von noch keinem Hauch getrübt“, weihte Borsig in dem mit Fahnen geschmückten Hofe dieses neue Produkt seiner Fabrik und verbreitete ein Gefühl von Andacht in den Seelen der Zuhörer „bei diesem Kultus der Arbeit und des Menschenfleißes“. Der preußische Handelsminister ernannte den Fabrikbesitzer zum Kommerzienrat und verlieh an zwei Werkführer Medaillen – stellvertretend für alle Arbeiter. Ein Triumphzug schloss sich an, der entlang eines Spaliers, das von sämtlichen Borsig-Arbeitern gebildet wurde, zum Stettiner Bahnhof führte. Die „Borussia“ wurde dann von einer anderen Lok über die Gleise der Verbindungsbahn gezogen.

Festzug der „Borussia“

In Begleitung von drei Musikkapellen und zahlreichen Arbeiterzügen rollte die „Borussia“ durch den Tiergarten, am Brandenburger Tor vorbei, zum Potsdamer Bahnhof. Überall hatten sich Schaulustige eingefunden, um dem Industrieprodukt, den Arbeiterzügen und Kapellen zuzujubeln. Fortgesetzt wurde das Fest am Nachmittag im Garten der Villa Borsig. Die Festrede des nunmehrigen Kommerzienrates Albert Borsig stellte gewissermaßen das ideologische Herzstück des Tages dar. In Preußen hätten Wohlstand und Glück des Volkes im gleichen Schritt mit der Industrie zugenommen. Nicht nur aus den hohen Schornsteinen der Dampfmaschinen steige der Rauch, nein, auch aus allen Hütten und Häusern der Arbeiter, wohin die schöpferischen Gedanken der Erfinder und Industriellen Leben, Brot, Arbeit und Wohlstand getragen hätten. „Die enge Verknüpfung zwischen Aufbau der Industrie und persönlichem häuslichem Glück erhob die Maschine zum Fortschrittssymbol einer neuen, durch die ‚industrielle Kultur‘ bestimmten und durch die ‚Ehre der Arbeit‘ verbesserten Gesellschaft. Zünftlerische Romantizismen waren allerdings bei den Maschinenbauern vom ‚Feuerland‘ auch nicht zu erwarten. In der Jubiläumsadresse der Arbeiter und Beamten an den Firmenchef bedankten sich diese ausdrücklich für die ‚in bedeutendem Maße vergrößerten Werkstätten‘ und für die ‚zweckmäßigen Hülfsmaschinen‘, welche in den letzten Jahren angeschafft worden seien.
Als gesuchte und angesehene Industriearbeiter glaubten sie an den Segen des industriellen Fortschritts, der sich bei ihnen in einem relativ hohen Lohn niederschlug. Gerade die Maschinisierung der Arbeit in allen Gewerbezweigen bedeutete für sie die Sicherung der Arbeitsmöglichkeiten, für die Unternehmen die Expansion ihrer Werke. Für das Handwerk und für die im Textilgewerbe Arbeitenden wurde die zunehmende Maschinisierung zu einer existentiellen Bedrohung. Dennoch ließ man nicht ab, die Maschine als Spenderin des öffentlichen Glücks zu preisen, denn – so Albert Borsig – ‚wer theile heute noch das Vorurtheil, daß durch die Maschinenkraft die Kraft des Einzelnen, durch den eisernen Arbeiter die Arbeit des Menschenarmes gelähmt und Armut erzeugt werde.’ Eine deutliche Absage an die Maschinenstürmer und proletarisierten Handwerker, die um den ‚Kulturwert‘ ihrer handwerklichen Produkte zu Recht fürchteten. Die Versöhnung der Klassen als Ziel und die Integration der Arbeiter in die bürgerliche Gesellschaft wurden durch die Verbreitung der Maschine in Aussicht gestellt. Das kollektive Fest der 1000. Lokomotive mit den gesellschaftlich so unterschiedlichen Gästen war bestrebt, beim fortschrittlichsten Produktionsstand, bei den Maschinenbauern, dieses Ziel als greifbar vorzustellen.“

Dieter Vorsteher:
Borsig (S. 90)

Abb. 91
Unter den 22 größeren Lokomotivenfabriken, die es Ende des Ersten Weltkrieges in Deutschland gab, spielten Werke in Sachsen insofern eine wichtige Rolle, als dort 1839 die erste funktionstüchtige Lokomotive deutscher Herkunft, die „Saxonia“, von der Aktien-Maschinenbau-Gesellschaft in Uebigan bei Dresden gebaut worden war. Das Werk von Richard Hartmann, ein Elsässer, der sich als Schmied auf Wanderschaft 1832 in Chemnitz niedergelassen hatte und 1837 eine Maschinenfabrik gründete, begann 1848 mit dem Bau von Lokomotiven. Das 100. Produkt wurde feierlich am 9. April 1858 ausgeliefert (Bild). Von 791 Lokomotiven der Sächsischen Staatseisenbahnen im Jahre 1883 stammten 533 aus seinem Werk; doch war die Firma auch beim Export sehr erfolgreich.

Festzug und Festzug sind im historischen bzw. historistischen Bewusstsein des 19. Jahrhunderts dominanter Ausdruck des bürgerlichen Kulturverständnisses; Fortschrittsglaube kleidet sich dabei meist in ein historisches Gewand. Die Errungenschaften von Kunst, Wissenschaft und Technik werden in allegorischer Überhöhung dargestellt. Suggeriert wird eine alle Stände und Schichten überwölbende und damit die Klassenunterschiede aufhebende Gemeinsamkeit, die sich als nationale Identität begreift. Im Festzug kulminiert die Projektion der Gesellschaft auf ein Höheres hin, welches das Realitätsprinzip aufhebt.
Als der Borsig-Festzug in den Hof des Walzwerkes zurückgekehrt war und die Dunkelheit über Moabit hereinbrach, entzündeten sich „wie auf einen Zauberschlag Tausende von bunten Lampen und schwebenden Laternen; zugleich flammten in rotem und grünem Glanz die Schornsteine des Borsig'schen Walzwerkes von elektrischen Sonnen beleuchtet auf, ein feenhafter Anblick, ein verkörpertes Märchen aus ‚Tausend und eine Nacht'. Von Haus zu Haus, von Baum zu Baum schienen flammende Schmetterlinge, riesige Leuchtkäfer und Glühwürmer zu schwärmen ... Wohin das Auge sah, schimmerte, strahlte und leuchtete der ganze Ort wie eine kolossale Weihnachtspyramide, deren Spitze der Schornstein mit seinem elektrischen Lichte bildete.“ Die Apotheose der Technik bedeutete mehr magische Illumination denn erhellende Aufklärung. Die Lokomotive verhüllte mit dem Dampf ihres Fortschrittsoptimismus die Niederungen des Daseins; darüber prangte das Sternbild einer magisch-faszinierenden Utopie, einer auf der Schiene der Technik erreichbaren irdischen Glückseligkeit.

Vom Dampf zu Diesel

Eine Dame, die von George Stephenson auf einer Lokomotive mitgenommen wurde, berichtete ihrer Freundin tief beeindruckt, dass es sich bei einer solchen um eine ganz „kleine muntere Maschine“ handle, die lediglich aus „einem Kessel, einer Bank und einem Fass dahinter“ bestehe. Ein einziger kleiner Stahlhebel sei zur Lenkung des Ganzen vorhanden.[48] Wenn es sich dabei auch um eine naive Beschreibung des Wunderwerkes, das die Geschichte der Zivilisation verändern sollte, handelte – die Hauptbauteile der Lokomotive sind in der Tat von relativ einfacher Struktur, wurden freilich im Laufe der Entwicklung immer mehr perfektioniert: Es handelt sich um Kessel, Rahmen, Triebwerk, Laufwerk und Tender.

Die Kesselanlage einer modernen Dampflokomotive besteht heute nicht anders als früher „aus einem mit Heizröhren durchzogenen Langkessel und einem Stehkessel, in dem sich der Feuerkasten befindet. Neu ist, dass die Heizröhren nicht mehr alle den gleichen Durchmesser haben. Auf dem Kessel liegt der Dampfdom, aus dem Dampf für das Triebwerk entnommen wird, denn ganz oben gibt es immer den trockensten Dampf. Die Feuerung entwickelt eine Hitze von 1500 bis 1600 Grad Celsius. Neu ist auch die vor dem Kessel (in Fahrtrichtung) liegende Rauchkammer. Die Heizgase kommen hier mit einer Temperatur von 300 bis 500 Grad Celsius zusammen und werden durch die Schornsteine abgeleitet. Je höher man die Oberkante des Langkessels nach oben zog, desto kürzer wurde (wegen des Lichtraumprofils) jener Teil des Schornsteins, der über der Rauchkammer hinausragt.“[49] Zum Nachfüllen frischen Wassers aus dem Tender hatten die ersten Lokomotiven besondere Pumpen, die von den Rädern angetrieben wurden, weshalb sie nur während der Fahrt arbeiteten; so gab es auf den Bahnhöfen ein eigenes Gleis, die „Wasserspur“, um dort bei langsamer Fahrt Wasser zuzuführen.

Drinnen ungeheure Kraft

Auf schweren Rädern, die von Stangenwerk verdeckt,
Streckt sich der Kessel lang. Von Armaturen
Blinkend der Kurbelstange Riesenarm sich reckt,
Als sehnt’ er sich nach tausend Rundentouren.

Der Tender, hoch mit Kohlen vollgehäuft,
Birgt Wasser; Ketten, Winden, Stangen
Liegen dahinter. Der Injektor säuft
Und gurgelnd quirlt es durch die Röhrenschlangen.

Die Feuerbüchse, stehbolzenverstärkt,
Treibt Flammen durch die engen Siederöhren.
Der Bläser saust. Des Dampfes Druck vermerkt
Das Manometer: Fünfzehn Atmosphären.

Und drinnen quillt die ungeheure Kraft,
Und drinnen wächst der Dampf in stetem Steigen.
Der Heizer ruht, die Schaukel handumstrafft.
Im Führeraug schon tanzt der Landschaft Wechselreigen.

Das Zeichen! Kurz ein Ruck! Der Kolben schiebt
Erst halb nach vorn in der Zylinder Wände.
Dampf stößt dann auf, der an der Halle Dach zerstiebt.
Bald braust der Zug im Sausen durchs Gelände.

Heinrich Lersch: Die Lokomotive (S. 87)

Abb. 92
Bayerische Staatsbahnen. Schematische Darstellung einer Eilzug-Lokomotive (1874)

Als Rückgrat der Lokomotive fungiert der Rahmen, auf dem der Kessel, nun in der Nähe der Rauchkammer befestigt, freigleitend liegt, damit die bei der Beheizung eintretende Ausdehnung nicht zu gefährlichen Spannungen führt. Die Zylinder, ursprünglich zwischen den Rädern, dann unter dem Rahmen montiert, sind gusseiserne, schwere Rohre, in denen ein scheibenförmiger, auf einer Längsachse sitzender Kolben durch die Kraft des Dampfes hin- und hergeschoben wird. Der Schieber, der sich in dem über dem Zylinder angeordneten kleineren Schieberkasten bewegt, sorgt dafür, dass zur rechten Zeit die Ein- und Auslassschlitze geöffnet und geschlossen sind, so dass der Dampf abwechselnd von der einen zu der anderen Seite eintritt.“ Ursprünglich wurde der Schieber mit der Hand bewegt, bis die Lokomotive

Das Eisen-Biest

Da liegt das zwanzigmeterlange Tier,
Die Dampfmaschine,
Auf blankgeschliffener Schiene
Voll heißer Wut und sprungbereiter Gier –
Da lauert, liegt das langgestreckte Eisen-Biest –
Sieh da: wie Oel- und Wasserschweiß
Wie Lebensblut, gefährlich heiß
Ihm aus den Radgestängen: den offnen Weichen fließt.
Es liegt auf sechzehn roten Räder-Pranken,
Wie fiebernd, langgeduckt zum Sprunge
Und Fieberdampf stößt röchelnd aus den Flanken.
Es kocht und kocht die Röhrenlunge –

Den ganzen Rumpf die Feuerkraft durchzittert,
Er ächzt und siedet, zischt und hackt
Im hastigen Dampf- und Eisentakt, –
Dein Menschenwort wie nichts im Qualm zerflittert.
Das Schnauben wächst und wächst –
Du stummer Mensch erschreckst –
Du siehst die Wut aus allen Ritzen gähren –
Der Kesselröhren-Atemdampf
Ist hochgewühlt auf sechzehn Atmosphären:
Gewalt hat jetzt der heiße Krampf:
Das Biest es brüllt, das Biest es brüllt,
Der Führer ist in Dampf gehüllt –
Der Regulatorhebel steigt nach links:
Der Eisen-Stier harrt dieses Winks!:
Nun bafft vom Rauchrohr Kraftgeschnauf:
Nun springt es auf! nun springt es auf!
Doch: Ruhig gleiten und kreisen auf endloser Schiene
Die treibenden Räder hinaus auf dem blänkernden Band,
Gemessen und massig die kraftangefüllte Maschine,
Der schleppende, stampfende Rumpf hinterher –
Dahinter – ein dunkler – verschwimmender Punkt –
Darüber – zerflatternder – Qualm –

Gerrit Engelke:
Lokomotive (S. 10)

zu fahren begann; erst dann übernahm die Steuerung die zwangsläufige Weiterbewegung. Das war eine Handhabung, die größeres Können und lange Erfahrung voraussetzte, nicht zuletzt deshalb wurde Deutschlands erster Lokomotivführer William Wilson allgemein bewundert und bezog ein fürstliches Gehalt. Wenn der Lokomotivführer sich aber nicht getraute, ‚aus freier Hand' im rechten Augenblick den rechten Dampf zu geben, musste er während des Haltens den Heizer bitten, unter die Lokomotive zu kriechen und vor dem zwischen den Rädern liegenden Zylinder Schieber und Gestänge in die rechte Anfahrposition zu bringen.“[50]

Rasendes Tosen

Ein dunkler Punkt am Horizonte, da wo die Gleise sich trafen, vergrößerte sich. Von Sekunde zu Sekunde wachsend, schien er doch auf einer Stelle zu stehen. Plötzlich bekam er Bewegung und näherte sich. Durch die Gleise ging ein Vibrieren und Summen, ein rhythmisches Geklirr, ein dumpfes Getöse, das, lauter und lauter werdend, zuletzt den Hufschlägen eines heranbrausenden Reitergeschwaders nicht unähnlich war.
Ein Keuchen und Brausen schwoll stoßweise fernher durch die Luft. Dann plötzlich zerriß die Stille. Ein rasendes Tosen und Toben erfüllte den Raum, die Gleise bogen sich, die Erde zitterte – ein starker Luftdruck – eine Wolke von Staub, Dampf und Qualm, und das schwarze, schnaubende Ungetüm war vorüber. So wie sie anwuchsen, starben nach und nach die Geräusche. Der Dunst verzog sich. Zum Punkte eingeschrumpft, schwand der Zug in der Ferne, und das alte heil'ge Schweigen schlug über dem Waldwinkel zusammen.

Gerhart Hauptmann: Bahnwärter Thiel (S. 26)

Ringsum sausend…

Die brüllen jäh ins Land –: Lokomotiven!
Steil ob der Viadukte Schwung die rasendsten Kokotten.
Die fest im Raum gestampfter Böden schliefen:
Ob Wiesen-Massen! Fluß-Turm! Nacht-Stern-Grotten!

Lokomotiven! Sturmböcke! euere spitzigen Brüste
(... Torpedos und rubinvoll ...) stoßend durch Gemäuer aller Äther grad!
Glänzender Panzerhüfte schmiegt der Draht.
Doch einstmals bäumt ihr auf vor seidener Küste:

Die Brücken platzen krätschen schwarz entzwei!
Des Tunnels Röhre knickte. Schienen lallen.
Gelöst Räder in Lüfte krallen ...
Es schnurrt ... ---

Bengalische Feuer blühen, ringsum sausend!
Und stürzt und schlagt und poltert in den Grund!
So wirr zerschleudert. Schiefer Mund
Krümmt hoch zum Mond. Langsam rhythmisch noch die
Gelenk-Gestänge auf und nieder hauen ...

(... Ein Dichter, Falter, schwebt um dich, du blankeres Tier.
Du Majestät! wie zogst du ein in Hallen.
Der Schwestern Pfiffe grell in Lüften schallen.
Tier-Kräuter-Wildnis schmiegt im Glieder-Werk.)

Johannes R. Becher:
Lokomotiven (S. 334)

Es war ein großer Schritt vorwärts, als man lernte, sich die Expansion des Dampfes zunutze zu machen und so mit weniger Dampf, also mit weniger Kohlen, auszukommen.
Im Laufe der Jahre und Jahrzehnte wurden das Antriebs- und Steuerungssystem durch viele Erneuerungen verbessert, so dass sich schließlich die Dampflokomotive zu einem perfekten Antriebsmittel entwickelte. Die Lokomotivfabriken in Deutschland und im Ausland entwickelten dabei eine sehr große Anzahl von Typen und Typenreihen, die nur noch der Spezialist zu durchschauen vermag.
Das Eisenbahnwesen verband man lange Zeit mit der dampfbetriebenen Lokomotive. Elektrizität als Antriebskraft schied zunächst aus; erste Versuche in den vierziger Jahren des 19. Jahrhunderts waren nicht vielversprechend, da man Batterien verwendete, die hinsichtlich ihrer Leistungskraft den Anforderungen nicht genügen konnten. Die Elektro-Lok hatte ihren Ursprung in der Straßenbahn, die Werner von Siemens im Jahre 1879 für die Berliner Gewerbeausstellung mit einem Antriebsgefährt „ohne Kohle und Wasser“ entwickelte und auf einer 300 Meter langen Kreisbahn mit drei Wagen fahren ließ. (In vier Monaten beförderte sie 90.000 Passagiere.) „Werner von Siemens hatte auf das von ihm entwickelte dynamoelektrische Prinzip gesetzt. Er erzeugte mit einem Generator Strom, leitete diesen durch eine ‚dritte

Schiene’, nämlich ein isoliertes, hochstehendes Flacheisen, zur Lokomotive, die so an jeder Stelle des Rundkurses mit einem ‚Schleifbesen’ Strom übernehmen konnte, und betrieb damit den Elektromotor, der sich in der Lokomotive befand. Erstmals also trug die Lokomotive den Rohstoff, aus dem sie Kraft zu erzeugen hatte, nicht bei sich. Gewicht und Leistung der Fahrmaschine konnten deshalb in einem äußerst günstigen Verhältnis zueinander stehen. Siemens arbeitete mit einer Fahrspannung von 150 Volt. Die Rückleitung des Stromes erfolgte durch die Schienen.“[51] Durch Siemens und andere Firmen wurde die Leistungsfähigkeit der Straßenbahnen immer mehr gesteigert; sie liefen erfolgreich zunächst in Berlin, dann von Frankfurt nach Offenbach, in Dresden und Halle, zwischen Düsseldorf und Krefeld sowie spektakulär ab 1903 als Schwebebahn zwischen Eberfeld und Barmen. Es gab verschiedene Formen der Stromzuleitung.

Bei den Eisenbahnverwaltungen reagierte man hinsichtlich der Elektrizität als Antriebsmittel zögerlich, vor allem was die Fernbahnen betraf. Wichtige Impulse setzten Länder, in denen sich keine Kohlevorkommen fanden bzw. die Nutzung der Wasserkraft reichlich Elektrizität zur Verfügung stellte. Italien erwies sich als Vorreiter. Zwischen 1909 und 1921 stellten dann die preußischen Staatsbahnen 84 elektrische Lokomotiven von nicht weniger als zwanzig verschiedenen Typen in den Dienst; Bayern steuerte fünf, Baden vier verschiedene Baumuster zu, so dass man bald über 29 verschiedene Typen verfügte. Insgesamt dürfte die Deutsche Reichsbahn und später die Deutsche Bundesbahn mehr als dreißig Baureihen produziert haben, die durch stete Verbesserungen bestimmt waren; sie wurden jeweils mit „E“ gekennzeichnet.

Neben den mit E-Loks betriebenen Zügen erwies sich der E-Triebwagen (als Kombination von angetriebenen und antrieblosen Wagen) bei Personenzügen von großem Vorteil. Man konnte Platz und Gewicht sparen, indem man die Antriebselemente unter den Wagen anbrachte.

Ehe der von Rudolf Diesel entwickelte Dieselmotor erfolgreich beim Lokomotivenbau Anwendung fand, mussten verschiedene Erfindungen gemacht werden, die den Nachteil des Motors, nicht aus dem Stand unter Last anfahren zu können, überwanden. Ähnlich wie beim Dieselautomotor konnte über viele Zwischenschritte auch die Diesellokomotive zu einer erfolgreichen Antriebsform entwickelt werden; sie bewährte sich vor allem in Gegenden, in denen eine Elektrifizierung sich nicht rentierte bzw. die Heranschaffung von Wasser und Kohle für Dampfmaschinen zu schwierig und kostspielig gewesen wäre.

Abb. 93
Die preussische P8, erstmals gebaut 1906, war eine weit verbreitete Personenzuglokomotive.

In England, dem Mutterland der Eisenbahn, verfügten die dominierenden regionalen Eisenbahngesellschaften, elf an der Zahl, 1870 über eine Netzlänge von 14.143 Kilometern; kleinere Gesellschaften, die zu dieser Zeit noch ein Netz von 10.856 km betrieben hatten, waren von diesen übernommen worden. Eine vollständige Verstaatlichung erfolgte 1947; das Netz der British Railways umfasste zum Jahresende 1975 eine Länge von 18.144 km.
In Frankreich betrug Ende 1870 die Streckenlänge aller Eisenbahnlinien 17.929 km; nach der Verstaatlichung der mächtigen Privatgesellschaften 1937 war das Netz 40.700 km lang (zusätzlich 850 km Schmalspurstrecken), das dann auf rund 34.000 km schrumpfte. (Die Bahn von Paris nach St. Germain, rund 19 km lang, war als dritte europäische Eisenbahn am 26. August 1837 in Betrieb genommen worden.)
Außerhalb Englands fuhr die erste mit Dampfkraft betriebene Eisenbahn, zugleich die erste Staatseisenbahn Europas, in Belgien: sie wurde am 5. Mai 1835 eröffnet und war Teil eines planvollen Konzepts, das König Leopold I. nach einem Gutachten von George Stephenson selbst projektiert hatte. Ende 1870 bestanden in Belgien Strecken mit insgesamt 2997 km, 1890 besaß Belgien das dichteste Eisenbahnnetz der Welt. In den benachbarten Niederlanden, zu denen damals Luxemburg zählte, gab es nur 1419 km Eisenbahnstrecken.
Nach zögerlichem Beginn des Eisenbahnbaus in Italien – die erste acht Kilometer lange Strecke zwischen Neapel und Portici war im Oktober 1839 eröffnet worden – beschloss der Staat, den Bau von Eisenbahnlinien zu übernehmen. 1870 waren es 613 km, 1975 16.077 km. (Ein Kuriosum ist die kleinste Staatsbahn der Welt, nämlich die des Vatikans.)
In Spanien umfasste 1870 das Bahnnetz 5475 km; bis 1900 wurde es auf 13.347 km erweitert; in Portugal stieg es im gleichen Zeitraum von 714 auf 2376 km. Neben Russland sind Spanien und Portugal die einzigen europäischen Länder, in denen die Regelspurweite nicht der Normalspur von 1435 Millimetern entspricht.
Die erste Eisenbahn Griechenlands, von einer britischen Gesellschaft erbaut und 1869 eröffnet, blieb bis 1880 die einzige Bahnlinie des Landes. Sie war nur 10 Kilometer lang und verband die Hauptstadt Athen mit dem Hafen Piräus. 1900 verfügte Griechenland über 922 km Strecke, Ende 1975 über 2476 km.
Auch in Schweden begann die Eisenbahnentwicklung erst in der zweiten Hälfte des 19. Jahrhunderts. 1870 gab es 1708 km Strecke. Norwegen, lange Zeit in Personalunion mit Schweden, verfügte im gleichen Jahr über 359 km. 1975 betrieben die norwegischen Staatsbahnen ein Netz von 4241 km Gesamtlänge, 1975 von 11.366 km. In dieser Zeit verfügte die dänische Staatsbahn über ein Netz von etwa 2000 km. Die Eisenbahnfährlinien spielen dabei eine bedeutende Rolle.
In Polen gingen 1918, nachdem das Land seine Selbstständigkeit wieder erlangt hatte, die Staatsbahnen aus russischen, österreichischen und deutschen Netzteilen hervor; das waren 16.359 km. Die tschechoslowakische Staatsbahn, 1919 gegründet, erhielt die im Land befindlichen österreichischen und ungarischen Strecken; Ende 1975 wurden 13.214 km betrieben.
Innerhalb der Doppelmonarchie Österreich-Ungarn entwickelte sich das Eisenbahnwesen in Ungarn weitgehend unabhängig; im Jahr 1867 erfolgte die völlige Trennung der beiden Bahnnetze. 1975 betrieben die ungarischen Staatsbahnen Strecken von 7974 km. Im gleichen Jahr betrug das Streckennetz im Vielvölkerstaat Jugoslawien, der nach dem ersten Weltkrieg entstanden war, 10.319 km.
Bulgariens erste Strecke (225 km) wurde am 7. November 1866 eröffnet. Die bulgarischen Zaren zeigten eine große Bahnleidenschaft. Das erste gekrönte Haupt fuhr lieber auf der Lokomotive als im Salonwagen. 1975 umfasste das Streckennetz 4290 km.
In Rumänien, wo der Staat den Betrieb der Eisenbahnen in den 80er Jahren des 19. Jahrhunderts übernahm, fuhr die erste Eisenbahn 1869 von Bukarest nach Giurgin an der Donau.

Abb. 98
Viadukt am Stadtrand von Amman

Die Bagdad- und Hedjazbahn
Von Konstantinopel bis zum Persischen Golf –
Von Damaskus über Medina und Mekka nach Haifa

Im Januar 1899 geriet Adolf Freiherr Marschall von Bieberstein ins Schwärmen. Mit kräftigen Farben zeichnete der deutsche Botschafter in Konstantinopel, einer der wichtigsten Diplomaten seines Landes, ein Zukunftsbild von Deutschlands künftiger Stellung „im Oriente". Der Hafen von Haidar-Pascha, auf der asiatischen Seite Konstantinopels gelegen, „dem zu erheblichem Theile auf deutschen Schiffen deutsche Waren zugeführt werden, um ins Innere des Landes geführt zu werden", unter deutscher Kontrolle; „die Bahnlinie von dort bis Bagdad ein deutsches Unternehmen, das nur deutsches Material verwendet und zugleich für Güter und Personen die kürzeste Linie bildet aus dem Herzen Deutschlands nach seinen ostasiatischen Besitzungen" – das schienen in der Tat verlockende Aussichten zu sein: Das Deutsche Reich stand im Begriff, sich mit einem spektakulären Großprojekt, der Bahnverbindung von Berlin zum Persischen Golf, in der ersten Reihe der Weltmächte zu etablieren…
Jedenfalls stellte sich der Sachverhalt an der Schwelle zum 20. Jahrhundert für die meisten politischen Kräfte in Deutschland so dar, allen voran für Wilhelm II. Im Herbst des Jahres 1898 war der deutsche Kaiser und König von Preußen, zum zweiten Mal

Abb. 103
Auf der Fahrt nach Quantana beim Verlassen von Damaskus

Texte von Gregor Schöllgen, Uwe Pfullmann und Alfred Herold, in Jürgen Franzke (Hg.): Bagdad- und Hedjazbahn, S. 108 ff., 126 und Jürgen Franzke (Hg.): König der Züge Orient-express

Das Eisenbahnnetz der heutigen Türkei profitiert von der historischen Entwicklung. Anatolische Bahn und Bagdadbahn sind die Stammstrecken, die Gebirgsabschnitte im Kilikischen Taurus (44 Tunnel) und im Amanus (13 Tunnel) die Glanzstücke des Netzes, das heute 8135 km im asiatischen Teil und 410 km im europäischen Teil umfaßt. Wichtigster Neubau ist die 1971 eröffnete Bahnverbindung zum Iran mit einer 120 km langen Fährverbindung über den Van-See.

Das wie die Türkei durch hohe Gebirgsketten von benachbarten Meeren getrennte Hochland von Iran stellt eine Landbrücke nach Indien dar und lag deshalb im Interessenbereich der Briten bzw. Russen. Erst nach dem Ersten Weltkrieg traten nationaliranische Interessen in den Vordergrund. Die Klammer, die das Auseinanderbrechen Persiens verhindern sollte, war die 1938 eröffnete Transiranische Bahn. Diese 1389 km lange, vom Persischen Golf zum Kaspischen Meer führende Bahn ist mit ihrer Scheitelhöhe von 2217 m und ihren 219 Tunnel eine der großartigsten Gebirgsbahnen der Welt. Im Zweiten Weltkrieg hatte sie als Nachschublinie für die Sowjetunion allergrößte strategische Bedeutung. Die 1957 fertiggestellte Ost-West-Linie von Mesched nach Täbris sowie Abzweigungen nach Khorramshar, Isfaham und Kerman und der 1971 erfolgte Anschluß an das türkische Netz ließen ein Netz von rund 4700 km Länge entstehen.

Alfred Herold

In Russland gab es die erste Eisenbahnstrecke von der Metropole Petersburg (Leningrad) zu den rund 25 Kilometer südlich gelegenen kaiserlichen Schlössern bei Zarskojeselo. Der zunächst das Eisenbahnwesen ablehnende Zar Nikolaus I. änderte seine Meinung, als er sich von der strategischen Bedeutung des Verkehrsmittel überzeugte. Ende 1850 gab es in Russland rund 600 km Eisenbahnstrecke. Eine Bilanz um die Jahrhundertwende 1900 zeigte, dass der Staat zwar etwa 90 % der bis dahin vorhandenen Eisenbahnen finanzierte, aber kaum 10 % unter seinem Einfluss hatte. – Die größte Herausforderung stellte die Absicht dar, eine Verbindung zwischen dem europäischen und dem fernöstlichen Russland (mit den Landesteilen an der Küste des Stillen Ozeans) herzustellen. Der Bau wurde 1891 beschlossen und dann in Teilstücken, immer wieder durch kriegerische Auseinandersetzungen behindert, angegangen; unzählige Menschen, vor allem Sträflinge, verloren dabei ihr Leben. Die Transsibirische Eisenbahn gilt als das größte jemals realisierte Eisenbahnprojekt der Welt. Die Entfernung von Moskau nach Wladiwostok beträgt gegenwärtig, nach zahlreichen größeren und kleineren Veränderungen in der Linienführung, 9297 km.

In der Groß-Transasiatischen Bahn

Es ist bald fünf Uhr. Ich habe keine Zeit mehr. ...
Eilen wir hinunter nach dem Bahnhofe. Hier drängt sich eine bunte Menge von Armeniern, Georgiern, Mingreliern, Tataren, Kurden, Israeliten, Russen vom Strande des Caspischen Meeres, von denen die Einen – o, diese orientalischen Farben! Fahrkarten bis nach Baku, die Anderen solche nach Zwischenstationen lösen. Jetzt war ich mit allem Nöthigen ausgerüstet. Weder der Schalterbeamte mit dem Gendarmengesicht, noch die Gendarmen in eigener Person konnten meiner Abfahrt noch ein Hinderniß bereiten.
Man händigt mir ein bis Baku giltiges Billet erster Classe aus. Ich begebe mich nach dem Perron, der den Zutritt nach den Waggons vermittelt. Nach alter Gewohnheit acht' ich darauf, mich in der Ecke eines Coupés bequem einzurichten. Gleichzeitig steigen noch einige Reisende ein, während der kosmopolitische Schwarm die Wagen zweiter und dritter Classe anfüllt. Nach stattgefundener Billetcontrole werden die Thüren zugeschlagen. Ein letztes gellendes Pfeifen der Locomotive meldet, daß der Zug sich in Bewegung setzen wird ....
Plötzlich vernimmt man laute Ausrufe, in denen sich Wuth und Verzweiflung zu gleichen Theilen zu erkennen geben, und ich höre die deutsch hervorgestoßenen Worte:
„Anhalten! ... Halt! Halt an!"
Ich sehe durch das niedergelassene Fenster.
Ein großer starker Herr mit kleinem Koffer in der Hand, einen helmförmigen Hut auf dem Kopf und die Beine in den Falten seines langen Ueberziehers verwickelt, rennt daher, daß ihm der Athem ausgeht. Er hat sich verspätet.
Einige Bahnbeamte wollen ihn zurückhalten... Versuche nur Einer gefälligst, eine Bombe mitten im Fluge aufzufangen. Auch im vorliegenden Falle unterliegt das Recht der Gewalt.
Die teutonische Bombe beschreibt einen sehr glücklich berechneten Bogen und platzt in das Nebencoupé, dessen Thür ein gefälliger Reisender offen hält, polternd und schnaufend hinein.
Im gleichen Augenblicke rückt der Zug an, die Räder der Locomotive gleiten auf den Schienen, dann steigert sich die Geschwindigkeit ...

Jules Verne: Claudius Bombarnac (S. 85)

Resümierend kann man in Hinblick auf das europäische Schienennetz feststellen, dass innerhalb des 19. Jahrhunderts die Eisenbahnentwicklung sich zwar mit unterschiedlicher Intensität und zum Teil mit erheblichen Verzögerungen wegen kriegerischer Auseinandersetzungen und revolutionärer Wirren, aber insgesamt mit erstaunlichem Tempo vollzog. Ende 1840 waren in Europa 2925 km Eisenbahnstrecken in Betrieb, Ende 1850 mit 23.504 km nahezu zehnmal so viel; bis Ende 1860 stieg die Kilometerzahl auf 51.862, bis Ende 1870 auf 104.914 und bis 1890 auf 223.714 zur Jahrhundertwende/Ende 1899 gab es in Europa insgesamt 278.337; Ende 1900 umfasste das Netz 283.878 km.

Als erstes asiatisches Land erhielt Indien 1852 eine Eisenbahn; sie führte von Bombay nach Thana, rund 35 Kilometer in nördliche Richtung. Danach entwickelte sich das indische Eisenbahnnetz unter englischem Einfluss im Vergleich zu allen übrigen asiatischen Ländern äußerst schnell. 1860 waren 1350 km in Betrieb, zur Jahrhundertwende etwa 36.000 km. Die Netzdichte betrug freilich nur ein Zehntel der deutschen; Ende 1975 waren es 60.238 km.

Japans erste Eisenbahn fuhr am 14. Oktober 1872 von Tokio nach der 29 Kilometer südlich gelegenen Hafenstadt Yokohama; Ende 1900 gab es insgesamt 5892 km Eisenbahnstrecken; 1975 waren 21.273 km in Betrieb.

In China ließen Aberglaube und Rückständigkeit, verbunden mit der unnahbar-ablehnenden Haltung der mandschurischen Tsing-Dynastie, bis 1876 keine Eisenbahnbauten zu. Danach entstanden die verhältnismäßig wenigen Bahnlinien des riesigen Reiches weitgehend mit Hilfe ausländischen Kapitals, vorwiegend durch britische oder französisch-belgische Gesellschaften; seit 1899 war auch Deutschland am Bahnbau beteiligt, so bei der 395 Kilometer langen Strecke vom Hafen Tsingtau nach Tsinanfu 1904. Vor allem wegen des Boxeraufstandes im Jahr 1900 war es zu erheblichen Schwierigkeiten gekommen. – Nachdem Mao Tse-tung 1949 an die Spitze der neuen Volksrepublik getreten war, erfolgte ein Ausbau des Streckennetzes, das 1973 etwa 40.000 km umfasste.

Die ersten Eisenbahnen Afrikas führten durch das Nil-Delta. Schon Anfang 1856 konnte die hier auf englische Initiative gebaute Strecke von Alexandria nach Kairo in Betrieb genommen werden. Ende 1860 umfasste das ägyptische Eisenbahnnetz 443 Kilometer. Ansonsten kam in Afrika die Eisenbahn nur zögerlich voran. „Die Beschaffenheit des unwegsamen Landes, das größtenteils von Wüsten und Steppen, Urwäldern und mächtigem Hochland bedeckt ist, setzte dem Vordringen des Menschen allenthalben Widerstand entgegen, der noch verstärkt wurde durch die nahezu undurchdringliche Vegetation in den tropischen Regionen, durch die Wasserlosigkeit der Wüstengebiete und nicht zuletzt durch eine Tierwelt, die den Menschen in Afrika vielfach auf Schritt und Tritt bedrohte." Von dem immer wieder angegangenen Projekt einer Eisenbahn-Direktverbindung Kap-Kairo (8000 Kilometer) bestehen 5000 Kilometer.

In Algerien und Tunesien wurde der Eisenbahnbau durch Frankreich und in der Kapkolonie Südafrika durch England vorangetrieben. In seinen Kolonien tat dies auch Deutschland.

Jede eine halbe Welt…

Was – auf ihrer ersten Reise,
Dampfend auf dem einen Gleise,
Zischend Kopf an Kopf gestellt,
Jede eine halbe Welt
Hinter sich mit Höh'n und Tiefen – –
Sagten die Lokomotiven?

Dies wohl, mein' ich, ist's gewesen,
Unberichtet und ungelesen!

Sprach zuerst mit wicht'ger Miene
Aus dem Westen die Maschine, –
Sprach und pfiff es etwas phrasig:
„Her vom Kamm der Sierra ras' ich,
Und wenn Höh' ein Maßstab ist,
Kalkulier' ich, daß zur Frist
Du von mir geschlagen bist."

Hört man die vom Ost versetzen:
„Wer recht schafft, wird wenig schwätzen,
Pfeif' nur deine Bremsen nieder!
Rührtest wacker zwar die Glieder,
Aber was denn nur, sag' an,
Hast Besondres du getan?
Doch, – ist das 'ne Unterhaltung!
Mögen die Herrn von der Verwaltung
Bei Champagner heut' und morgen
Selber doch fürs Puffen sorgen."

„Horch! Wo die Atlant'sche See
Sommerglut bespült und Schnee;
Wo Indianerherbste strahlen,
Wampumfarb die Wälder malen, –
Dort dem flieh'nden Sonnenball
Jagt' ich nach mit freud'gem Schall,
Schau'nd, was seinem Blick begegnet,
Segnend rings, was er gesegnet,
In der Eisenbrust sein Sprüh'n,
All sein lebenweckend Glühn,
Seine Wolken für und für
Über meiner Funkenhaube,
Und, so weit ich rastlos schnaube,
Alle Schatten hinter mir."

Sprach die Westmaschine: „Puh!"
Und pfiff lang und leis dazu.
„Du verstehst es aufzuschneiden!
Du, – und stellst dich so bescheiden!
Du prahlst mit dem Osten? Mir?
Was,-- ich bring' den Osten Dir!
Kürzesten Wegs vom fernsten Meer
Orients Reiche bring' ich her,
Und die Sonne, deren Lauf
Hier du folgst, geht bei mir auf.

Grad heraus (wenn man zum Gruß
Sich 'ne Grobheit sagen muß),
Grad heraus denn: Wegeslänge
Ist nicht geograph'sche Länge."

Sprach die Union: „Nun schweig,
Sonsten überfahr' ich gleich
Einen Verwaltungsrat, Direktor,
Oder mindestens Inspektor."

Die Zentrale: „Friedlich sehr
Bin ich, wie mein Stilles Meer,
Doch, wenn man mich aufbringt, wird' ich
Ganz entsetzlich ungeberdig."

„Aber heut' lass' uns nicht streiten!
Machen wir nur diesen Leuten
Die Moral klar: wie daß, ihnen
Vor den Augen, zwei Maschinen
Ohne Ineinanderrennen
Friedlich sich begegnen können!"

So die beiden biedern Wesen;
Dies ist ihr Gespräch gewesen,
Unberichtet und ungelesen.
Etwas näselnd war der Fluß
Ihrer Rede, sonst ein Guß,
Und mit einem Pfiff am Schluß.

Ferdinand Freiligrath: Was die Lokomotiven sagten (S. 90) Eröffnung der Pazifik-Eisenbahn (Übersetzung eines Textes des amerikanischen Schriftstellers Francis Bret Harte)

In den USA begann das eigentliche Eisenbahnzeitalter nach einer Reihe von Anläufen im Dezember 1829; an diesem Tag wurde die 24 Kilometer lange Strecke von Baltimore nach Ellicots-mills eröffnet. Rund zehn Jahre später bestanden in den Vereinigten Staaten bereits 4534 km Eisenbahnstrecke, um die Hälfte mehr als in ganz Europa. Amerikas Aufstieg zur Weltmacht beruhte zu keinem geringen Teil auf der frühen Einführung und schnellen Ausweitung des Eisenbahnnetzes. „Der wirtschaftlichen Entwicklung standen damals jene sprichwörtlichen unbegrenzten Möglichkeiten offen, die sich aus der Erschließung und Nutzung weiter fruchtbarer Flächen, unendlicher Wälder, fischreicher Gewässer, vielfältiger Bodenschätze bei verträglichem Klima und nur geringer Bevölkerungsdichte sowie den günstigen Bedingungen einer freiheitlichen Gesellschaftsordnung ergaben." 1850 verfügten die Vereinigten Staaten bereits über 14.515 km Eisenbahnstrecken; 1860 hatte sich die Länge des Netzes auf 49.292 km verdreifacht. Um 1900 waren es 311.094 km, zehn Jahre später 392.808 km. Während 1930 in den USA täglich mehr als 20.000 Reisezüge fuhren, die 77 % des gesamten Personenverkehrs bewältigten, hatten sich vierzig Jahre später die Verhältnisse ins Gegenteil verkehrt: Nur noch 7,2 % des Personenverkehrs entfielen auf die Eisenbahn (16 % auf den Bus und 73 % auf das Flugzeug).

In den USA wurde die Mechanisierung des Verkehrswesen nicht wie vielfach in Europa als Zerstörung einer traditionellen Kulturlandschaft erlebt, „sondern als Gewinnung einer Zivilisationslandschaft, aus der bis dahin wertlosen, weil unzugänglichen Wildnis. Weil das Transportwesen nicht lediglich bestehenden Verkehr verwandelt, sondern neue Gebiete dem Verkehr erschließt, erscheint es in einem für europäische Verhältnisse unvorstellbarem Maße produktiv. … Indem die amerikanische Geschichte mit der industriellen Revolution erst eigentlich beginnt – alles andere ist koloniale Vorgeschichte –, ist diese in ganz anderem Maße als in Europa konstitutiver Teil der nationalen und kulturellen Identität. Die Dampfkraft wird gesehen als Garant der nationalen Einheit, welche ohne sie so unmöglich wäre, wie die Reichtümer, die mittels mechanisierter Transport- und Extraktionsindustrien aus dem unendlich großen Land gezogen werden."

Als Eisenbahntramp in den USA

Ein leises Zittern, ein kaum merkbares Sichregen in den Stahlschienen vor unseren Köpfen. Es wurde stärker, lauter. Ein feuriges Riesenauge blitzte auf. Und nun ein Gerassel, ein schallendes Dröhnen. Ein greller Pfiff. Der Expreß brauste heran, und mit einemmal war alles Leben und Lärm. Kondukteure sprangen herab, Reisende stiegen aus und ein; Schwatzen, Lachen, Rufe und Kommandos tönten herüber.

Billy rührte sich nicht. Das Riesenauge der Lokomotive warf weithin blendenden Schein über das Geleise. Wir, an der Böschungsseite, blieben im Dunkel. Aus einer gewaltigen Röhre ergoß sich Wasser in den Tank des Tenders. Der Lokomotivführer, eine Petroleumfackel in der Linken, eine langstielige Kanne in der Rechten, schritt von Oelkapsel zu Oelkapsel seiner Maschine, ölte und untersuchte.

„Hören Sie!" flüsterte Billy. „Wenn der Zug sich in Bewegung setzt, springen Sie auf den ersten Wagen nach dem Tender. Direkt nach dem Tender. Ja nicht vergessen! Das ist der Postwagen und die einzige Möglichkeit. Links und rechts vom Trittbrett sind Messingstangen. Klammern Sie sich an und schwingen Sie sich hinauf. Geht es nicht, so lassen Sie sich nach rückwärts fallen. Kümmern Sie sich nicht um mich; ich werde nach Ihnen springen. Warten Sie aber ja, bis die Lokomotive ganz nahe hier ist, sonst werden wir vom Bahnhof aus gesehen. So – jetzt!"

Der Expreß hatte sich in Bewegung gesetzt. Mir schien es eine Ewigkeit zu dauern, bis die Lokomotive herankam. Endlich. Mit einem Satz sprang ich auf, geblendet einen Augenblick lang durch die Laterne, verspürte etwas wie Luftdruck, ließ die schwarze Masse des Tenders vorbeidröhnen und sah Stufen, einen Messinggriff. Blindlings griff ich zu. Und wurde förmlich hinaufgerissen. Im gleichen Augenblick schob mich etwas vorwärts und neben mir stand lachend Billy.

„Ausgezeichnet für's erste Mal," sagte er. „Machen Sie sich's bequem." Er hockte auf dem Boden der Plattform nieder, mit dem Rücken gegen die Wagenwand gelehnt. „Wie gefällt es Ihnen?"

Ich schnappte nach Luft und nickte nur. …

Aus Dampf und Rauch und jagender Bewegung und vorbeihuschendem Land schien die Welt zu bestehen. Jeder Funke Energie konzentrierte sich auf Vorwärtskommen. Alles andere war gleichgültig. Man fuhr in Frachtzügen untertags, weil man dann in leeren Frachtwagen schlafen und so den Schlaf mit dem Vorwärtseilen verbinden konnte. Die unfreiwilligen Pausen (wenn ein Kondukteur oder ein Bremser uns ertappte und grinsend erklärte, wir möchten lieber dem nächsten Zug die Ehre schenken)

Abb. 104
Pazifikbahn in den Rocky-Mountains

wurden zum Essen benutzt und zu sorgfältigem Erkundigen über die nächsten Züge. Es war ein wunderliches Leben. Und das Wunderlichste daran war die Geschäftigkeit! Kein noch so energischer Kaufmann hätte mehr Zeit und Mühe auf seine wichtigsten Affären verwenden können als wir auf unser zweckloses Vorwärtshasten. Dabei riskierten wir auch noch täglich die Hälse!

Ich war wunschlos glücklich damals in dem fortwährendem Fieber des Neulings. Und es scheint mir heute, als sei die trotzige Energie, die dieses sonderbare Leben einem einimpfte, ohne daß man es merkte, die Gleichgültigkeit gegen Gefahr und Beschwerden, das praktische Anpassen an harte Lebensbedingungen, das man wie im Spiel lernte – als sei dies alles die verschwendete Zeit voll und ganz wert gewesen ...

Das Leben war wie ein Dahinhuschen durch eine mehr oder weniger gleichgültige Welt voll der verschiedensten Menschen und der verschiedensten Farben, in der das einzig Wichtige die Züge auf dem Schienenstrang und wir drei Menschen schienen. Wir drei Menschen! Nie wieder im Leben hab' ich so das Gefühl engstverbundener Freundschaft mit Männern gehabt wie damals! Was dem einen gehörte, gehörte auch dem andern, und der eine stand für den andern ein mit allem, was er hatte und konnte.

Erwin Rosen: Der deutsche Lausbub in Amerika (S. 143f. und 159f.)

Gewaltige Ingenieursleistungen

16 Stunden benötigt die 40 Jahre alte General-Electric-Diesellok, um den Tren a las Nubes 230 Kilometer weit und mehr als 3000 Höhenmeter hoch hinauf in die nordargentinischen Anden zu ziehen. Auf den ersten Kilometern aber fühlt man sich wie im Panzerzug aus dem Film „Dr. Schiwago", denn: Während der Fahrt durch die Vororte müssen metallene Blenden vor die Fenster gezogen werden. Warum, das erklärt Schaffner Nelo Pañagua: „Die Leute hier verstehen den Zug nicht und werfen mit Steinen."
Wie auch sollen unterernährte Kinder und arbeitslose Jugendliche in den Armenvierteln verstehen, warum in aller Frühe ein Zug mit schrillem Pfeifen vorbeirattert, den sie sowieso nie nehmen werden? 160 Dollar kostet die Fahrt für Ausländer, 100 Dollar für Argentinier – das leisten sich nur die Reichen aus Buenos Aires. Und obendrein fährt dieser Zug nirgendwo hin. Früher führte die Strecke mal ins chilenische Antofagasta am Pazifik, auf die andere Seite der Anden. Jetzt endet die Fahrt am Viadukt La Polvorilla in 4144 Metern Höhe – wer in der dünnen Luft noch gehen kann, steigt kurz aus und fotografiert die Brücke. Dann zuckelt der Zug durch Salzwüsten und staubige Einöden voller Kakteen zurück nach Salta. Touristenzüge wie der argentinische Tren a las Nubes oder der nach dem Entdecker Machu Picchus benannte Hiram Bingham in Peru sind Überbleibsel des einst gewaltigen lateinamerikanischen Schienennetzes. Gleise durchquerten Urwälder, Andentäler und Wüsten. Sie transportierten Menschen, Bananen, Salpeter, Zuckerrohr, Erz. In Peru veränderte der Eisenbahnbau die Bevölkerungsstruktur, er brachte die Asiaten ins Land. Der Tren da Pantanal erschloss die Weite des Mato Grosso in Brasilien. Gewaltige Ingenieurleistungen waren das. Der Tren a las Nubes kommt ohne Zahnräder aus, die steilsten Stücke überwand Ingenieur Ricardo Maury in den zwanziger und dreißiger Jahren, indem er sich Ziegen und Vögel zum Vorbild nahm. Er baute einen Zickzackkurs wie bei Ziegenpfaden, der Zug stößt vor und zurück, um an Höhe zu gewinnen; Spiralkehren ahmen den Steilflug der Schwalben nach. Die Stahlteile für das Viadukt La Polvorilla, 220 Meter lang und so hoch wie ein 20-stöckiges Haus, wurden aus Italien über den Atlantik verschifft.
Argentinien allein verfügte in den dreißiger Jahren mit 43.000 Kilometer Schiene über ein größeres Zugnetz als die meisten Länder Europas, heute wird gerade noch ein Fünftel davon befahren. „Die Eisenbahn war der Schlüssel zur Entwicklung des Landes", schrieb der Schriftsteller Raúl Scalabrini Ortiz. Gebaut wurde sie meist von britischen Firmen. 1946 verstaatlichte Präsident Juan Domingo Perón die Bahn, es war seine Form von „Entkolonialisierung". Was dann passierte, ist symptomatisch für Lateinamerika. Ende der fünfziger Jahre holte die Regierung US-amerikanische Berater ins Haus. „Wir tauschten das britische gegen das nordamerikanische Imperium", schreibt El Reportero Ferroviario, ein Internetdienst von Eisenbahnfreunden, „und Nordamerikaner mögen keine Schienen." Sie bevorzugen Laster, Autos, die Straße. Die Ära der Stilllegungen begann. Der neoliberale Präsident Carlos Menem löste die Staatsbahn in den neunziger Jahren einfach auf und verteilte die Trümmer an Privatunternehmen. Das hatte den – beabsichtigten – Nebeneffekt, dass die mächtigen Eisenbahnergewerkschaften zerschlagen waren. 50.000 Menschen wurden arbeitslos. Bahnkonzessionen wurden fortan an Regierungs-Spezln vergeben, staatliche Millionensubventionen versickerten in dunklen Kanälen, Gleise wurden demontiert, Loks nach Mali verhökert, Bahnhöfe zu Bars umgebaut. Nur im Großraum Buenos Aires fahren noch Züge, aber der Service ist so schlecht, dass kürzlich Pendler aus Wut Zuggarnituren in Brand setzten.

Sebastian Schoepp: Letzter Zug nach Nirgendwo (S. 29)

Kapitel II

Im Zeichen moderner Nervosität

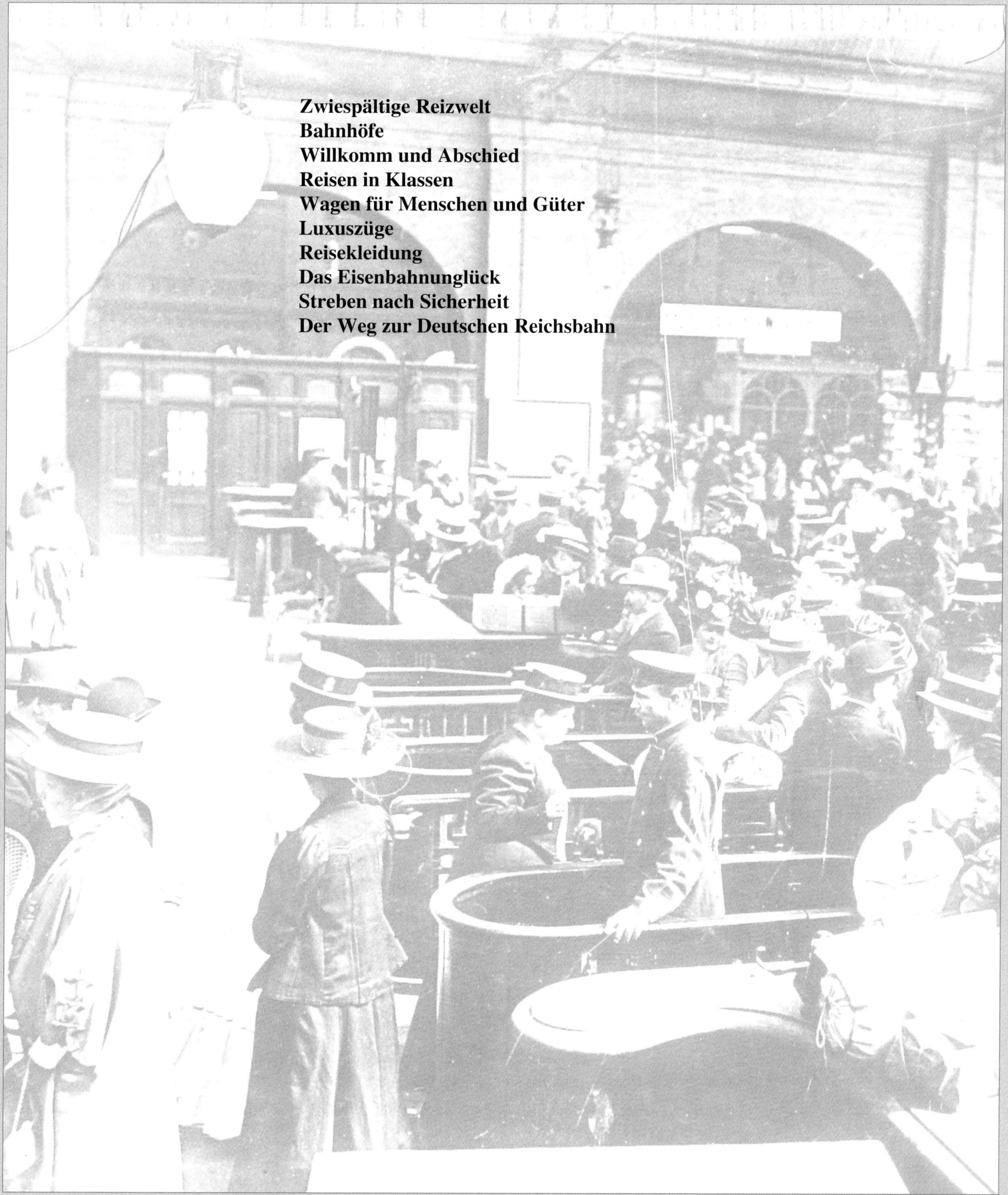

Zwiespältige Reizwelt
Bahnhöfe
Willkomm und Abschied
Reisen in Klassen
Wagen für Menschen und Güter
Luxuszüge
Reisekleidung
Das Eisenbahnunglück
Streben nach Sicherheit
Der Weg zur Deutschen Reichsbahn

II IM ZEICHEN MODERNER NERVOSITÄT

Zwiespältige Reizwelt

Von der „unaufhaltsam, auf rauchenden Dampfwagen“ nach vorwärts rollenden Zeit sprach Heinrich Heine. Die Eröffnung zweier neuer Bahnlinien von Paris aus erschüttere die Bevölkerung; diese bilde gleichsam eine Kette, wo einer dem anderen einen elektrischen Schlag versetze. Es vollziehe sich ein tiefgreifender Mentalitätswandel: die Beschaulichkeit der Biedermeierzeit werde durch immer größere Hektik ersetzt. In den letzten Jahrzehnten vor 1900 und dann in der Zeit bis zum Ersten Weltkrieg nahm diese immer mehr zu. Man müsse „mitsausen“, „mitbrausen“ (Gerrit Engelke). Die Nerven würden „fiebrig im Lärme mitschwingen“, schrieb der Niederländer Emile Verhaeren (1855-1916), den Stefan Zweig als Dichter „des modernen Lebensrhythmus“ vorstellte. (Verhaeren starb bei einem Eisenbahnunglück.)

„Horch ich hinaus und fühls in mich dringen,
Wie der Donner der Züge durchs Dunkel hindröhnt.
Wie ein fliehender Brand stürmen sie hin in die Ferne,
Und ihr eisernes Rattern über Brücken und Schienen
Rasselt so laut, dass man meinte, es wäre
Ein speiender Krater, ein Sturz von Lawinen.“[56]

Für die neue individuelle wie kollektive Bewusstseinslage war es symptomatisch, dass Ende des 19. Jahrhunderts der Cinematograph erfunden wurde; (die öffentlichen Vorführungen begannen 1895 in Paris). Zu den Themen der ersten Filme gehörten die Ankunft eines Zuges und ein Eisenbahnunglück. Die Charakteristika der neuen Zeit – Beschleunigung, Koinzidenz, Diffusion, Assoziation – waren auch das Kennzeichen vieler künstlerischer Strömungen, etwa des Kubismus, Konstruktivismus, Futurismus, Expressionismus, Dadaismus und Surrealismus, (vorbereitet vom Impressionismus).
Angesichts der Eisenbahn fühlten die Menschen, dass sie raschem Wechsel und Wandel unterworfen waren und dass die dadurch bewirkte Eindrucksfülle bei gleichzeitiger Auflösung geschlossener Erlebnisbereiche nur durch erhöhte Sensibilität bewältigt werden konnte. Die Erfahrung der Neuanfänge, Gleichzeitigkeiten und Ungleichzeitigkeiten war verbunden mit einem Gefühl der Zeitnot, zu dem das Geräusch der über die Schienen gleitenden Züge den Takt schlug. Pünktlichkeit, Primärtugend der Industrialisierung, hatte Hast zum Pendant. In den Fabriken bestimmten die Maschinen, die entfremdete Arbeit bewirkten, den Produktionsrhythmus. Der Handwerker, der sich seine Zeit und Tätigkeit noch selbst einteilte, konnte da nicht oder nur schwer mithalten.

Fahrt über die Kölner Rheinbrücke bei Nacht

Der Schnellzug tastet sich und stößt die Dunkelheit entlang.
Kein Stern will vor. Die ganze Welt ist nur ein enger, nachtumschienter Minengang,
Darin zuweilen Förderstellen blauen Lichtes jähe Horizonte reißen: Feuerkreis
Von Kugellampen, Dächern, Schloten, dampfend, strömend ... nur sekundenweis...
Und wieder alles schwarz. Als führen wir ins Eingeweid der Nacht zur Schicht.

Nun taumeln Lichter her ... verirrt, trostlos vereinsamt ... mehr... und sammeln sich ...
und werden dicht.
Gerippe grauer Häuserfronten liegen bloß, im Zwielicht bleichend, tot – etwas muß
kommen ... o, ich fühl es schwer
Im Hirn. Eine Beklemmung singt im Blut. Dann dröhnt der Boden plötzlich
wie ein Meer:
Wir fliegen, aufgehoben, königlich durch nachtentrissne Luft, hoch übern Strom.
0 Biegung der Millionen Lichter, stumme Wacht,
Vor deren blitzender Parade schwer die Wasser abwärts rollen.
Endloses Spalier, zum Gruß gestellt bei Nacht!
Wie Fackeln stürmend! Freudiges! Salut von Schiffen über blauer See!
Bestirntes Fest!
Wimmernd, mit hellen Augen hingedrängt! Bis wo die Stadt
mit letzten Häusern ihren Gast entläßt.
Und dann die langen Einsamkeiten. Nackte Ufer. Stille. Nacht.
Besinnung. Einkehr. Kommunion. Und Glut und Drang
Zum Letzten, Segnenden. Zum Zeugungsfest. Zur Wollust.
Zum Gebet. Zum Meer. Zum Untergang.

Ernst Stadler: Fahrt über die Kölner Rheinbrücke bei Nacht (S. 172)

Die Eisenbahn ist Leitmedium der sich entwickelnden, die Verkehrs- und Kommunikationsdichte ständig steigernden „Apparate"; neben ihr waren das die Straßenbahn, das Auto, auch das Fahrrad, schließlich Zeppelin und Flugzeug; ferner Fotografie, Film, Telegraf, Telefon, Grammofon und Radio – zusammen mit der Erfindung und Ausbreitung des elektrischen Lichts sowie den Erneuerungen im Zeitungsdruck (Rotationspresse).
Die Postsendungen nahmen zwischen 1872 und 1910 von 972 auf 5.939 Millionen, also um mehr als das Sechsfache zu; die Zahl der beförderten Telegramme stieg von 12 Millionen (1872) auf 48 Millionen (1910). Die nur geringfügige Zunahme der versandten Telegramme nach 1900 war auf die Konkurrenz des 1877 als sensationelle technische Neuheit eingeführten Telefons zurückzuführen. 1912 gab es im Deutschen Reich bereits 39.500 Orte mit Fernsprechanstalten, von denen 2.327 Millionen Gespräche vermittelt wurden. Die Erfindung und schnelle Durchsetzung des Telefons wie das Aufkommen der Schreibmaschine erschlossen übrigens der Frau neue Berufsmöglichkeiten: als Telefonistin – „Hallo! Du süße Klingelfee!" hieß 1919 ein weitverbreiteter Schlager, der das „Fräulein vom Amt" besang[57] – und als Sekretärin bzw. Stenotypistin; so erhielt sie Zutritt zu den „Bureaus" und „Comptoirs", die bislang als Domäne des Mannes angesehen worden waren. Der weibliche Genius, der auf einem Gemälde von Ludwig Kandler (1884) barbusig und barfüßig vom Himmel auf die Erde herabsteigt, hält in der erhobenen Rechten eine leuchtende Glühbirne; die Engelchen, die ihn begleiten, sind über Telefon miteinander verbunden. Die Menschen, die von solchem zivilisatorischen Fortschritt eine Verbesserung ihrer Lebensverhältnisse erfuhren oder erwarteten, fühlten sich in ein Paradies kommunikativer Vernetzung versetzt.
Der Schlüsselbegriff für die Auswirkungen des enormen Beschleunigungstrends auf die menschliche Psyche in fast allen Lebens- und Arbeitsbereichen hieß „Nervosität", auch „Amerikanisierung" genannt. „Sie war ein kulturelles Konstrukt und zugleich eine echte Leidenserfahrung. Die einzelnen Symptome – Magen- und Darmbeschwerden, Impotenz, Herzflattern, Schlaflosigkeit, Angst- und Schwächezustände – sind, für sich genommen, vieldeutig

und unspezifisch; zur bedeutungsvollen Nervosität wurden sie erst durch verbindende Interpretationen. Aber diese Deutungsmuster waren zu ihrer Zeit nicht willkürlich. Eine Kultur ist kein absichtsvoll handelndes Subjekt, das sich trickreich Krankheiten ausdenkt. Und die Nervosität war eben nicht nur ein Schlagwort, sondern war und blieb auch eine beunruhigende und quälende Erfahrung.“ (Joachim Radkau)[58] In seiner 1908 erschienenen Abhandlung „Die kulturelle Sexualmoral und die moderne Nervosität“ sprach Sigmund Freud von einer neurotischen Erregung, die den ungelösten Widersprüchen moderner Zivilisation entspränge.[59] Der Arzt werde häufig genug durch die Beobachtung nachdenklich gemacht, dass gera-

Abb. 105
„Herrn Pimpelhubers Traum, nachdem er das neueste Eisenbahn-Kursbuch studiert hatte.“ In der Zeitschrift „Fliegende Blätter“ 1904.

de die Nachkommen von Familien, die aus einfachen und gesunden ländlichen Verhältnissen stammten, Abkömmlinge roher, aber kräftiger Familien, dann der Nervosität verfielen, wenn sie in die Großstadt kämen und deren Hektik erlebten.

Pariser Nächte

Daß ich es nicht lassen kann, bei offenem Fenster zu schlafen. Elektrische Bahnen rasen läutend durch meine Stube. Automobile gehen über mich hin. Eine Tür fällt zu. Irgendwo klirrt eine Scheibe herunter, ich höre ihre großen Scheiben lachen, die kleinen Splitter kichern. Dann plötzlich dumpfer, eingeschlossener Lärm von der anderen Seite, innen im Haus. Jemand steigt die Treppe. Kommt, kommt, unaufhörlich. Ist da, ist lange da, geht vorbei. Und wieder die Straße. Ein Mädchen kreischt: Ah tais-toi, je ne veux plus. Die Elektrische rennt ganz erregt heran, darüber fort, fort über alles. Jemand ruft. Leute laufen, überholen sich. Ein Hund bellt. Was für eine Erleichterung: ein Hund. Gegen Morgen kräht sogar ein Hahn, und das ist Wohltun ohne Grenzen. Dann schlafe ich plötzlich ein.

Rainer Maria Rilke: Die Aufzeichnungen des Malte Laurids Brigge (S. 8)

Freud zitiert Ausführungen von W. Erb aus dem Jahre 1893 („Über die wachsende Nervosität unserer Zeit“) und identifiziert sich mit ihnen: Die Ansprüche an die Leistungsfähigkeit des Einzelnen im Kampf ums Dasein seien erheblich gestiegen, und nur mit Aufbietung all seiner geistigen Kräfte könne dieser sie befriedigen. Zugleich seien die materiellen Bedürfnisse des Einzelnen und die Ansprüche an den Lebensgenuss in allen Kreisen gewachsen; ein unerhörter Luxus habe sich in Bevölkerungsschichten ausgebreitet, die früher davon ganz unberührt gewesen seien; zugenommen hätten damit aber auch die Unzufriedenheit und die Begehrlichkeit. Durch den ungemein gestiegenen Verkehr und die weltumspannenden Drahtnetze des Telegrafen wie Telefons hätten sich die Verhältnisse in Handel und Wandel total verändert; alles gehe in Hast und Aufregung vor sich; selbst die Nacht werde zum Reisen benützt. Große politische, industrielle und finanzielle Krisen wirkten in viel weitere Bevölkerungskreise als früher hinein. Politische, religiöse, soziale Kämpfe, das Parteitreiben, die Wahlagitationen, das ins Maßlose gesteigerte Vereinswesen erhitze die Köpfe und zwinge den Geist zu immer neuen Anstrengungen, raube die Zeit für Erholung, Schlaf und Ruhe. Das Leben in den großen Städten werde zunehmend raffinierter und unruhiger; die erschlafften Nerven suchten ihre Erholung in gesteigerten Reizen, in stark gewürzten Genüssen, was aber die Ermüdung steigere. Die moderne Literatur beschäftige sich vorwiegend mit den bedenklichsten Problemen, die Sinnlichkeit und Genusssucht aufwühlten sowie die Verachtung aller ethischen Grundsätze und aller Ideale förderten; sie bringe pathologische Gestalten vor den Geist des Lesers; sein Ohr werde von einer in großem Umfang verabreichten, aufdringlichen und lärmenden Musik erregt und überreizt; die Theater nähmen alle Sinne mit ihren aufregenden Darstellungen gefangen; auch die bildenden Künste wendeten sich mit Vorliebe dem Abstoßenden, Hässlichen und Aufregenden zu und scheuten sich nicht, das Grässlichste, was die Wirklichkeit biete, in abstoßender Realität vor unser Auge zu stellen. Freud bezieht sich dann weiter auf O. L. Binswanger („Die Pathologie und Therapie der Neurasthenie“, 1896) und R. von Krafft-Ebing („Nervosität und neurasthenische Zustände“, 1895): Die Neurasthenie erweise sich als eine moderne, speziell auf amerikanischem Boden erwachsene Nervenkrankheit. Was hier von Freud im Rückgriff auf zeitgenössische Schriften registriert und in der Deutung akzeptiert wird, ist die konservative Klage über den Zustand einer Welt, die, als Folge des technischen und industriellen Fortschritts, dem Geschwindigkeitsrausch verfiel

Abb. 106 Alle Menschen sind nervös – „Fliegende Blätter" (1880). „Unter zwei sich kreuzenden Eisenbahnviadukten, auf denen sich natürlich auch gerade zwei Züge begegnen, ein wildes Durcheinander und Übereinander hastig beschäftigter Menschen: biertrinkende Maurer ersteigen eine Leiter, ein Politiker hält Wahlreden, ein Pfarrer predigt, jüdische Straßenhändler preisen Waren an, eine Schulklasse singt, bessere Töchter spielen Klavier und singen wie eine Schulklasse mit Lehrer, ein Sozialdemokrat ruft gestikulierend, ein Polizist schwingt den Säbel, ein Kutscher die Peitsche, ein Jäger schießt, ein junger Mann telephoniert mit Angst im Gesicht, ein Kind spielt mit einer Pistole Selbstmord, ein anderes trötet, einem Zeitungsleser stehen die Haare zu Berge, dazu Hunde, Katzen, Hasen, Ziervögel, Pferde und hastende Menschen. Ins Bild eingewoben das Wort ‚Nervös'." (Thomas Brune/Heike Gall)

und so die gediegene Gemütlichkeit der „guten alten Zeit" verloren habe, erbebend vor der Neuartigkeit des Kommenden.

In seiner Abhandlung „Nervosität und Kultur" (1912) geht Willy Hellpach davon aus, dass das Grelle und Laute in unserer Zeit seinen Ursprung in den technischen Bedingungen der modernen Arbeit habe. Angesichts der dadurch bewirkten Nervosität erinnere man sich mit Heimweh an das „Dörfchen der Vergangenheit", „wo abends unter fröhlichem oder elegischem Singen die Sensen gedengelt werden und die Spinnrocken ihr Rädchen surren lassen; wo die gute Arbeit bewundert, die mißlungene in Liedern verspottet wird". (60) Demgegenüber stehe der moderne Fabriksaal mit seiner „drohenden" Arbeitsordnung; die Maschinen hämmerten und rasselten, und nur der Gedanke an den Samstagslohn und mechanische Gewohnheit den Einzelnen monoton soviel Teilchen als nur möglich schaffen heiße – Teilchen, an deren Qualität er oft nicht das Mindeste ändern könne, weil er im Grunde weiter nichts als der Bedienstete der alles besorgenden Maschine geworden sei. So wie er die modern-hektische mit der rural-entspannten Arbeitsweise, die neue mit der alten Zeit konfrontiert, stellt der Verfasser in einer mehr unfreiwillig-komischen als analytischen Schilderung ein nervöses Gefälle zwischen Nord und Süd fest: „In Berlin und Hamburg, in Hannover und Cöln beginnt das rechte Treiben erst um elf Uhr. Man strömt aus den Konzertsälen und Theatern und die Nerven sind viel zu erregt, um den Gedanken ans Schlafen zu fassen. Rechnet man dazu, daß das gute Bier sehr teuer und sehr schwer, das durchschnittlich getrunkene schlecht ist – der Süddeutsche würde es ohne Zögern weggießen –, so weiß man, warum die meisten Norddeutschen nachts im Restaurant sitzen: um sich zu zerstreuen. Im Süden findet man die Weinwirtschaften und Bierhäuser auch am Tag nie so verlassen, wie im Norden; denn der Süddeutsche trinkt, wenn er Durst hat und weil er Durst hat und Appetit auf einen ‚guten Tropfen' dazu. Wie verkehrt, dem Süddeutschen größere Vergnügungssucht anzudichten! Nicht im Entferntesten erreichen in Zerstreuungen aller Art die süddeutschen Mittelstädte den Rekord selbst der norddeutschen kleinen Nester; im Süden sitzt man breit und behaglich vor seinem Kruge, im Norden wird ungleich mehr geschwatzt, gelacht und gelärmt und ungleich weniger getrunken. Das Restaurant ist eben dort und hier etwas ganz anderes; und der Gegensatz prägt sich am schärfsten aus zwischen den beiden Großstädten, deren eine die größte und deren andere die geringste Intensität wirtschaftlichen Schaffens verkörpert: Berlin und München."

Temporausch

Die Zeitzeugnisse über das „Hasten und Jagen" wirken glaubhafter, wenn man sieht, daß sie nicht nur von sensiblen Literaten, sondern auch von robusten Technikern kamen. Besonders anschaulich hat Alois Riedler, eine der Koryphäen der damaligen Maschinenbaulehre, den Tempoumbruch in der Technik zwischen den 1870er und 90er Jahren geschildert. Bis in die 70er Jahre reichte für ihn die alte Zeit der Frühindustrialisierung, als die gußeisernen Maschinen „im trägen Takte ihrer schweren Glieder" arbeiteten und „Genauarbeit" noch unbekannt war; in den 90er Jahren dagegen war die „technische Welt" zu einem „brodelnde(n) Kessel" geworden, aus dem fortwährend riskante Neuerungen wie Blasen aufstiegen, und wo unter der Peitsche der Konkurrenz alles anders wurde. Er selbst erklärte 1899 als Rektor der Technischen Hochschule Berlin-Charlottenburg den „Schnellbetrieb" zur Parole der neuen Zeit. „Die Verwendung hoher Geschwindigkeiten", so Riedler, sei „nicht bloß das Kennzeichen unseres Verkehrs ..., sondern alles technischen Schaffens der Gegenwart überhaupt". …

Der Ingenieur Wilhelm Berdrow, der spätere Haushistoriker der Firma Krupp, schrieb im Jahr 1900 für die „Gegenwart" einen Artikel „Die Technik an der Jahrhundertwende", dessen Grundtenor dahin ging, übertriebene Erwartungen an das neue Jahrhundert zu dämpfen. Große technische Überraschungen erwartete er nicht, ja er glaubte sogar, das 20. Jahrhundert werde ebenso im „Zeichen des Dampfes stehen wie das abgelaufene Säkulum". Um so mehr fällt auf, daß auch er unter dem sinnlichen

Eindruck der damaligen Technik die Erwartung einer allgemeinen und anhaltenden Temposteigerung teilte:

„Gesteigerte Schnelligkeit in allen technischen Betrieben, das wird eine der Hauptdevisen des 20. Jahrhunderts sein. Wie der Telegraph vom gewöhnlichen Schreib- zum Schnelltelegraphen wird ..., wie die Dampf- und Dynamomaschinen, die Werkzeugmaschinen, Hämmer und Pressen, Bohrer- und Nietmaschinen mit immer ungestümerer Eile ihr lautes Werk vollenden, wie ein Kriegsschiff, ein Handelsdampfer in der halben Zeit gegen früher vollendet, eine Lokomotive in wenigen Tagen gleichsam aus dem Nichts geschaffen wird, so drängt es im ganzen Umfang der Technik und Industrie gärend, unaufhaltsam nach der äußersten, angespanntesten Leistung. …

1875 brauchte man mit einem durchgehenden Zug für die 650 Kilometer von München nach Berlin 18 Stunden: Das entsprach einer Durchschnittsgeschwindigkeit von 36 Stundenkilometern. Solange jeder Wagen einzeln und manuell gebremst werden mußte, stieß eine Geschwindigkeitserhöhung bald auf Sicherheitsbedenken. Aber seit den 1880er Jahren gab es die durchgehende und halbautomatische Druckluftbremse; jetzt ertönte in der Öffentlichkeit der Ruf nach einer Steigerung des Tempos. 1892 wurde die preußische Schnellzuglok mit einer Höchstleistung von 100 Stundenkilometern eingeführt; 1907 erreichte eine Lokomotive einen Rekord von 154,5 Stundenkilometer. Die Temposteigerung wurde mit Vibrationen und mit erhöhter Nervenanspannung beim Fahrdienstpersonal erkauft. …

Selbst unter Technikern stieß der Temporausch der Jahrhundertwende immer wieder auf Kritik. Der Rekordehrgeiz – „schneller, höher, stärker“ – entstammte nicht der industriellen Technik, sondern dem Sport; er bietet ein gutes Beispiel dafür, wie der moderne Sport die gesamte Mentalität prägt. Die Techniker sprachen von dem Geschwindigkeitsfimmel manchmal wie von einer Kollektivpsychose, und man erkennt, wie der Nervositätsdiskurs auch die Meinungsbildung unter den Technikern beeinflußte. Das gilt besonders für die Eisenbahntechniker, da die Nervenbelastung durch wachsendes Tempo im Zusammenhang mit der Bahn schon am längsten diskutiert worden war. Ende des 19. Jahrhunderts, schon kurz nach der Einführung der preußischen Schnellzuglok mit einer Spitzengeschwindigkeit von 100 Stundenkilometern, entstand unter Eisenbahntechnikern ein Konsens, daß mehr als 110 Stundenkilometer „schwerlich jemals gestattet werden“ dürften; dieses Argument diente damals zur Abwehr der Propaganda der Elektrolobby, die die Elektrifizierung der Bahn mit den dadurch zu erzielenden Geschwindigkeitssprüngen attraktiv zu machen suchte. Das Tempolimit wurde nicht nur mit Anforderungen der technischen Sicherheit, sondern auch mit dem Nervenargument begründet; der Oberbaurat Stambke, einer der führenden Autoritäten der Eisenbahntechnik, erklärte rundheraus: „Unsere Zeit ist ohnehin schon nervös und hastig genug; man soll dem nicht durch immer größere Geschwindigkeiten noch Vorschub leisten.“

Joachim Radkau: Das Zeitalter der Nervosität (S. 191)

Die Schrift des Wiener Psychologen Alfred Adler (damals bereits von Freud abgefallen) „Über den nervösen Charakter. Grundzüge einer vergleichenden Individual-Psychologie und Psychotherapie“ (1912) war zwar vor allem bezogen auf den individualpsychologischen Bereich und ließ die gesellschaftspathologische Situation weitgehend unberücksichtigt; doch entwickelte Adler ein aus Fallstudien abstrahiertes Bild des Neurotikers, das auch als durchaus typisch für die kulturpubertäre Situation der Zeit angesehen wurde. Denn nicht nur in den individuellen Krankengeschichten, sondern im damaligen kollektiven Seelenbild könne man große Empfindlichkeit, Zerstreutheit, reizbare Schwäche, Suggestibilität, Hang zum Phantastischen und Entfremdung von der Wirklichkeit feststellen.

Nervosität: das war das Ergebnis der Spannung zwischen futuristischem Aufbruch und wehmutsvoll zurückblickendem Fortschrittspessimismus, Symptom einer zwischen Jugend und Dekadenz, Hoffnung und Enttäuschung, Materialismus und Romantik oszillierenden Gestimmtheit, welche die Aporien der Avantgarde genauso in sich trug wie die einer zwischen Progression und Regression schwankenden Wesensart.

Bahnhöfe

Der Topos, d.h. „gleichnishafter Ort", der Nervosität zentral lokalisiert und manifestiert, ist der Bahnhof.

„ ...Welcher Wirrwarr
Auf dem großen Bahnhof.
An allen Schaltern Gedränge.
Viele Sprachen umtönen mich.
Rote Reisebücher stechen aus allen Händen.
In den Hallen und Sälen und Fluren
Wartende,
Sich Treffende,
Schwatzende,
Sich Durcheinanderschlingende,
Schubsende,
Entwirrende..."[61]

Der Eisenbahnreisende ist der nervöse Charakter par excellence; dieser, so Adler, zeige große Empfindlichkeit, ist der Wirklichkeit entfremdet und von reizbarer Schwäche, zerstreut, eben „abwesend". Wer reist, ist dem normalen Lebens- und Arbeitsrhythmus entzogen. Am Bahnhof beginnt der Wettlauf mit der Zeit, deren Maß die Bahnhofsuhr, majestätisch und unbestechlich über allem thronend, anzeigt.

Versäumter Zug

FRAU:	(kommt schwitzend, atemlos mit vielen Koffern gelaufen): Bitt schön, sagens mir schnell, ich hab höchste Zeit, wo muß ich einsteign nach Italien?
PORTIER:	Grad is er weggfahrn.
FRAU:	Jeß Marand Josef!!!
PORTIER:	Wärns drei Minuten früher komma, hättens ihn noch erwischt.
FRAU:	So, dann geh ich noch mal heim und komm drei Minuten früher.
PORTIER:	Dann kommas ja noch später.
FRAU:	Naa, sagns, warum ist denn der Zug grad ausgerechnet heut drei Minuten früher weggfahrn?
PORTIER:	Naa, der Zug ist net drei Minuten früher weggfahrn, Sie san drei Minuten z'spät komma.

FRAU: Das kommt eben daher, wenn man nicht genau weiß, wann der Zug abfährt.
PORTIER: Hättens ins Kursbuch neigschaut, dann hätten Sie's g'wußt.
FRAU: Da hab ich ja neigschaut, aber das stehts nicht drin.
PORTIER: Freilich stehts drin.
FRAU: Ja, wissens, ich hab eben kein Kursbuch daheim, jetzt hab ich in mein Kochbuch neigschaut. Und da stehts nicht drin.
PORTIER: Ja, im Kochbuch steht freilich kein italienischer Zug, höchstens der italienische Salat.
FRAU: Drum hab ich ihn auch nicht g'funden, ja, nicht einmal im Telefonbuch ist er dringstanden.
PORTIER: Sie kunnten ja glei im Katechismus nachschaun.
FRAU: Meinas?
PORTIER: Nein, ich mein nur.
FRAU: Ja, ich mein auch nur. Aber ich kanns nicht glauben, daß der Zug schon weggfahrn ist.
PORTIER: Freilich ist er weggfahrn.
FRAU: Ist der einfach weggfahrn und hat die Reisenden alle dagelassen?
PORTIER: Nein, die sind alle mitgfahrn.
FRAU: Ja, warum ham denn die den Zug nicht versäumt?
PORTIER: Weil die nicht zu spät komma sind.
FRAU: Wenn aber die auch zu spät kommen wärn, wär dann der Zug auch weggfahrn?
PORTIER: Ja, aber rentiert hätte er sich dann nicht.
FRAU: Was hätten dann die Reisenden alle gemacht, wenn sie alle den Zug versäumt hätten?
PORTIER: Auch so dumm dreingschaut hättens wie Sie.

Karl Valentin: Bahnhofsszene (S. 113 f.)

Bereits in der Bahnhofshalle lässt sich erfahren, was Reisezeit ausmacht: Turbulenz und Beschleunigung, die wir freilich oft gar nicht bewusst als solche erkennen, weil wir Akteure in der Orgie des Aufbruchs sind. Wir verdrängen im erwarteten Dortsein schon das Dasein. Nervosität zeigen wir nicht zuletzt darin, dass wir uns der Abfahrtszeit mit Blick auf Fahrplan und Informationstafel immer wieder vergewissern. Wer auf dem Perron noch aufgeregt hin- und hergeeilt ist, etwa in Suche nach einem guten Platz, in Sorge, alles Gepäck gut verstauen zu können, lehnt sich dann freilich entspannt und beruhigt zurück, wenn das Zeichen zur Abfahrt gegeben wird und der Zug sich in Bewegung setzt. Der auf Schienen dahinrasende Zug erweist sich als ein geschlossener, von außen kaum mehr zu beeinträchtigender kleiner Kosmos, als eine Welt für sich, die durch Aufenthalte zwar irritiert, jedoch erst bei der Ankunft wieder aufgelöst wird.

Der russische konstruktivistische Maler und Kunsthistoriker Kasimir S. Malewitsch nannte Bahnhöfe „Vulkane des Lebens", der französische Schriftsteller Blaise Cendrars die „schönsten Kirchen der Welt". Der Lyriker und Romancier Théophile Gautier sprach davon, dass in ihnen, den „Kathedralen der neuen Humanität", die „Religion des Zeitalters", nämlich die der Eisenbahnen, zelebriert werde; sie seien Trefforte der Nationen, Zentren, wo alles zusammenfließe, Kerne riesiger Sterne, deren Eisenstrahlen sich bis zu den Enden der Erde erstreckten. Die ersten deutschen Bahnhöfe spiegelten freilich zunächst noch die biedermeierlich-bescheidenen Anfänge des Eisenbahnwesens, das 1835 mit dem Bau der

Strecke Nürnberg-Fürth begonnen hatte. Um zum Zug zu gelangen, betrat man dort ein fränkisches Häuschen mit Giebeldach und Fensterläden, das ein schön verzierter gusseiserner Zaun umrahmte; er sollte das „Betreten der Eisenbahn durch Schaulustige“ unterbinden, was aber nicht so recht gelang. Die Betriebsbestimmungen besagten, dass zu bestimmten Stunden abgefahren und dies durch zweimaliges Läuten angezeigt werde. Auf das erste Läuten, 5 Minuten vor der Abfahrt, hätten sich die Passagiere im Verwaltungslokal zu versammeln und auf das zweite die Wagen zu besteigen. Die Fahrkarten seien bei den Einnehmern Parterre zu lösen, bei dem Einsteigen vorzuzeigen und bei dem Aussteigen der nötigen Kontrolle willen abzugeben. Die für eine bestimmte Fahrzeit ausgefertigten Karten könnten zu keiner anderen Zeit benützt werden. Handgepäck, sofern es dem Umfang nach nicht hinderlich erscheine oder nicht feuergefährlicher Natur sei, werde unentgeltlich aufgenommen. Das Tabakrauchen in den Wagen der 1. Gattung müsse „verbeten werden“.

Der aufgrund der neu gebauten bayerischen Nord-Süd-Strecke notwendig gewordene zweite Nürnberger Bahnhof, 1846 fertiggestellt, griff architektonisch bereits nach „Höherem“: In Material und Stil dem mittelalterlichen Stadtbild angepasst, entstand ein dreigeschossiges neogotisches Bauwerk, wobei der überdachte Bahnsteig einer Kapelle glich. Daraus entwickelte sich der heutige Nürnberger Hauptbahnhof, der mit seinem prunkvollen Empfangsgebäude (1906) der internationalen Bahnhofsarchitektur voll entsprach. Die Hallen waren geräumig und mit imposanten Säulen versehen.

Die Gebäude wurden immer größer und prunkvoller; sie nahmen, im Historismus, die Gestalt von Palästen und Schlössern sowie Klöstern, Kirchen, gotischen Kathedralen und anderen

Abb. 107
Bahnhof der Nord-Süd-Bahn in Nürnberg 1848. Gemälde von Carl Herrle

Abb. 108
Der Potsdamer Bahnhof in Berlin (um 1860)

Weiheorten (wie griechischen Tempeln) an. „Verankert in den Fundamenten unseres wirtschaftlichen Systems, erbaut auf dem Initialprinzip der Eroberung neuer Gebiete, der Märkte und Profite, ausgerichtet auf einen Idealmythos der Kommunikation von Gütern und Menschen, zu friedlicher Vereinigung der Völker, ist der Bahnhof auf seine Weise der Turm zu Babel unserer Zeit.“ (Jean Dethier)[62]

Abb. 109
Münchner Hauptbahnhof um 1850

Abb. 110
Hamburger Bahnhof in Berlin (um 1860)

Dabei spielten die neuen Baumaterialien Eisen und Glas eine große Rolle, wobei der Erfolg des Londoner Crystal Palace, anlässlich der Weltausstellung von 1851 errichtet, ein wichtiger Impulsgeber war. So wie durch das Ensemble von Schiene und Dampfmaschine die Geschwindigkeit und Kapazität des Verkehrs vervielfacht wurde, vervielfachten Eisen und Glas die Kapazität überdachter Räume. „Beide, die Eisenbahn und die Gebäude der Glasar-

Abb. 111
Bahnhof der Taunus-Eisenbahn in Wiesbaden

Abb. 112
Bahnhof der Taunus-Eisenbahn in Frankfurt

chitektur, sind direkter Ausdruck der multiplizierten Produktivität der industriellen Revolution. Die Bahn bringt die neuen Warenmengen in Zirkulation, die Glasarchitektur – Bahnhöfe, Markthallen, Ausstellungshallen, Passagen – dient als Durchgangsstation und Warenlager. Die Raumkapazität der Glasarchitektur verhält sich zu derjenigen der traditionellen Bauweise wie die Verkehrskapazität der Eisenbahn zum vorindustriellen Verkehr. Der Grund dafür ist die größere Festigkeit und Belastbarkeit des Eisens, dieses Komplements der Glasarchitektur, im Vergleich zu den bis dahin gebräuchlichen Baumaterialien."[63] Die großen Bahnsteighallen wurden zunächst in England entwickelt: weit gespannte, an den Giebelfronten freie Eisenkonstruktionen auf dünnen Säulen, dem Licht oben mit langen Glasbahnen Eingang bietend. – Die Engländer erfanden zudem den Bahnsteig als durchgehende Plattform, der gegenüber nun das (ursprünglich höhere) Gleisniveau zum Einsteigen tiefer lag. Früher hatte man zum Einsteigen Holztreppen bzw. Podeste benützen müssen. Die Empfangsgebäude des Bahnhofs wurden dem nüchternen technischen Bereich als prachtvolle Schauseite, später mit Läden und Lokalen als Verweilzone vorgeschoben.
Mit dem architektonischen „Aufstieg" der Bahnhöfe korrespondierte der Wandel in ihrer Bewertung. Während die Poststationen bevorzugt im Stadtzentrum lagen, in der Regel Teil der nach ihnen benannten Gasthöfe („Zur Post"), wurden die Bahnhöfe zunächst nicht als integraler Bestandteil der Stadt verstanden; sie lagen dementsprechend außerhalb der Stadtmauern bzw. des städtischen Kernbereichs und innerhalb oder in der Nähe der durch die Industrialisierung neu entstehenden Stadtteile. Diese waren mit dem Stigma des Proletarischen behaftet, was die Bahnhofsgegend als „verrufen" abstempelte. Bezogen auf die der Stadt

Abb. 113
Eingangshalle des
Frankfurter Hauptbahnhofs

Abb. 114
Neue Halle Zentralbahnhof
München 1881

zugewandten Seite des Bahnhofs änderte sich das rasch. Mit zunehmendem Passagieraufkommen entstand hier der zentrale Einlass in die Stadt, der, als Portal empfunden, immer eindrucksvoller gestaltet und zusammen mit dem Bahnhofsplatz zur Attraktion wurde. Die Stadt sollte sich für die Anreisenden von ihrer angenehmen Seite präsentieren und für die Abreisenden in guter Erinnerung bleiben. (Die in die industriellen Bereiche einpendelnden Arbeitermassen benutzten den Bahnhof meist durch die stadtabgewandte „Hintertür“.)

Abb. 115
Eingangshalle des Anhalter-Bahnhofs in Berlin, eröffnet am 15. Juni 1880; sie galt als technische Sensation.

Abb. 116
Die Bahnsteige des Frankfurter Hauptbahnhofs (1888)

Die Architekturschauseite des Bahnhofs sollte zudem den Wohlstand der Stadt spiegeln. Die Bourgeoisie wollte sich im Bahnhofsgebäude in Szene setzen; die dort angewandte Ästhetik, ausgerichtet auf luxuriöse Gestaltung, verdrängte jede Anspielung auf die industrielle Arbeitsatmosphäre und sollte als „Überbau" einem „Höheren" dienen. So spielte der Bahnhof eine zentrale Rolle für die Stadtentwicklung. Er wurde zu einem der wichtigsten urbanen Drehpunkte, war Hauptumschlagplatz von Menschen und Gütern. Der Stadtkern verlagerte sich auf den Bahnhof zu; das galt vor allem für den Kopfbahnhof, der von der Mitte des neunzehnten Jahrhunderts an die europäischen Großstädte bestimmte. Seine Funktion bestand darin, zwei verschiedene Arten von Verkehr und Verkehrsraum miteinander zu vermitteln, den Verkehrsraum der Stadt und den der Eisenbahn.
In zahlreichen Städten entstanden ganze Bahnhofslandschaften, vor allem dann, wenn die einzelnen, zunächst privat betriebenen Strecken in Kopfbahnhöfen endeten. In Dresden etwa wurden in Betrieb genommen: 1839 der Leipziger Bahnhof, 1851 der alte Böhmische, 1847 der Schlesische, 1855 der Albert-Bahnhof (spätere Kohlenbahnhof), 1875 der Berliner Bahnhof. – In Berlin begann der Eisenbahnbau 1838; vor den Toren der alten Kazisemauer des 18. Jahrhunderts, an denen Zöllner Abgaben für hereinkommende Waren erhoben hatten, entstanden Kopfbahnhöfe der zunächst eingleisigen Privatbahnen. Von dem Bahnhof in der Nähe des Potsdamer Tors reiste man nach Magdeburg und über Hannover in Richtung Köln. Vom Anhaltischen Tor fuhr eine Bahn ab 1841 nach Köthen, später weiter nach Leipzig, Dresden, Wien, Prag. Der Anhalter Bahnhof mit seiner eindrucksvollen Hallenkonstruktion, die von dem Ingenieur und Schriftsteller Heinrich Seidel entworfen war, wurde zwischen 1874 und 1880 gebaut; Walter Benjamin nannte ihn die „Mutterhöhle aller Eisenbahnen". Er war im Besonderen ein Bahnhof der Prominenz. (Dass der durch Kriegseinwirkung schwer mitgenommene, aber keineswegs baufällige größte und schönste Berliner Kopfbahnhof bis auf die Symbolruine des Portikus in den sechziger Jahren des zwanzigsten Jahrhunderts eingeebnet wurde, gehörte zu den großen Sünden der damaligen, die industriekulturellen Denkmäler missachtenden Stadtplanung.)
Selbst kleinere Bahnhöfe zeichneten sich durch eine großbürgerliche oder sogar feudale Aura aus. 1856 wurde wenige Kilometer südlich von Bonn, gegenüber dem Siebengebirge, an einer der schönsten Stellen des Rheins, der Bahnhof Rolandseck gebaut; hier, an der sogenannten Riviera des Rheinlandes, hatten sich im 19. Jahrhundert Kölner Patrizier niedergelassen; die Privatbahn beförderte sie am Morgen rasch zu ihren Kölner Geschäften und abends in ihre Wohndorados zurück. Der Wohnortbahnhof des Industrieadels war Stätte festlicher gründerzeitlicher Repräsentation.

Abb. 117 (oben)
Andrang an der Bahnsteigsperre des Stettiner Bahnhofs in Berlin (1910)

Abb. 118 (rechts)
Bahnhofswirtschaft Pasewalk (1907)

Gaststätte am Morgen

Es ist 5 Uhr 45, unausgeschlafene Autolandschaft,
als habe damit alles endgültig seinen Platz,
(Nichts mehr anrühren, nichts bewegen!)
Ohnmächtig schluckende Frühaufsteher, Rauch
auf nüchternen Magen, Aktentaschen, aufmuckende
Blicke zwischen den flappenden Pendeltüren.
Frau zieht das Rollo des Zeitungsstandes hoch. Birken. Violetter Schaum.
Es ist noch nicht hell, ein bläulicher Abglanz
des Himmels hängt zwischen den Bäumen.
Postkarren rattern über den Bahnsteig.
Etwas später macht die Gaststätte auf. Wer eintritt bin ich.

Ein Zug ist eingefahren; wenn er steht, hört man ihn
knistern und stöhnen. Das Material erschöpft
und müde.
Vor nicht langer Zeit lag hier Schnee.
Schlafende Parkuhren.
Schlafende Oberleitung.
Diesige Helligkeit schwebt ein, ohne jede Härte wie
– ich muß mich zusammennehmen – die weiche Hand mit
der Äthermaske.
Welch ein Morgen und welch ein Auge darin.
Wie verlassen und müde ich bin.
Wie krank und verwohnt ein Schnellzug vorbeiweht.

Der Kellner nimmt mir die Tasse weg die noch nicht
leer ist. Eine Frau raucht mit gespreizten Fingern.
Daß sie so früh daran denkt die Finger zu spreizen.
Leere Streichholzschachtel auf dem Tisch, Zellophan
und Silberpapier. Das Wasser rauscht im Spülbecken.
Kleine zähe Frau, deren Gesicht neben der Kaffeemaschine
erscheint, wie die Rückblende in einem Zufallsfilm
den noch keiner gesehen hat.

Nicolaus Born: Bahnhof Lüneburg. (S. 212 f.)

Zum einen war der Stadtbahnhof mit seinen „Nebenräumen" (vor allem mit dem Bahnhofsrestaurant) ein Ort des Verweilens; auch diejenigen, die gar nicht verreisen wollten, erwählten ihn als Treffort en vogue – ein Ort mit dem Flair der großen weiten Welt und guter Cuisine (zumindest vor den Fast-Food-Zeiten). Zum Anderen war er im Wesenskern „transitorisch", von Nervosität durchdrungen. Wir durchlaufen ihn und sind mit unseren Gedanken ganz woanders; „denn der Zweck des Besuches ist in der Regel nicht er selbst, sondern der Antritt einer Reise, also der Aufbruch zu einem weiter entfernten Ort. Der eigentliche Sinn eines Bahnhofes ist, passiert zu werden. Das macht ihn zu einer flüchtigen Erscheinung, er nimmt uns auf, nur um uns alsbald wieder abzugeben, wir betreten ihn vorne, um ihn auf der Rückseite beschleunigt zu verlassen – kaum haben wir die Zeit, ihn richtig wahrzunehmen."[64]

Abb. 120 (oben)
„Großer Bahnhof“: Fahrt König Ludwigs I. von Bayern auf der Eisenbahn von Nürnberg nach Fürth (1836)

Abb. 121 (links)
Der Bahnhof ist lange Zeit der Ort für die Staatsempfänge von hochvermögenden Herrschaften und zum Staatsbesuch anreisende Potentaten („Großer Bahnhof“). Prunk und Pomp wurden auch entfaltet, wenn Bahnhöfe eröffnet wurden (hier die Eröffnung des Frankfurter Bahnhofs, 1888).

Abb. 119 (linke Seite)
Bahnhofsrestaurant 1. Klasse, Nürnberg

Abb. 122
Der Schaffner als Schäker. Zu einer Dame, die ihrem Bräutigam beim Abschied Kusshändchen zuwirft: „Fräulein, das Hinauswerfen von Gegenständen aus dem Zug ist strengstens verboten!" (um 1895).

Willkomm und Abschied

Das Gefühl des Transitorischen, das dem Bahnhofserlebnis zu eigen ist, wird besonders durch die Reise-Absicht, das „Reise-Fieber" bewirkt. Der Bahnhof verwandelt den Menschen: als Reisende verlassen wir ihn nicht mehr so, wie wir ihn betreten haben; er wirkt wie ein Katalysator.

„Er bereitet uns auf den Prozeß des Reisens vor, stattet uns äußerlich dafür aus und setzt uns auch innerlich auf die Route. Fast alle seine Dienste gelten dieser Verwandlung, und kaum einer bestätigt den ursprünglichen Zustand." (65) Die bevorstehende Reise entrückt vom Alltagsgeschehen; die Erwartung des Ungewohnten greift um sich. Die Ankunft als Heimkehr lässt wieder in die Normalität eintauchen; kaum hat man Zug und Bahnhof verlassen, ist man in frühere Gewohnheit und Geschäftigkeit eingebunden. Man knüpft ans Zurückliegende an – freilich, je nach der Dauer der Abwesenheit, besorgt oder erfreut ob der Veränderungen, die inzwischen stattgefunden haben. Man erwartet mit einer gewissen Spannung, was inzwischen geschehen ist.

Anders die Ankunft am fernen, unbekannten Ort. Hat der Reisende hier den Bahnhof verlassen, versucht er, in die neue Wirklichkeit einzutauchen, sich in ihr zurecht zu finden, sich ihr anzupassen, aber die Verunsicherung bleibt.

Abb. 123
„Welcher Wirrwarr auf dem großen Bahnhof" – Stau vor den Perrons, die noch geschlossen sind. Ein Neben- und Durcheinander der Reiseziele, Reiseabsichten und Reiseklassen, deren Klassifikation besonders an den Hüten erkennbar ist.

Der Zug rollt aus dem Bahnhof

Der Reisende pflegt, sobald er seinen Platz eingenommen, zu den Zeitungen zu greifen und sich über die Weltlage zu orientieren. Er wirft wohl einen flüchtigen Blick aus dem Fenster, doch sein Vertrauen in den geordneten Ablauf des Bahnwesens, in Weichenstellung, freie Fahrtzeichen, grüne oder rote Lichter und das richtige Schalten in dem entfernten und nur für Befugte zu betretende Stellwerk ist unbegrenzt. Er rollt sorglos an ihm vorbei. Meist aus unschönem Backstein errichtet, ohne Blumen und Frauen, sind diese Häuser kahle Zweckbauten, in denen uniformierte Bahnbeamte Telefonmeldungen entgegennehmen und berufskundig wichtige Hebel bedienen. Der Reisende wirft ihnen kaum einen Blick zu, und der Zug, in dem er es sich behaglich macht, zeigt durch den ihm wohlbekannten Rhythmus geräuschvollen Übergleitens der Schienenabstände, daß die Fahrt sich beschleunigt. Beiläufig nimmt er es mit Befriedigung wahr, denn er will vorwärtskommen und verabscheut die Verspätung.

Sollte dagegen der Zug unerwarteterweise langsamer fahren, oder gar stehenbleiben, so blickt er von der Zeitung auf und aus dem Fenster, um den Anlaß des unerwünschten Aufenthalts zu erkunden. Stets bleibt dieser ihm unbekannt, es sei denn, daß ein mit technischen Vorgängen solcher Art vertrauter Fahrgast eine Bemerkung fallen läßt, auf die der Reisende keine Antwort gibt, weil sie ihn einer Unterhaltung unwert dünkt. Zudem fährt der Zug fast immer nach wenigen Sekunden weiter, nunmehr sogar schneller als vordem; die Lokomotive stößt weißen Rauch aus, der über Schuppen und abgestellte Güterwagen hinwölkt, auch Werbeplakate und Fabriken küsst, doch sich sogleich auflöst, ein Beweis, dass prima Kohle verbrannt wird. Die Gegend ist unschön, doch gelegentlich zeigt sie ein rührendes Bemühen, sich herauszuputzen; winzige Gemüse- und Blumengärtchen tauchen auf, sie gehören zu Hütten, vor denen Kinder stehen und dem vorüberfahrenden Zuge winken, dagegen selten vom Reisenden einen Gegengruß erhalten. Dann kommen die Bahndämme am Stadtrand, mit blühendem Unkraut bestickt, gelben Königskerzen, verwelkten Ginster, Krüppelkiefern, farblosem Strauchwerk. Der Zug macht eine Kurve, und der Reisende, wenn er von der Zeitung her den Blick aus dem Fenster wirft, sieht nun schon Äcker und Wiesen, Bauernhäuser mit Wäsche über der Leine, er sieht weidendes Vieh, eine Landstraße, über die ein Kraftwagen fährt, und endlich den Wald, in den der Zug mit entschlossener Wendung einbiegt.

Abb. 124
Warten auf die Ankunft des Zuges. (Gemälde von Hermann Pleuer, 1905)

Die Stadt ist verschwunden, das Land öffnet seine Arme. Doch der Zug hat keine Zeit, ihm an die Brust zu sinken, er muß pünktlich die nächste Station durchfahren, irgendeinen unbedeutenden Ort, dessen Namen der Reisende nicht kennt, und da steht auch schon der Bahnwärter mit dem roten Fähnchen wachsam vor seinem Hause. Die Schranke ist, wie es sich gehört, niedergegangen, und manchmal bemerkt man vor ihr zwei Radfahrer oder auch ein ungeduldiges Auto, die nun warten müssen, bis alle Wagen vorübergebraust sind, was die Fahrgäste nicht ohne Stolz wahrnehmen, denn Schnelligkeit und Vorfahrtsrecht auf einem ihm allein zugemessenen Wege geben dem, der dieses Rechts teilhaftig wird, das Bewußtsein der Überlegenheit. Der Reisende ist befriedigt, und der Aufenthalt auf dem Bahnhof einer mittleren Stadt, die er selber nicht zu betreten wünscht, verdrießt ihn kaum, es sei denn, daß sein Zug sich ungebührlich lange dort aufhielte oder gar, wie der fachkundige Fahrgast versichert, keine Einfahrt habe. Abermals gibt der Fahrdienstleiter das Zeichen, indem er den Stab mit der grün umrandeten Scheibe hoch emporhebt. Schon gleitet der Reisende an Winkenden vorüber und nähert sich mit leichter Ungeduld, doch von keiner Störung aufgehalten, sicher seinem Ziele.

Frank Thieß: Geister werfen keine Schatten (S. 425)

So wichtig der Bahnhof als Ort der Ankunft ist, für tiefgreifende Gefühle ist er vor allem Ort des Abschieds. Zum Beispiel: Hauptbahnhof München. Auf dem Bahnsteig. In wenigen Minuten geht ein Zug in die Schweiz ab. „Über den ganzen Bahnsteig hin riefen die Beamten aus, die Fahrgäste sollten einsteigen, und sofort kam mehr Bewegung – schnelles Gedräng, eiliges Gestrudel – in die wartenden Freundesgruppen. Man sah Leute einander umarmen, sich küssen, sich innig die Hände drücken, weinen, lachen, sich schnell noch einmal zu einem letzten Kuß umdrehen und dann hastig in den Wagen klettern.“ Die kleinen und die großen, die harmlosen und die tragischen Abschiede, die Ausrufe, Gelübde, Versprechungen, Späße und flüchtigen Anspielungen kurz vor der Abreise empfindet der amerikanische Dichter Thomas Wolfe als Inbegriff der Welt und menschlicher „Geworfenheit“: „Dunkel im Walde, fremd wie die Zeit.“[66] Er erlebt im Augenblick des Eisenbahnabschieds die Vereinzelung und Einsamkeit des Menschen. Eine einzelne Szene unter vielen: „… eine Frau, so schön, daß die Erinnerung an sie das Gedächtnis dessen, der sie sah, auf immer heimsuchen sollte, und ein Mann, der leserlich bereits im dunklen Antlitz die Kinderschrift einer fremden, schicksalsverhängten Begegnung trug. Die Frau, fehlerlos auf der Höhe reifer, strahlender Schönheit, durchdrungen von Leben und Gesundheit bis in die letzte Röte und Ründe der Lippe, war ein Wunder an Lieblichkeit, und die Elemente des Schönen verbanden sich in ihr zu einem Bild von so erlesenen Ebenmaßen und mit einer so rhythmischen Ausgewogenheit, daß man seinen Augen kaum traute, wenn man sie ansah … Der Mann sagte wenig, er sah die Frau einfach an. Seine großen, dunklen Augen, die von den Feuergluten des Todes brannten, hingen an ihr mit Blicken, die sie mit unersättlich heißhungriger Liebeszärtlichkeit geradezu körperlich auffraßen. Er war Jude, ein langer, dürrer Mensch, leichenhaft und so ausgezehrt von einer Krankheit, daß seine Gestalt, verschlungen von einer Hülle teurer Kleidungsstücke, gleichsam verloren und vergessen wirkte.“

Vor der Abfahrt

Karl bringt seine Frau zur Bahn, die beiden Kinder zieht er auf dem Schlitten, und trampfen tut er wie ein Pferd. Er kann leider nicht mitfahren zu den Schwiegereltern, bei diesem Wetter ist er unabkömmlich ...
Er verstaut seine Frau, die einen merkwürdigen Hut trägt, in einem Abteil dritter Klasse, und mit den beiden Kindern geht er zur „Lokomotetive“, wie Robert sagt, schwarz mit roten Rädern.
Das Zischen der Ventile macht großen Eindruck auf den Jungen und auf den Vater auch. Weiße Dampfwolken in klarer frostiger Luft ...
Der Lokomotivführer auf seinem Führerstand guckt gemütlich aus seinem Fenster heraus, der raucht seine Pfeife. Hinter ihm der Heizer, der sieht nicht so propper aus. Der wohnt vermutlich in der Werftgegend.
Ulla, die schon ein Schulkind ist, interessiert sich nicht für Lokomotiven, sie guckt lieber den süßen „Wauwi“ einer Dame an: Es ist ein Fox-Terrier; ein handgestricktes Rückendeckchen trägt er und ein rotes Halsband. Das muß ja schrecklich sein: bei dieser Kälte quasi barfuß laufen ... Jetzt hebt er das Bein. Sehr interessant. Streicheln wird man dieses Tier wohl nicht dürfen.
Ein Mann kommt den Bahnsteig entlang, in rußigem Kittel, einen Hammer hat er, mit einem langen Stiel. Er schlägt ja wohl gegen die Räder? Ob die noch alle heil sind? Auf die Reichsbahn kann man sich verlassen, das wäre ja auch noch schöner.
Nun werden die Kinder in das kühle Abteil gehoben, das die Mutter schon wohnlich

gemacht hat. Sie werden in eine Decke eingeschlagen, kalt wird es werden auf der Fahrt, und Mutti wird viele Geschichten vorlesen müssen – „Vom Schwaben, der das Leberlein gegessen“ –, damit die Kinder nicht zu jammern anfangen. Kinder muß man ablenken, das ist der ganze Witz. An sich ja furchtbar einfach.
Jetzt kommt ein Mann mit einem Handkarren voll Obst, Schokolade und Leibniz-Keks. Es werden Apfelsinen gekauft, und Grethe macht gleich mal eine ab, biegt die Frucht wie eine Seerose auseinander, weshalb sie dem lieben Karl zum Abschied auch nur den kleinen Finger reichen kann.

Walter Kempowski: Schöne Aussicht (S. 202 ff.)

Die Maschine zischt, der Dampf pustet die Wagen entlang, die Reisenden steigen ein. Noch hält der Zug. Es entsteht jene peinliche Pause, während der kein Mensch mehr weiß, was er nun noch sagen soll: der, der den Kopf zum Fenster heraussteckt nicht, und die, die den Freund zum Bahnhof gebracht haben auch nicht. Endlich! Leise ruckt der Zug an – einige mäßig weiße Taschentücher schwenken durch die Luft, Köpfe nicken, Hände winken – Adieu! Adieu! – Auf Wiedersehn! und ein letztes Scherzwort, das einem gerade noch eingefallen ist. Und ein paar stille Tränen. Aus.
Übrigens geht da der Bahnhofsvorsteher, mit einem dicken Buch vorn in der Brusttasche, einer roten Mütze und einem kleinen Signalstock. Er sieht und hört nichts von den Taschentuchleuten und nichts von den Weinenden. Er geht eilig in sein Büro, wo es vertrauensvoll und dienstlich klingelt. Ist das ein abgehärteter Mann! Hat er gar keine Augen? Er sieht das täglich zwanzigmal. Er sieht es nicht mehr.
Denn was man täglich sieht, das bekommt eine andere Färbung – wird zur Maschine – ist schließlich nachher als Erlebnis gar nicht mehr da. Kaum anzunehmen, daß der Bahnhofsvorsteher, auf einem fremden Bahnhof als Fahrgast weilend, den Abschiednehmenden gar so große Aufmerksamkeit schenken wird. Er kennt das alles.

Kurt Tucholsky: Kleine Station (S. 488)

Der Bahnhofsabschied als Gleichnis. „Ungeheure und einsame Himmel wölben sich über uns und zehntausend Menschen gehen uns im Blut um.“ Das Menschengewühl des Bahnhofs mit seinen Augen-Blicken, da wir im Vorübergehen an fremdem Leben teilhaben, sind existentielle Erfahrungen; es ergreift uns die elegische Wenn-einer-fortgeht-Stimmung, die Mascha Kaléko, freilich nun konträr zu der mythisch-pathetischen Art Thomas Wolfes, im Berliner Understatement festgehalten hat:

„Wenn einer fortgeht, gibt man sich die Hände,
Am Bahnhof lächelt man so gut es geht.
Wie oft sind unsrer Sehnsucht Außenstände
Mit einem D-Zug schon davongeweht...

Wenn einer fortfährt, steht man zwischen Zügen,
Und drin sitzt der, um den sich alles dreht.
Man könnte dieses ‚alles' anders fügen
Durch einen Blick, ein Wort vielleicht. – Zu spät.

Wenn einer fortfährt, geht das Herz auf Reisen
Und treibt sich irgendwo allein herum.
Es ist schon manchmal schwer, nicht zu entgleisen.
Die klügste Art zu reden bleibt doch: stumm.

Wenn einer fortging, kann man nichts vergessen,
Und jeder Tag ist ein Erinnerungsblatt.
Wenn einer fortgeht, braucht man nichts zu essen,
Man wird so leicht vom Tränenschlucken satt.

Wenn einer fort ist, gibt es Ansichtskarten
Und ab und zu mal einen dicken Brief.
Ein schweres Verbum ist das Wörtchen ‚warten'
Und ‚lebe wohl!' ein Schluß-Imperativ..."[67]

Abb. 125
Bahnsteig des Lehrter Bahnhofs (Gemälde von Hans Baluschek, 1929)

Abb. 126
Karikatur von Honoré Daumier (über die Annehmlichkeiten des Reisens in der unteren Wagenklasse).

Reisen in Klassen

Bei Gefahren oder im Unglücksfall sitzen zwar alle Passagiere in einem Zug (wie bei der Schifffahrt in einem Boot); aber beim Normalbetrieb zeigt der angebotene Komfort, sozusagen Beschwichtigung gegenüber dem Unbill des Reisens, wesentliche Unterschiede. So berichtet schon Hans Christian Andersen von den ersten Zügen, dass die Wagenreihe drei Abteilungen enthalte: „Die beiden ersten sind bequeme, geschlossene Wagen, ganz wie unsere Diligencen, nur viel breiter, die dritte ist offen und unglaublich wohlfeil, so daß selbst der ärmste Bauer damit fährt, denn das kommt ihn weniger teuer, als wenn er den langen Weg gehen und sich unterwegs im Wirtshaus stärken – oder übernachten müsste."[68]

Dunkelrote Polsterung

Am nächsten Morgen erhielt Trotta drei Tage Urlaub „in Familienangelegenheiten". Um ein Uhr nachmittags verabschiedete er sich von den Kameraden im Speisesaal. Er stieg mit Frau Taußig, beneidet und umjubelt, in ein Kupee erster Klasse, für das er allerdings einen „Zuschlag" gezahlt hatte.
Als die Nacht einbrach, bekam er Angst, wie ein Kind vor der Dunkelheit; und er verließ das Kupee, um zu rauchen, das heißt: unter dem Vorwand, rauchen zu müssen. Er stand im Korridor, erfüllt von verworrenen Vorstellungen, sah durch das nächtliche Fenster die fliegenden Schlangen, die aus den weiß-glühenden Funken der Lokomotive im Nu gebildet wurden und im Nu erloschen, die dichte Finsternis der Wälder und die ruhigen Sterne am Gewölbe des Himmels. Sachte schob er die Tür zurück und ging auf den Zehen ins Kupee. „Vielleicht hätten wir Schlafwagen nehmen sollen!" sagte die

Frau überraschend, ja erschreckend aus der Dunkelheit. „Sie müssen unaufhörlich rauchen! Rauchen dürfen Sie auch hier!“ Sie schlief also noch immer nicht. Das Streichholz beleuchtete ihr Angesicht. Es lag, weiß, vom schwarzen wirren Haar umrandet, auf der dunkelroten Polsterung. Ja, vielleicht hätte man Schlafwagen nehmen sollen. Das Köpfchen der Zigarette glomm rötlich durch die Finsternis. Sie fuhren über eine Brücke, die Räder polterten stärker. „Die Brücken!“ sagte die Frau. „Ich habe Angst, sie stürzen ein!“ Ja, dachte der Leutnant, sie sollen nur einstürzen! Er hatte lediglich zwischen einem plötzlichen Unglück und einem langsam heranschleichenden zu wählen. Er saß reglos der Frau gegenüber, sah die Lichter der vorüberhuschenden Stationen sekundenlang das Abteil erhellen und das bleiche Angesicht der Frau Taußig noch blasser werden. Er konnte kein Wort hervorbringen. Er stellte sich vor, dass er sie küssen müsse, statt etwas zu sagen. Er verschob den fälligen Kuß immer wieder. Nach der nächsten Station, sagte er sich. Auf einmal streckte die Frau ihre Hand aus, suchte nach dem Riegel an der Kupeetür, fand ihn und ließ ihn einschnappen. Und Trotta beugte sich über ihre Hand.
In dieser Stunde liebte Frau von Taußig den Leutnant mit der gleichen Heftigkeit, mit der sie vor zehn Jahren den Leutnant Ewald geliebt hatte, auf der gleichen Strecke, um die gleiche Stunde und, wer weiß, vielleicht im selben Kupee. Aber ausgelöscht war vorläufig jener Ulan, wie die Früheren, wie die Späteren. Die Lust brauste über die Erinnerung hin und schwemmte alle Spuren fort.

Joseph Roth: Radetzkymarsch (S. 140)

Bei den älteren Personenwagen enthielt die 1. Klasse meist 4-6 gut gepolsterte Sitze quer zur Wagenlängsrichtung, manchmal auch 8 Plätze in Richtung der Wagenlängsachse. Die Wände waren mit Tuch ausgeschlagen und die Türen hatten Glasfenster. In der 2. Klasse gab es nur eine einfache Polsterung, und an Stelle der Fenster Wetterschutzvorhänge. Die 3. Klasse hatte einfache Holzbänke; die Wagen waren vielfach ohne Dach und an den Seiten über der Brüstung vollständig offen; doch wurden nach einigen Jahren auch für die 3. Klasse geschlossene Wagen gebaut, da die Belästigung durch Ruß und Funken zu stark war. Heizung kannte man zunächst nicht; allmählich ging man dazu über, in der 1. und 2. Klasse eiserne Fußwärmer aufzustellen, die mit heißem Wasser oder mit heißem Sand gefüllt waren und dann durch Kohleöfen, später durch Dampfheizung ersetzt wurden. Als man auch nachts fuhr, erhielten die höheren Klassen eine Kerzen- oder Öllampe; dem folgten Gas-, Ölgas-, Gasglühlicht und schließlich elektrische Beleuchtung. Aborte gab es zunächst nur im Packwagen, so dass die Benutzer auf einer Zwischenstation umsteigen mussten; später entschloss man sich, Sitzraum zu opfern und die Aborte so einzubauen, dass sie von allen Abteilen zugänglich waren. Die Entlüftung der Wagen wurde über verstellbare Schieber in Türen und Fenstern vorgenommen.
Der Standard hob sich mit der Zeit zwar in allen Klassen, aber eine Egalisierung erfolgte nicht. Da der Komfort in den oberen Klassen im Rahmen des technischen Fortschritts überproportional anstieg, verstärkte sich der Unterschied zwischen „oben“ und „unten“. Man führte sogar eine 4. Klasse ein, die nur Stehplätze enthielt; sie wurde in Süddeutschland bald wieder aufgegeben, hielt sich aber bei Personenzügen in Norddeutschland bis 1928.
Wer in der höheren Klasse reiste, wurde mit besonderer Höflichkeit behandelt. Das war nicht abhängig davon, welcher sozialen Schicht man angehörte, sondern welchen Preis man zahlen konnte; da mochte man auch wie Felix Krull Hochstapler sein: „Der Zug hatte Paris um sechs Uhr verlassen. Die Dämmerung sank, das Licht ging an, und noch schmucker erschien darin

Abb. 127
Noch ist der Dichter Balduin Bählamm allein im Abteil und kann sich ungestört lyrischen Ergüssen hingeben. Die Ruhe ist aber bei der nächsten Station mit Eintritt eines neuen Passagiers dahin.

Abb. 128
Abraham Salomon, Zweite Klasse – Der Abschied (1855)

Abb. 129
Hinaus in die Fremde, Gemälde nach R. Böhm

meine Privat-Behausung. Der Schaffner, schon höher an Jahren, erbat sich die Erlaubnis zum Eintreten durch sachtes Klopfen, legte salutierend die Hand an die Mütze und wiederholte die Ehrenbezeigung, als er mir meine Fahrkarte zurückgab. Dem biederen Manne, dem eine loyale und bewahrende Gesinnung vom Gesichte abzulesen war und der auf seinem Gang durch den Zug mit allen Schichten der Gesellschaft, auch mit ihren fragwürdigen Elementen, in dienstliche Berührung kam, tat es sichtlich wohl, in mir ihre wohlgeraten-vornehme, das Gemüt durch bloße Anschauung reinigende Blüte zu grüßen ... Auch der Mann, welcher Platzkarten für das Diner im Speisewagen anzubieten hatte, meldete sich durch behutsames Klopfen. Ich nahm ihm eine Nummer ab; und da wenig später draußen ein Gong zur Mahlzeit rief, zog ich zwecks einiger Erfrischung meine wohl eingerichtete Handtasche für den Nacht- und Toilettebedarf zu Rate, verbesserte vor dem Spiegel den Sitz meiner Krawatte, und begab mich ein paar Wagen weiter zum Waggon-Restaurant, dessen korrekter Vorsteher mich unter einladendem Gestenspiel zu meinem Platz geleitete und mir den Stuhl unterschob."[69]
In der vierten Klasse sah es wesentlich anders aus:

„... Im Wagen schwankt die Dämmerung,
und Gaslicht schwankt und Schattensprung;
aus rotgewürfeltem Bettzeug sticht
so spitz heraus das kleine Gesicht.

Von Kisten und Kasten eingezwängt,
von Säcken und Decken überdrängt,
schaukelt die Mutter ihr Kind zur Ruh
und summt ein Wiegenlied dazu.

Und rund herum, bedrückt und schwer,
verworrene Worte, hin und her;
Gesichter furchig, knochig, stumpf,
und Menschendünste, dick und dumpf …“[70]

Abb. 130 (oben)
Abraham Salomon, Erste Klasse – Das Treffen (1855); Man ist „unter sich“; die Reisebekanntschaft mit freundlicher Konversation könnte Folgen haben…

Abb. 131 (Mitte)
Ernst Morgenthaler (11.12.1887-7.9.1962), III. Klasse, 1927; Oel auf Leinwand 80 x 80 cm; Kunstmuseum Bern, Staat Bern, Inv. Nr. G 1095

Wagen für Menschen und Güter

„Waggon“ bedeutet, von seiner etymologischen Wurzel her, „Wagen“, wird dann, seit dem 19. Jahrhundert, zur Bezeichnung des Eisenbahnwagens und hier wiederum speziell des Güterwagens verwendet. Die „Hierarchie“ der Eisenbahnwaggons bzw. -wagen, d.h. die Abstufung ihrer Ausstattung, ist abhängig gewesen von der „Klasseneinteilung“ der Fahrgäste – bei einem gemeinsamen Grundmuster; heute sind die noch bestehenden zwei Wagenklassen weitgehend in ihrer Gestaltung einander angenähert.

Abb. 132
Eine schematische Darstellung einer Bahnhofsanlage (in J. F. Reuleauxs „Einführung in die Geschichte der Erfindungen“, 1884), die im Besonderen auch dazu dient, verschiedene Wagentypen vorzustellen.

Abb. 133
Waggonwerkstatt in den Schuckert-Werken in Nürnberg (um 1900)

Abb. 134 (rechte Seite)
Ölgemälde von Eugen N. Neureuther, 1858, mit Darstellung der Cramer-Klettschen Fabrik und ihrer Produkte (Ausschnitt).

Abb. 135
„Mit einer Verzögerung von zehn bis fünfzehn Jahren begleitet das Spielzeug die Eisenbahn. Es bedurfte einer gewissen Zeit, in der das neue Verkehrsmittel so verbreitet und allgemein bekannt werden konnte, um für die Nachbildungen genügend Käufer zu motivieren. So kann man den Beginn der Geschichte des Eisenbahnspielzeugs eigentlich erst um die Jahrhundertmitte ansetzen. Wohl gab es schon vorher vereinzelt Miniatureisenbahnen, auch Goethe ließ sich für seine Enkel eine aus England schicken. Zumeist handelte es sich aber um betriebsfähige Modelle, die von Lokomotivfabriken oder Eisenbahngesellschaften zu Werbezwecken eingesetzt wurden und die mit Spielzeug wenig zu tun hatten. Immerhin brachten Nürnberger Zinngießer unmittelbar nach der Eröffnung der Ludwigsbahn Nachbildungen des ‚Adlers' in der Manier der flachen Zinnfiguren heraus… Seit der Jahrhundertwende erfuhr der Markt für Spielzeugeisenbahnen eine starke Ausweitung. Die führenden Hersteller in Nürnberg und Göppingen boten jeweils eine immer breitere Palette von Fahrzeugen aller Größen und Preisklassen an. Ein reichhaltiges Zubehör füllte die Kataloge, und dem Aufbau großer Anlagen zur spielerischen Nachahmung des Großbetriebes waren kaum Grenzen gesetzt… Heute zählt die ‚Modellbahnergemeinde' nach Hunderttausenden. Überfüllte Ausstellungen und Tauschbörsen, die Masse der alljährlich erscheinenden Neuheiten der Industrie spricht eine deutliche Sprache. Von der Fachpresse etwas herablassend behandelt und dennoch nicht zu übersehen sind die vielen Freunde des alten Eisenbahnspielzeugs, aus dem heute hochbezahlte Antiquitäten geworden sind. Damit sind dem Sammler oft unüberwindliche Grenzen gesetzt, den Spekulanten sind Tür und Tor geöffnet, und es ist bedauerlich, daß der erfolgreiche Aufbau einer Kollektion nicht mehr vom vielbeschworenen Sammlerglück, sondern von der Kapazität des Geldbeutels abhängig ist." (Christian Väterlein)

D=Expreßwagen

in hochfeiner Handlackierung,
mit Drehgestellen, 4achsig, mit Inneneinrichtung (Pullmann-Cars), für grosse Schienenanlagen passend

10228

10288

10286 0	Speisewagen,	Spur 0 = 35 mm, 32 cm lang	per Stück hfl. 6.—
„ 1	„	„ I = 48 „ 50 „ „	„ „ „ 11.40
10228 0	Schlafwagen,	„ 0 = 35 „ 32 „ „	„ „ „ 6.—
„ 1	„	„ I = 48 „ 50 „ „	„ „ „ 11.40
10287/0	Salonwagen,	„ 0 = 35 „ 32 „ „	„ „ „ 6.—
„ 1	„	„ I = 48 „ 50 „ „	„ „ „ 11.40
10288 0	Post- und Packwagen,	Spur 0 = 35 mm, 32 cm lang	„ „ „ 6.—
„ 1	„ „ „	„ I = 48 „ 50 „ „	„ „ „ 11.40

D-Express-Speise- und Schlafwagen

in hochfeiner Handlackierung
Spurweite 0 = 35 mm, I = 48 mm, IV = 75 mm

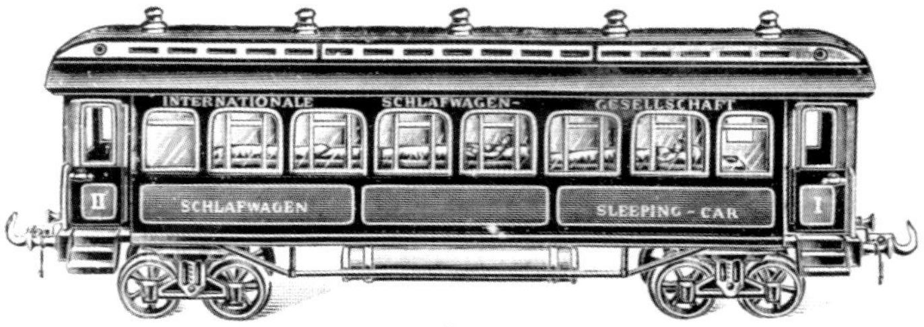

7115

elegante Ausführung auf 4 Achsen = 8 Rädern auf Drehgestellen, mit Türen zum Öffnen, imitiertem Gasbehälter, Harmonikabälgen, sowie vollständiger naturgetreuer Einrichtung und Figuren.

		Speisewagen		Schlafwagen	
Spur	Länge	No.	p. Stück	No.	p. Stück
0	22 cm	**7114** 0	hfl. **4.05**	**7115** 0	hfl. **4.05**
I	35 „	„ /1	„ **7.50**	„ /1	„ **7.50**
IV	55 „	„ /4	„ **21.75**	„ /4	„ **21.75**

D-Express-Post- (und Pack)wagen

in hochfeiner Handlackierung

7116

elegante Ausführung auf 4 Achsen = 8 Rädern auf Drehgestellen, mit Türen zum Öffnen, imitiertem Gasbehälter, Harmonikabälgen, sowie vollständiger naturgetreuer Einrichtung und Figuren.

No.	Spur	Länge	per Stück
7116 0	0	22 cm	hfl. **4.05**
„ /1	I	35 „	„ **7.50**
„ /4	IV	55 „	„ **21.75**

— 160 —

Die Vorstellung, dass es sich bei einem Eisenbahnzug um eine Reihe aneinandergekoppelter Pferde- bzw. Postkutschen handle, bestimmte zunächst die Gestalt der Wagen. Im Untergestell wurden Spurkranzräder eingebaut, die auf Schienen liefen. Bald trug ein verstärktes Gerüst mehrere Aufbauten; so entstanden die Coupéwagen, mit den nach außen aufzuschlagenden Türen. Verschieden waren Form und Material des Aufbaus, die Art der Radanordnung; es gab Wagen mit Mittel- oder Seitengängen, mit Übergang zu den benachbarten Wagen oder lediglich Ein- und Ausstieg ins Abteil von außen. Es wurden Wagen für Nah- und Fernverkehr entwickelt; hinzu kamen Post- und Gepäckwagen, Schlaf- und Speisewagen. Findige Firmen, die häufig über lange Erfahrungen beim Kutschenbau (Chaisenbau) verfügten, stellten ihre Produktion auf Eisenbahnwaggonbau um. Bei den unteren Wagenklassen wurde viel Holz verarbeitet. Weil es sich um einfache, aus Brettern gezimmerte Sitzgelegenheiten handelte, nannte man sie „Holzklasse".

Pionier für den Luxus des Reisens war George Mortimer Pullman (1831-1897) in den USA, ein „Tischler mit Phantasie". Er betrieb mehrere Fabriken; im Süden von Chicago gab es eine „Pullman-Stadt". Die Ausstattungsmerkmale seiner Eisenbahnwagen waren Plüschsitze, Teppichboden, Spiegel und holzvertäfelte Wände. Pullman bot den Komfort eines guten Hotels, unter anderem Abteile mit schwarzem Walnussholz und besten Brüsseler Teppichen. Statt der einfachen Kerzenbeleuchtung hingen Kronleuchter von der Decke und an den Wänden waren französische Spiegel angebracht. Solche Ausstattung war in Europa den „Salonwagen" vorbehalten. Nahezu jede Bahngesellschaft in Deutschland hielt sie für „höchste und allerhöchste Herrschaften bereit". Herrscherhäuser, Adelige und Großindustrielle besaßen vielfach eigene. Salonwagen waren für die Entwicklung des Wagenbaus insofern von großer Bedeutung, als bei ihrem Bau und ihrer Ausstattung stets die neuesten Errungenschaften aus dem technischen Bereich Verwendung fanden, was später dem serienmäßigen Bau von Zugwagen zugute kam.

In Europa folgte der belgische Ingenieur Georges Nagelmackers dem pullmanschen Konzept. Zusammen mit den amerikanischen Ingenieur William D'Alton, der den englischen Markt mit Schlafwagen belieferte, gründete er eine eigene Firma für diese Produktion. Auf seine Initiative hin wurde 1872 auch die erste Gesellschaft zum Betrieb von Schlafwagen für die europäische Eisenbahnlinien ins Leben gerufen.

Der erste richtige Speisewagen war der Firma Ratgeber in München zu danken; sie stellte ihn 1881 vor. Eingeteilt in Raucher- und Nichtraucherabteil bot er insgesamt zwölf Sitze

Abb. 136
Reinhold Nägele: Güterbahnhof (1937) mit einer „Kollektion" unterschiedlicher Güterwaggons

Abb. 137
Rangierbahnhof Maschen bei Hamburg vor der Fertigstellung. „Zum Umstellen der Wagen von einem Güterzug zum anderen dienen Rangierbahnhöfe, früher – in Österreich noch heute – auch Verschiebebahnhöfe genannt. Sie bestehen in der Regel aus Einfahr-, Richtungs- und Ausfahrgruppe; in großen Rangierbahnhöfen sind für beide Richtungen zwei getrennte Systeme vorhanden. In der Einfahrgruppe werden die Wagen mit unterschiedlichen Zielen entkuppelt und von einer Lokomotive über den vor der Richtungsgruppe angeordneten Ablaufberg gedrückt. Im Gefälle rollen die entkuppelten Wagen durch ihre Schwerkraft allein weiter. Jedem Gleis der Richtungsgruppe ist ein bestimmtes Ziel zugeordnet. Durch entsprechendes Umstellen der Weichen vor den einzelnen Abläufen lassen sich die Wagen mit denselben Zielen in den einzelnen Gleisen sammeln. Wenn ein Richtungsgleis voll ist, werden die Wagen gekuppelt und als neuer Güterzug weiterbefördert.“ (Deutsches Eisenbahn-Archiv)

an Tischen mit zwei und vier Plätzen. Dass er in ganz besonderem Maße (dann über seine Demokratisierung) das Flair der großen weiten Welt transportierte und symbolisierte, war den Luxuszügen zuzuschreiben. Als der „Orient-Express“ am 4. Oktober 1883 seine erste Fahrt unternahm, erregte der Speisewagen die besondere Aufmerksamkeit der Menge – so der Journalist Edmond About: „... seine schneeweißen Tischtücher, das funkelnde Geschirr und Besteck, alles bildete einen eindrucksvollen Kontrast zu den schokoladenfarbenen Uniformen der Kellner und zu den Rotweinflaschen auf den Tischen. Im Hintergrund warf der schwarzbärtige, aus dem Burgund stammende Chef strenge Blicke auf den jungen ‚Plongeur', das heißt auf den Geschirrspüler, der auf der offenen Endplattform eben Gemüse wusch.“[71] Es ist zwar eine Legende, dass bei der Fahrt der ersten deutschen Eisenbahn zwischen Nürnberg und Fürth bereits ein Gütertransport in Gestalt von zwei Bierfässern der Brauerei Lederer erfolgt sei, aber dieser war ein wichtiger ökonomischer Faktor, mit dem die Pioniere des

Abb. 138
Die Container-Beförderung revolutionierte den Güterverkehr und brachte ein enges Zusammenwirken von Schiene, Straße und Seeweg.

Eisenbahnwesens dessen Ausbau begründeten. Der rasche Fortschritt im Güterwagenbau, d.h. die Verbesserung des Verhältnisses von Eigengewicht und Ladegewicht, förderte diese Entwicklung. Die ersten Wagen, die um 1840 gebaut wurden, hatten ein Eigengewicht von 5,5 Tonnen, bei einer möglichen Zuladung von 3-4 Tonnen; nach zehn Jahren war das Ladegewicht 10 Tonnen. Der eigentliche Durchbruch erfolgte nach 1860, als die Eisenindustrie Voraussetzungen geschaffen hatte, zunächst für den Rahmen, dann für Teile des Aufbaus Eisen zu verwenden und damit die Festigkeit und Ladekapazität der einzelnen Wagen zu erhöhen. Dazu kamen Verbesserungen beim Zug der Wagen durch die Lokomotive (etwa mit Einführung einer durchgehenden Kupplungsstange) sowie die Anfertigung von Wagen für die verschiedenen Transportgüter.
Die entstehenden Rangierbahnhöfe ermöglichten auf der Basis einer ausgeklügelten Logistik eine möglichst rasche Zuleitung der einzelnen Güterwagen zu ihrem Bestimmungsort. „Der

Abb. 139
Hofzug König Ludwigs II. von Bayern, 1865. Ob es verfassungswidrig sei, wenn Eisenbahnwagen nur für königliche Zwecke zur Verfügung stünden, hatte schon König Ludwig I. von Bayern 1844 den Innenminister von Abel befragt; dieser hatte geantwortet: „... Keine Bestimmung der Verfassungsurkunde steht nach dem unzielsetzlichen Dafürhalten des treugehorsamst Unterzeichneten der Anschaffung und Erbauung solcher Wagen auf Staatskosten entgegen; denn wenn bey der Bestellung der Wagenzüge auf die Abstufung der Classen zu Gunsten der Unterthanen Rücksicht genommen wird, so kann und darf in einem monarchischen Staate dem eigenen regierenden Hause ebenso wenig als auswärtigen Regentenhäusern die gleiche Rücksichtnahme verweigert werden..." Der Salonwagen besaß demnach die Bedeutung einer besonderen, sozusagen königlichen, Wagenklasse im Rahmen der allgemeinen Klasseneinteilung.

Güterverkehr wickelt sich in drei Stufen ab. Nach wie vor sammelt ein Nahgüterzug die auf einer Strecke anfallenden Waggons und Stückgüter ein. Auf dem ‚übergeordneten' Knotenbahnhof wird dieser Zug bei der Fahrt über den Ablaufberg zerlegt. Die einzelnen Waggons laufen je nach ihrem Bestimmungsbahnhof in Richtungsgleise, wo sie durch Rangierer mit dem Bremsschuh abgebremst werden. Die so formierten Züge gehen zum nächsten Knotenbahnhof, werden neu zusammengestellt, und die Fahrt endet nach einer gewissen Zahl von Zwischenläufen und Umstellungen, die sich nach der Länge der Strecke und den betrieblichen Verhältnissen richtet, wieder in einem Nahgüterzug, der Waggons über die Bahnhöfe ‚seiner' Strecke verteilt. Dieser Zug allerdings wurde nicht gleich im Richtungsgleis, sondern dem sich anschließenden Bereitstellungsgleis endgültig formiert, da die Reihenfolge der Wagen sich nach der der Zielbahnhöfe zu richten hat, um unterwegs unnötige Rangiermanöver zu vermeiden."[72]

Der Fahrzeugbestand der Deutschen Reichsbahn im Jahr 1931 kann ein Bild von der Gewichtigkeit der beiden Sektoren Personen- und Güterverkehr vermitteln; vorhanden waren zu diesem Zeitpunkt 65.630 Personen- und 654.022 Güterwagen (in den USA betrug das Verhältnis drei Jahre vorher 54.800 Personenwagen zu 2.346.751 Güterwagen).

Abb. 140
Salonwagen des Fürsten Otto von Bismarck

Luxuszüge

Als Apotheose des vornehmen, komfortablen Reisens galt der Orient-Express (London - Paris - München - Wien - Budapest - Belgrad - Istanbul). Als König der Züge genoss er entsprechendes Ansehen; er war Inbegriff des luxuriösen Reisens, verbunden mit dem geheimnisvollen Zauber illustrer Namen und Geschehnisse – eine faszinierende Synthese zwischen blitzender Technik und lässiger Behaglichkeit. Er kann stellvertretend für die Welt der berühmten Expresszüge der Vergangenheit insgesamt stehen: erlesene Ausstattung, kulinarische Speisen, höflichster Service, ein „erlauchtes Publikum“ (unter Einschluss der Demi-Monde).

Die Verkehrsbedeutung der legendären Züge war freilich recht gering. Die meisten namenlosen Fernschnellzüge beförderten viel mehr Passagiere. Exakte Statistiken über die Zahl der auf den großen Linien beförderten Passagiere liegen nicht vor. Allerdings soll zum Beispiel der Orient-Express ab einer Belegung mit vierzehn Reisenden schon rentabel gewesen sein.

Die Verklärung der großen Luxuszüge erfolgte, weil sie sozusagen eine Verdinglichung des Zeitgeistes, vor allem der durch viel Neureichtum bestimmten „Belle Epoque“ darstellten; mit ihrem Luxus galten sie als Indikatoren des erreichten zivilisatorischen Fortschritts. Wie bei den berühmten Passagierdampfern erreichte ihr Ruhm eine mythische Dimension.

Die komfortablen Wagen der Luxuszüge transportierten eine „geschlossene Gesellschaft“ durch Europa; sie fühlte sich kapitalistisch gesichert und geborgen, freilich auch vom Verbrechen bedroht; so wurde denn der Orient-Express zum Schauplatz mancher Kriminalromane. Agenten benutzten ihn für dunkle Verschwörungen; Partisanen beschossen ihn. Insgesamt jedoch verband der Zug die Ausschnitte der Landschaft, die vorüberflog, zu einem Kolossalgemälde des wohlhabenden „alten Europa“, zusammengehalten vom Bewusstsein einer

Abb. 141
„Mord im Orientexpreß“ (1934) hieß ein berühmter, auch verfilmter Kriminalroman der englischen Autorin Agatha Christie.

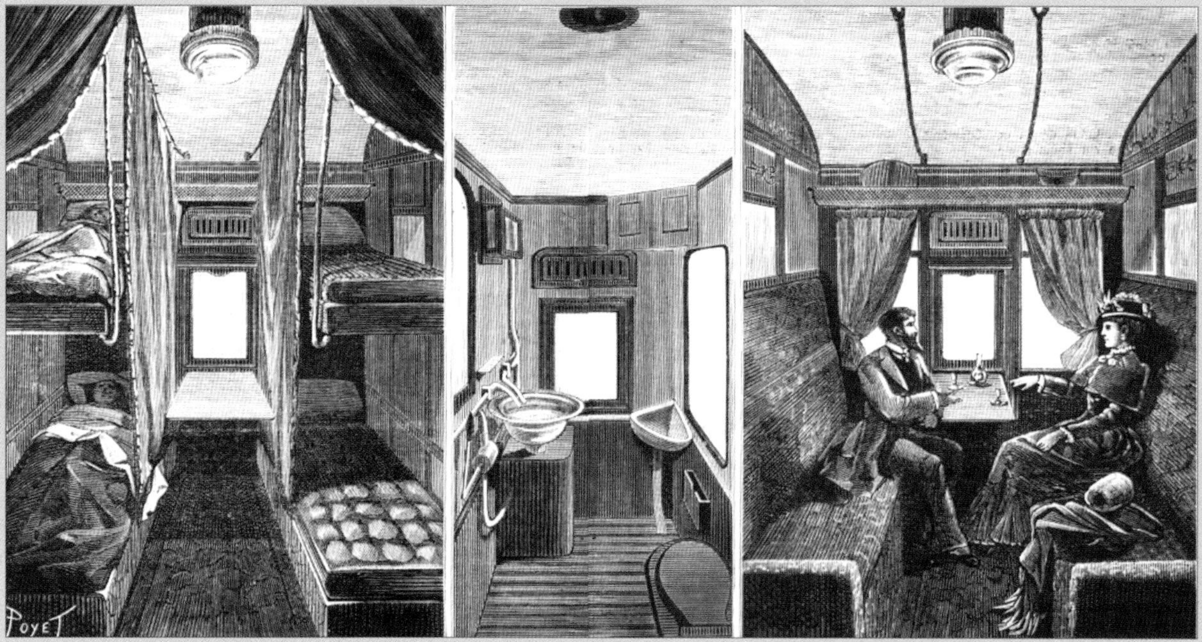

Abb. 142
Innenansicht einzelner Abteile des Orient-Express

Abb. 143
Speisewagen des Orient-Express

Oberschicht, die sich einem kulturellen Weltbürgertum zugehörig fühlte. „Wen aber die Not des Lebens nicht ständig an die nämliche Stelle bannte, der konnte sich aus allen Vorzügen und Reizen der Kulturländer ein neues, größeres Vaterland zusammensetzen, in dem er sich ungehemmt und unverdächtigt erging. Er genoß so das blaue und das graue Meer, die Schön-

heit der Schneeberge und die der grünen Wiesenflächen, den Zauber des nordischen Waldes und die Pracht der südlichen Vegetation, die Stimmung der Landschaften, auf denen große historische Erinnerungen ruhen, und die Stille der unberührten Natur. Dies neue Vaterland war für ihn auch ein Museum, erfüllt mit allen Schätzen, welche die Künstler der Kulturmenschheit seit vielen Jahrhunderten geschaffen und hinterlassen hatten. Während er von einem Saale dieses Museums in einen anderen wanderte, konnte er in parteiloser Anerkennung feststellen, was für verschiedene Typen von Vollkommenheit Blutmischung, Geschichte und die Eigenart der Mutter Erde an seinen weiteren Kompatrioten ausgebildet hatte. Hier war die kühle unbeugsame Energie aufs höchste entwickelt, dort die graziöse Kunst, das Leben zu verschönern, anderswo der Sinn für Ordnung und Gesetz oder andere der Eigenschaften, die den Menschen zum Herren der Erde gemacht haben.“ (Sigmund Freud)[73]
Eine weitere, zumeist übersehene Bedeutungsebene der Luxuszüge war jedoch politisch bestimmt. Bis in die unmittelbare Gegenwart hinein waren grenzüberschreitende Fernzugverbindungen Gegenstand internationaler Politik. Die Geschichte des Orient-Express beweist exemplarisch, dass die Eisenbahn im Sinne zweier einander widersprechender Ziele, nämlich aus sowohl übernationalem als auch nationalem Interesse, instrumentalisiert wurde.
Der übernationale Aspekt bestimmte das Entstehen der Linie: Im Gefolge des Berliner Kongresses von 1878, der eine lange Zeit stabiler europäischer Friedensordnung etablierte, wurden Serbien und Bulgarien verpflichtet, den Bahnbau zwischen Ungarn und Konstantinopel zu betreiben und später mindestens einen internationalen Zug täglich zu übernehmen. Am Beginn des Orient-Express stand also ein Akt europäischer Gemeinsamkeit. Aus dem gleichen Geiste heraus erfolgte im Jahre 1886 auch der Abschluss des „Berner Abkommens“ (L‘Unite technique de Chemins de fer = Festlegung internationaler Normen für den technischen Eisenbahnbetrieb) – ein Meilenstein für die internationale Vernetzung des Eisenbahnverkehrs.
Die gegenläufige Tendenz zur Nutzbarmachung der internationalen Linien in streng nationalstaatlichem Sinne zeigte sich massiv nach 1918, als die Sieger des Ersten Weltkrieges den „Simplon-Orient-Express“ schufen, der unter Umgehung Deutschlands das Eisenbahnmonopol auf der Strecke Paris - Istanbul besaß. Die Motive Frankreichs lassen sich dabei verkürzt auf den Nenner: Revanche und Sicherheit (gegenüber Deutschland) bringen.
Die Bedeutung von grenzüberschreitenden Zügen als Mittel nationalstaatlicher Machtpolitik hatte vorher auch Deutschland erkannt. So wehrte sich Bismarck jahrelang beharrlich gegen die Gründung des „Nord-Express‘ (Paris - St. Petersburg), um eine außenpolitische Union Frankreich - Russland zu erschweren. Im Ersten Weltkrieg wiederum verfolgte der „Balkanzug“ (Berlin - Istanbul) vor allem die wirtschaftliche und politische „Durchdringung“ des Balkans zugunsten Deutschlands.
Wie sehr die Geschichte des Orient-Express Spiegelbild der wechselhaften europäischen Politik war, zeigte sich schließlich noch einmal im Jahre 1932. Seit dieser Zeit verkehrten wieder Salon- und Schlafwagen der „Compagnie Internationale des Wagon-Lits“ auf der Route des alten Orient-Express, d. h. über Deutschland. Deutschland war als gleichberechtigter Partner in die internationale Politik zurückgekehrt.

Rollender Luxus

Die neuen Wagen, die wir einweihen, sind geräumig und bequem. Man kann sich darin nach Belieben ausstrecken, selbst wenn man viel beleibter ist als ich. Der gedämpfte Ton der Räder hinter den geschlossenen Türen und den zugezogenen Vorhängen dringt wie ein ungewisser und monotoner Rhythmus leise an das Ohr des Schlafenden und wird ihm zum Wiegenlied. Der Schlummer nimmt uns auf. Einige entfernte Geräusche übertönen den Lärm des Zuges und zeigen, daß unsere Mitreisenden der Schlaf des Gerechten umfängt. Bevor wir ganz entschlummern, hat die diskrete Hand des Schaffners, der die Tür leise öffnet und wieder schließt, den Vorhang vor der Lampe heruntergezogen. Das Abteil, in transparente Dämmerung gehüllt, rollt durch die Nacht; nur der Pfiff der Lokomotive unterbricht die Ruhe ... In den Schlafwagen der internationalen Gesellschaft befinden sich Klappsitze am Ende des Korridors, welcher vor den Abteilen der Fahrgäste entlangläuft. Dieser Korridor ist wie die Rue de la Paix von Paris. Die schönen Damen, welche in diesen Wagen reisen, begeben sich hier nur „voll bewaffnet" unter die prüfenden Blicke der Passagiere. Hier entfalten sie ihre Grazie, genauso wie auf dem Asphalt, und es geschieht mit gespannten und koketten Mienen, wie sie durch die polierten Scheiben hindurch die Pracht des Grüns der Blumen und des Schnees betrachten, welche der liebe Gott, dieser unsterbliche Meister, vor den Augen der Passanten ausgebreitet hat. Ich habe auf dem rückwärtigen Klappsitz Platz genommen. Das ist ein köstlicher Beobachtungsposten. Die Landschaft flieht unter Ihren Füßen; die Bäche scheinen sich unter die Räder des Wagens zu ergießen; die Gipfel der Berge neigen sich Ihnen zu; die Dörfer und Häuser schmücken sich für Ihre Vorüberfahrt mit einem morgendlichen Sonnenstrahl und vor Ihnen, entlang der Rue de la Paix, bewegt sich der mikroskopische Ausschnitt der Bevölkerung, welcher die kleine, Ihren Beobachtungen ausgesetzte rollende Welt bewohnt.

Orientexpress. Reportage von der ersten Fahrt (S. 9)

Reisekleidung

Wer im Mittelalter auf der Straße zu Fuß einher zog, dem trauten die Sesshaften vielfach nicht „über den Weg". Denn neben Pilgern, Mönchen, Nonnen, Scholaren waren im „fahrenden Volk" (eigentlich per pedes) Söldner, Spielleute, Hausierer, Zigeuner, Bettler, Akrobaten, Taschenspieler, die keinen guten Ruf hatten – „ein pittoreskes klinisches Bild" der Zeit und Gesellschaft. Wenn man jedoch mit Pferd oder mit Pferd und Wagen reiste, war man vom „Volk" abgegrenzt; vor allem die Kleider, wenn sie gediegen bzw. vornehm waren, hoben heraus und „machten Leute". Im Zeitalter der Postkutsche war dies nicht anders: Fehlte das Geld für die Beförderung oder wollte man als romantisch bewegter Wanderer „Gottes Natur" genießen oder war man als Handwerksgesell auf der Walz – ein properes Erscheinungsbild verschaffte Ansehen. In einem „Wanderbuch für junge Handwerker" 1842 wird die gewünschte Reiseausstattung, eben Indikator für Solidität und Seriosität, wie folgt beschrieben: Ein Rock, ein Staubmantel, eine Reisejacke, ein Hut, eine Mütze, ein Paar Schuhe und Stiefel, zwei Paar Beinkleider, zwei Westen, vier Paar Strümpfe, vier Hemden, vier Halstücher, ein Paar Handschuhe, ein paar Nachtmützen und vier Vorhemden. Ferner Dinge, die bei einer Reise unentbehrlich seien: Bürsten zum Reinigen der Kleider und des Schuhwerks, Wichse, Schuhschmiere, Schere, Nadel, Fingerhut, Zwirn, Seide, einige Knöpfe, Seife, Fleckseife, Messer und Gabel, eine Schreibtafel nebst Bleistift, ein Federmesser, eine Landkarte, einen tragbaren Kompass, eine Trinkflasche und Medikamente gegen mancherlei Krankheiten. [74]
Zum Tragen wird eine Reisetasche bzw. ein Tornister empfohlen; ein bloßes Paket nähre üble Vorurteile: es komme der Verdacht der Liederlichkeit auf.
Damit war eigentlich auch schon die Ausstattung des durchschnittlichen Bahnreisenden charakterisiert, jedenfalls wenn er über eine längere Zeit und eine größere Wegstrecke unterwegs

Abb. 144
Proviantkorb (1858)

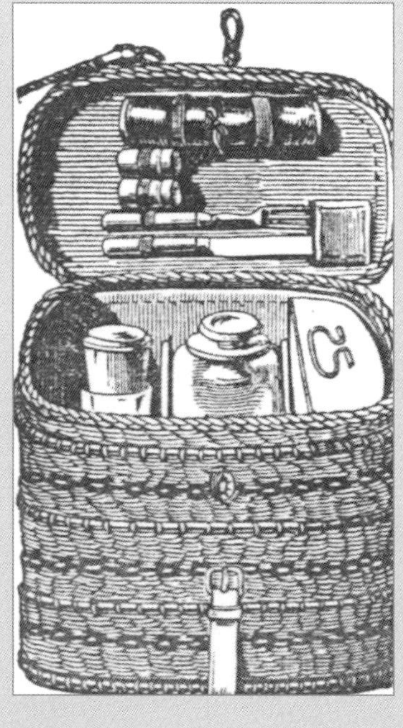

Abb. 145
„Je hübscher die Frau, umso komplizierter die Abreise“ (Claire Goll)

Abb. 146
Plaid mit verstellbaren Trageriemen (1858)

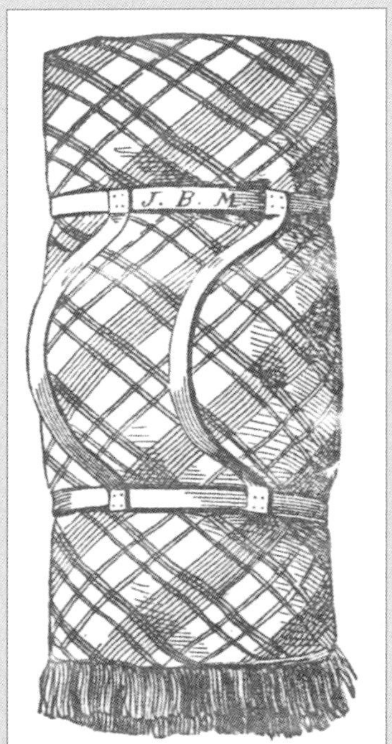

war. Der Kleidungsstoff sollte widerstandsfähig sein; gedeckte Farben, bei denen Staub und Flecken weniger auffielen, wurden empfohlen; eine Ausnahme machte da der helle Staubmantel. Die einzelnen Kleidungsstücke hätten bequem zu tragen, leicht kombinierbar und gut zu pflegen sein. Für den Transport der Reiseutensilien war die „Erfindung“ des Koffers in allen Größen und Güteklassen von großer Bedeutung; seine Abholung und Zulieferung zählte zu den wichtigen Service-Leistungen der Bahn. Auf dem Bahnhof stand zudem ein Heer von Gepäckträgern bereit. Der betuchte Passagier, nicht zuletzt die „Dame von Welt“, konnte also „gut bestückt“ auf Reise gehen und so am Urlaubs- bzw. Kurort elegant mit großer Gardarobe brillieren. Bei zunehmendem Komfort der Wagen und Abteile veränderte sich zudem die Kleidung für unterwegs: sie wurde immer mondäner; das Plaid war bei Damen und Herren gleichermaßen beliebt.

Koffer-Helfer

Ich sah eine kleine elegante Frau, die kaum größer war als ihr riesiger Koffer, den sie mit einiger Anstrengung hinter sich herzog. Jeder versteht, dass Frauen mit vielen Kleidern, Blusen, Röcken und besonders vielen Schuhen reisen wollen. Man wundert sich, dass die Kofferindustrie erst so spät auf diese Wünsche einging. Jetzt schon (in etwa zehn Minuten würde der Zug einfahren) fragte ich mich, ob die kleine Frau genügend Kraft haben würde, ihren überproportionierten Koffer in den Zug zu stellen. Inzwischen war mir der Bahnsteig schon fast ans Herz gewachsen. Ich hätte gern noch eine Viertelstunde länger gewartet. Meine Bahnhofsversunkenheit hatte mich mit mehreren angenehm sinnlosen Problemen vertraut gemacht. Als der Zug einfuhr, sah ich, dass ich die Sorgen der kleinen Frau mit dem großen Koffer falsch eingeschätzt hatte. Ich hatte nicht für möglich gehalten, dass jetzt, als der Zug hielt, gleich mehrere Männer der jungen Frau zu Hilfe eilten. Die kleine Frau konnte wählen, welcher der Helfer ihren Koffer anfassen durfte.

Wilhelm Genazino: Mittelmäßiges Heimweh (S.29)

Abb. 147
Auch eine Überzahl von Gepäckstücken bedeutete für den Bahnreisenden kein Problem.

Abb. 148
Auf den größeren Bahnhöfen standen genügend Gepäckträger zur Verfügung.

Der Inhalt der meist kostbar gestalteten Reisetaschen – Hans Castorp in Thomas Manns Roman „Der Zauberberg“ hat in seinem „grau gepolstertem Abteil“ eine krokodilslederne bei sich – umfasste das, was man während der Bahnfahrt brauchte oder glaubte, brauchen zu müssen: nicht nur Proviant, sondern allerlei Toilettenartikel und die obligatorische Reiselektüre. Die in den Bahnhöfen sich etablierenden Läden, darunter die Bahnhofsbuchhandlungen, befriedigten den Bedarf „in letzter Minute“.

Die Industrie für Reisekleidung und Reisebedarf bediente sich gerne der Lokomotive als

Werbeemblem; so in England, das mit seinen Touristen tonangebend war und im Besonderen die Mode beeinflusste. Schuhe mit breitem niedrigem Absatz und Sportkostüme lösten zum Beispiel in den 80er Jahren des 19. Jahrhunderts die Eleganz französischer Vorbilder ab. „In speziellen Geschäften mit Namen wie English Woolens, Old England, English Warehouse oder Magasin Anglais, zum Teil auch in anderen Läden, konnte man englische Produkte beziehen. Gerne wurden englische Wollwaren gekauft, die sich ihrer Strapazierfähigkeit wegen gut für die Reise eigneten. Klassische Artikel waren das Plaid, die wollene, meist im Schottenkaro gemusterte Reisedecke, sowie Kleidung aus Harris-Tweed, Noppen- und Karostoffen. Wolle hat hervorragende klimaregulierende Eigenschaften. Sie ist in gewissem Maße schmutzabweisend und knitterresistent – kleinere Falten hängen sich in kurzer Zeit wieder aus. Außerdem fallen auf diesem Material Schmutzflecken, die eventuell auf der Reise entstehen, relativ wenig auf.“[75]

Das Eisenbahnunglück

Abb. 149
Max Klinger: Vom Tode I, Auf den Schienen (1899)

In einer Radierung von Max Klinger legt sich der Tod, höhnisch grinsend, auf eine Eisenbahnschiene – symbolisiert wird die Hinterhältigkeit eines abrupten Unfalls. Seit das neue Verkehrsmittel in Betrieb genommen wurde, bewegte die meisten Menschen, zumindest in ihrem Unterbewusstsein, Angst beim Einsteigen und Fahren in einem Zug. Schiene und Schicksal schienen miteinander verkettet. Und das bis heute, wie das ICE-Unglück von Eschede 1998 zeigt.

Mangelhaft gewartet?

96 Menschen sterben sofort. Fünf überleben die Tage nach dem Zugunglück von Eschede am 3. Juni 1998 nicht, 105 weitere werden teils sehr schwer verletzt. … Am 3. Juni 1998 verlässt der ICE 884 „Wilhelm Conrad Röntgen“ München am frühen Morgen in Richtung Hamburg. Bis hinter Celle fährt der Zug mit knapp 300 Fahrgästen an Bord nach Plan – bis um 10.56 Uhr ein Radreifen bricht und der Zug drei Minuten später unmittelbar vor Eschede mit Tempo 200 entgleist. Wagen drei reißt dabei die Rebberlaher Brücke um, an der sich die nachfolgenden Wagen zusammenschieben wie eine Ziehharmonika. … Mangelhaft gewartet? Diese Frage sollte nach dem Unglück auch vor Gericht geklärt werden. Drei Angeklagte beschuldigt die Staatsanwaltschaft

Auch nach zehn Jahren sind die Wunden noch nicht verheilt

Das ICE-Unglück von Eschede: Die Stadt und die Helfer von damals wollen ihre Ruhe, Hinterbliebene sind verbittert über die Bahn

VON ARNO STOFFELS

Dutzende von Helfern suchen in dem völlig verkeilten Wagen des ICE nach den Opfern des Unglücks. Der Zug war wegen eines gebrochenen Radreifens bei Tempo 200 entgleist. Foto: dpa

96 Menschen sterben sofort. Fünf überleben die Tage nach dem Zugunglück von Eschede am 3. Juni 1998 nicht, 105 weitere werden teils sehr schwer verletzt. Zehn Jahre nach der bislang schlimmsten Bahn-Katastro- …

Minuten später unmittelbar vor Eschede mit Tempo 200 entgleist. Wagen drei reißt dabei die Rebberlaher Brücke um, an der sich die nachfolgenden Wagen zusammenschieben wie eine Ziehharmonika. Was den her- …

und der wirtschaftlichen Potenz der Bahn entsprochen hätte“. Deutlich mehr als die 15 000 Euro also, die schließlich ausgezahlt wurden und die Löwen zynisch bemisst. Während die Bahn weiterhin in bestimmten Fällen …

zahlen eine Geldbuße von je 10 000 Euro.

Für Löwen ist das ein Schlag ins Gesicht, der für ihn ähnlich schwer wiegt wie der Verlust der Angehörigen. Wie schwierig es für Juristen ist, …

Rache geht“. Und manch einer sei durch die mangelnde Erfahrung der Bahn im Umgang mit Katastrophen in seinem Zorn bestärkt worden, räumt Krasney selbstkritisch ein.

Er selber habe den weitverzweigten …

Lüneburg nach über dreijähriger Ermittlungsarbeit der fahrlässigen Tötung und Körperverletzung in 101 beziehungsweise 105 Fällen: zwei Ingenieure der Bahn und einen Abteilungsleiter der Bochumer Vereinigten Schmiedewerke, dem Hersteller der Räder. Die Frage, ob eine Radkonstruktion im Einsatz war, die ungenügend getestet und mangelhaft gewartet wurde, kann das Gericht nicht klären. Nach 52 Verhandlungstagen wird das Verfahren eingestellt. Die Angeklagten zahlen eine Geldbuße von je 10.000 Euro.

Arno Stoffels: Das ICE-Unglück von Eschede (Nürnberger Nachrichten, 3.6.2008)

Abb. 150
Beilage zur Zeitschrift „Daheim" Nr. 37, 1882:
Das Bild und der dazu gehörende Text bezogen sich auf ein Eisenbahnunglück bei Heidelberg, bei dem es acht Tote und vierundzwanzig teils schwer Verwundete gegeben hatte. „Welche Unglückshand hatte den Zug auf das Einfahrtgeleise hinübergelenkt, auf welchem in demselben Augenblick der von Mannheim kommende Nachtschnellzug, ebenfalls verspätet, heranbrauste? Noch sind in diesem Augenblick die Akten darüber nicht geschlossen. Doch scheint der sonst unbescholtene Bedienstete durch Mangel an Umsicht – ob infolge von Übermüdung oder aus andern Gründen, muß die Untersuchung ergeben – das Unglück verschuldet zu haben. Kaum war der von Heidelberg abgehende Zug auf das falsche Geleise übergegangen, als der Zugführer desselben den Irrtum wahrnahm und sofort den Zug zum Stehen brachte. Allein es war zu spät. Mit vollem Dampf stürmte der daherbrausende Schnellzug auf den stehenden Heidelberger Zug, und so furchtbar war die Wucht des Zusammenstoßes, daß die vier ersten Wagen des letzteren vollständig zertrümmert wurden… Säße der Weichenwärter auf unsrer Abbildung mit aufgerichtetem Haupt und klarem Blick auf seinem Stein, der nächtliche Gast mit der Sichel hätte sich nicht herangewagt."

Ein anderer Zug fährt schräg hinein

Quer durch Europa von Westen nach Osten
Rüttert und rattert die Bahnmelodie
Gilt es die Seligkeit schneller zu kosten?
Kommt er zu spät an im Himmelslogis?
    FortfortfortFortfortfort drehn sich die Räder
    Rasend dahin auf dem Schienengeäder,
    Rauch ist der Bestie verschwindender Schweif,
    Schaffnerpfiff, Lokomotivengepfeif.

Länder verfliegen und Städte versinken,
Stunden und Tage verflattern im Flug,
Täler und Berge, vorbei, wenn sie winken,
Traumbilder, Sehnsucht und Sinnenbetrug.
    Mondschein und Sonne, noch einmal die Sterne,
    Bald ist erreicht die beglückende Ferne,
    Dämmerung, Abend und Nebel und Nacht,
    Stürmisch erwartet, was glühend gedacht.

Dämmerung senkt sich allmählich wie Gaze,
Schon hat die Venus die Wache gestellt.
Nur noch ein Stündchen! Dann nimmt sich die Straße,
Trennt, was sich hier aneinander gesellt:
    Reiche Familien, Bankiers, Kavaliere,
    Landrat, Gelehrter, ein Prinz, Offiziere,
    „Damen und Herren", ein Dichter im Schwarm,
    Liebliche Kinder mit Spielzeug im Arm.

Nun ist das Dunkel dämonisch gewachsen,
In den Coupées brennt die Gasflamme schon,
FortfortfortFortfortfort, glühende Achsen,
Schrillt ein Signal, klingt ein wimmernder Ton?
    FortfortfortFortfortfort, steht an der Kurve,
    Steht da der Tod mit der Bombe zum Wurfe?
    Halthalthalthalthalthalthalthalthaltein
    Ein andrer Zug fährt schräg hinein.

Folgenden Tags, unter Trümmern verloren,
Finden sie sich zwischen verkohltem Gebein,
Finden sich schuttüberschüttet zwei Sporen,
Brennscheren, Uhren, ein Aktienschein,
    Geld, ein Gedichtbuch: „Seraphische Töne",
    Ringe, ein Notenblatt: „Meiner Camöne",
    Endlich ein Püppchen, im Bettchen verbrannt,
    Dem war ein Eselchen vorgespannt.

Detlev von Liliencron: Der Blitzzug (S. 11 f.)

Eine beliebig herausgegriffene Monatsstatistik – hier November 1893 – besagt, dass sich in diesem Zeitraum auf deutschen Eisenbahnstrecken, ausschließlich Bayerns, 9 Entgleisungen und 3 Zusammenstöße auf freier Bahn, 24 Entgleisungen und 22 Zusammenstöße in Stationen und 259 sonstige Unfälle (Überfahren von Fuhrwerken, Feuer im Zuge, Kesselexplosionen und andere Vorkommnisse) ereigneten. 277 Personen verunglückten; 62 Eisenbahnfahrzeuge wurden erheblich und 177 leicht beschädigt. Von den beförderten Reisenden wurden 5 getötet und 19 verletzt. Von Bahnbeamten und -arbeitern im Dienst wurden 40 getötet und 187 verletzt; an fremden Personen 13 getötet und 13 verletzt. Außerdem wurden bei Nebenbeschäftigungen 34 Bahnbeamte und Bahnarbeiter verletzt.
Das Ausmaß und die Folgen der von Hans Joachim Ritzau minuziös erfassten und beschriebenen deutschen Eisenbahnunglücke bis 1945 machen es verständlich, dass man sie als große Bedrohung empfand. In der Medizin und in den Medien des 19. Jahrhunderts wurden die Folgen (aber auch allein schon die „Katastrophenangst“) für viele der sehr oft diagnostizierten „nervösen“ Krankheiten verantwortlich gemacht – ausgelöst durch Schocks. Seit dem 17. Jahrhundert wird das englische Wort „choc“ in der Bedeutung von „Stoß“, „Schlag“, „Erschütterung“ sowohl im physischen wie im psychischen Sinne verwendet. Es ist dann wohl über das mittelniederländische Wort „schokken“ („zusammenstoßen“) in die romanischen Sprachen und schließlich ins Deutsche übernommen worden. Schock impliziert, dass die Verletzungen beim Bahnunglück bzw. die Angst vor ihm, ein hohes Maß an nervlich-traumatischer Schädigung hervorrufen können. In Hinblick auf die Zahl der beförderten Menschen und die Quantität der transportierten Güter war freilich die Sicherheit des Eisenbahnwesens

Abb. 153
Zwei bizarre Eisenbahnunglücke mit glimpflichem Ausgang. Der Lokomotivführer, der die Bahnhofswand durchstieß, blieb unverletzt. Der Laderaum der aufgebäumten Güterwagen zeigte kaum Beschädigungen.

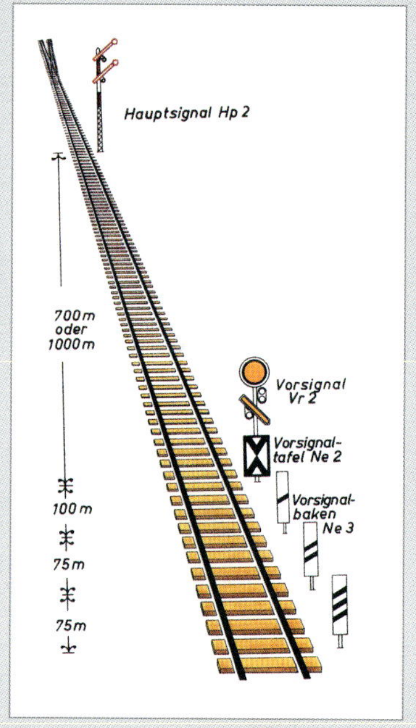

„Wann treffen wir drei wieder zusamm?“
„Um Mitternacht, am Bergeskamm.“
„Auf dem hohen Moor, am Erlenstamm.“
„Ich komme.“
„Ich mit.“
„Ich nenn euch die Zahl.“
„Und ich die Namen.“
„Und ich die Qual.“
„Hei! Wie Splitter brach das Gebälk entzwei.“
„Tand, Tand, Ist das Gebilde von Menschenhand.“

Abb. 154
„Obwohl dem Hauptsignal… der höhere Rang zukommt, hat das Vorsignal in der Praxis die wichtigere Aufgabe. Denn von einer Wahrnehmung hängt es ab, ob der Lokomotivführer die Bremsung rechtzeitig einleitet und damit den Zug bis zum Hauptsignal anhalten kann. Mit erheblichem Aufwand wird deshalb jedes Vorsignal seinerseits vorher angekündigt. Dazu dienen zunächst die Vorsignalbaken, mehrere – mindestens drei – aufeinanderfolgende weiße Tafeln mit einem oder mehreren schwarzen Streifen, nach rechts steigend. … Der Vorsignalstandort selbst ist noch mal besonders gekennzeichnet: durch die Vorsignaltafel, eine schwarz umrandete weiße Tafel mit zwei übereinanderstehenden schwarzen Winkeln, die sich an der Spitze berühren. Die Baken sollen besonders bei schlechten Sichtverhältnissen, im Nebel oder bei Schneefall, die Orientierung erleichtern und die Aufmerksamkeit des Lokomotivführers auf das Vorsignal konzentrieren.“ (Deutsches Eisenbahn-Archiv)

Streben nach Sicherheit

Eine gewisse Naivität kennzeichnete den Beginn des Eisenbahnzeitalter. Man berauschte sich zwar an der Geschwindigkeit der Züge, noch nicht so sehr an der wirklichen, als an der imaginierten; aber die Gefahren, die mit dieser verbunden waren, erkannte man nicht. Doch wurde – vor allem durch erste Unfälle – die Gewalt des Ungetüms, das da heranraste, deutlich. Die Aufmerksamkeit konzentrierte sich darauf, es rasch zum Halten zu bringen. „Jedes Fahrzeug ist so gut wie seine Bremsen. Die Geschichte der Eisenbahn ist allzu oft mit der Suche nach einer leistungsfähigen Bremse identisch. Die erste Eisenbahnkatastrophe – immerhin kamen dabei 16 Menschen ums Leben – wurde von einem unvollkommenen Bremssystem verschuldet. Das war erst sechs Wochen nach der Eröffnung der Eisenbahn

Abb. 155 (rechts)
Die ersten Fahrkartendrucker im Kölner Hauptbahnhof.

Abb. 156-160
Plakat der DB. Bahnhofsuhr mit Zifferblatt für Vormittag und Nachmittag. Fahrdienstleiter am Streckenblock; dieser stellt sicher, dass ein Zug in einen Gleisabschnitt erst einfahren kann, wenn er frei ist. (Aufnahme 30er Jahre des 20. Jahrhunderts.) Verstellbare Körbe und verschiedene Fahnen dienten in der Anfangszeit der Eisenbahn als Signale.

von Stockton nach Darlington. Der Lokomotivführer bemerkte, dass durch einen Pufferbruch die Verbindung zwischen dem ersten Wagen und dem Rest des Zuges unterbrochen war. Die so plötzlich entlastete Lokomotive hatte geradezu einen Satz nach vorne gemacht. Er zog den Bremshebel. Aber sofort fuhren die losgerissenen Wagen mit Krachen und Bersten auf den abgebremsten Zugteil auf."[79]

Abb. 161
Der Fahrplan. Ölgemälde von Julius Fehr (um 1870); zusammen mit Kursbuch und Taschenfahrplänen war er das wichtigste Auskunftsmittel für Reisende; zunehmend wird er ersetzt durchs Internet mit seinen rasch abrufbaren Informationen

Abb. 162
Hans Baluschek: An der Strecke (1932); Bahnwärter mit Frau und Kind – einen Zug erwartend. „Der Bahnwärter darf… seine Strecke nicht verlassen und muß seinen Dienst mit ununterbrochener Aufmerksamkeit besorgen. Wachsamkeit ist die oberste Pflicht.“ (Aus einer Dienstanweisung)

Abb. 163
Für die Bayerische Ostbahn oder den zweiflügeligen optischen Telegraphen wird diese Abbildung zumeist in Anspruch genommen. Ursprünglich aber war die Zeichnung eine Art Moral-Blatt mit dem Text: „Ein wichtiger Dienst bei Tag und Nacht – Doch wird er munter stets vollbracht!“

Die Schwierigkeit beim Bremsen eines Zuges lag darin, dass die Zahl der Räder der Lokomotive und deren Achsendruck dem Gewicht des ganzen Zuges, also der zu bremsenden Masse nicht standzuhalten vermochten. Um dem abzuhelfen, führte man den Beruf des Bremsers ein. Er saß jeweils, bei Wind und Wetter, auf der Stirnseite von Personen- und Güterwagen so hoch, dass er den Zug überblicken und Winksignale vom Lokomotivpersonal sehen konnte. Später gab es geschlossene Bremserhäuschen, die über eine Leiter zu erreichen waren. Am wichtigsten waren für die Bremsregulierung die Pfeifsignale: bei einem Pfiff mussten die Bremsen mäßig, bei drei Pfiffen schnell und hart angezogen werden. Ein langer Pfiff bedeutete „Achtung“ und zwei Pfiffe befahlen das Lösen der Bremsen. Obwohl die Bremser aufeinander eingespielt waren, erfolgte das Bremsen uneinheitlich, was zu unschönen Stößen, manchmal sogar zum Zerreißen der Kupplungen führte. Die Züge wurden aus Wagen mit und ohne Bremseinrichtungen zusammengestellt, denn man war daran interessiert, möglichst wenig Bremser beschäftigen zu müssen. In den USA liefen die Bremser durch die Interkommunikationswagen von Bremse zu Bremse; bei Güterzügen sprangen sie über die Dächer, die mit Laufplanken versehen waren; jeder hatte mehrere Bremsspindeln zu bedienen. 30.000 Bremser sollen in den USA bis 1881 tödlich verunglückt sein.
Im Laufe der Entwicklung – das Experimentieren begann früh – gab es Konstruktionen, bei denen ein durch den ganzen Zug laufendes Seil vom Tender aus aufgewickelt und stramm gezogen wurde, wobei es in allen Wagen die Bremsklötze an die Räder drückte. Bei einem anderen Verfahren lief es über die Wagendächer; da es aber stark unter der Witterung litt (im Winter manchmal steif gefroren), war seine Funktionstüchtigkeit beeinträchtigt. Später bediente man sich der Druckluftbremsen, bei denen man besonders darauf achten musste, dass man beim Zusammenkuppeln der Wagen nicht das Öffnen der Luftableitungssperrhähne an den Wagenübergängen vergaß. Der bekannteste Unfall wegen eines solchen Versäumnisses ereignete sich am 23. Oktober 1885, als auf dem Pariser Bahnhof Montparnasse, einem Kopfbahnhof, ein Personenzug den Prellbock überfuhr, die einen Meter dicke Stirnwand des Bahnhofs durchstieß und auf die vor dem Bahnhof gelegene Straße auf einen Zeitungskiosk fiel, dessen Besitzerin den Tod fand.

Abb. 164 (Mitte)
Als die Waggons noch nicht mit Durchgängen verbunden waren, kletterten die Schaffner auf Außenstegen von Wagen zu Wagen.

Abb. 165 (unten)
Der Schaffner als freundliche Autoritätsperson. Karikatur Ende des 19. Jahrhunderts.

Hans Christian Andersen: Eines Dichters Basar (S. 20)

Aufgestellte Wachen

An jedem Ort am Weg kennt man Stunde und Minute, wann die Wagenreihe eintreffen wird, und wenn der Zug dann in Bewegung ist, hört man schon meilenweit den Ton der Signalpfeife, und dort, wo für gewöhnliche Reisende befahr- und begehbare Nebenwege die Eisenbahn schneiden, schlägt die aufgestellte Wache den hölzernen Schlagbaum nieder, und die lieben Leute müssen warten, bis wir vorüber sind. Die ganze Strecke entlang, all die vielen Meilen, stehen kleine Häuschen, und sie stehen so dicht beieinander, daß die dort aufgestellten Wachen die Fähnchen der Nachbarn sehen und beizeiten dafür sorgen können, dass die Bahn rein, daß kein Stein, kein Zweig auf den Schienen liegt.

Wesentlich für die Sicherheit war die Verständigung zwischen Zug und Außenwelt sowie zwischen den Zügen untereinander. Zunächst fuhr man auf Sicht, so wie die meisten Straßenbahnen heute noch fahren. „Man verließ sich darauf, dass man den Zug schon wegen des Schnaufens und Puffens der Lokomotive, wegen des Rollens der Räder, wegen der ständig klirrenden Ketten, mit denen die Wagen aneinander gekoppelt waren, und nicht zuletzt wegen der häufigen und harten Schienenstöße rechtzeitig hören würde. Die ersten Lokomotiven hatten auch keine Pfeifen. Man würde zudem den Zug sehen, denn man fuhr nicht bei Nacht. Wer wollte auch bei Nacht reisen? Es gab keine Beleuchtung, es gab keine Scheinwerfer, nicht einmal eine Lampe an der Lokomotive.“[80] Doch bald kam es zu einem ausgeklügelten Signal- und Verständigungssystem, das relativ einfach war. Dem Zugpersonal wurden

Abb. 166 und 167
(linke und rechte Seite) Impressionen von den Gleisanlagen eines Großstadtbahnhofs bei Nacht.

Informationen durch Schwenken von Tüchern und Laternen, durch Pfiffe und Hornblasen vermittelt. Was die Sicherheitsabstände zwischen zwei aufeinander folgenden Züge betraf, so wurde die Abfahrt des zweiten Zuges entsprechend verzögert; doch konnte man, wenn ein Zug liegen blieb, sich nur dadurch behelfen, dass man dem nachfolgenden einen Mann mit einer Signalflagge entgegenschickte (und darauf hoffte, dass dieser Zug rechtzeitig zum Halten kam). In Folge behalf man sich mit einer kostspieligen Postenkette, die Signale an den Zug weitergab. Schließlich etablierte man mit Einführung des Bahntelegrafen ein relativ verlässliches Informationssystem entlang der Strecke.

Bei den optischen Signalen – im Besonderen für den Eisenbahnbetrieb charakteristisch – brachte erst die 1875 aufgrund der Reichsverfassung beschlossene „Signalordnung für die Eisenbahnen Deutschlands" Einheitlichkeit in die bisherige Vielfalt. „Heute unterscheidet man zwischen Formsignalen (zum Beispiel Signalflügel, Signalscheiben und so fort)) und Lichtsignalen, die weniger störanfällig sind. Verwendet werden die drei Farben, die auch vom Straßenverkehr adaptiert worden sind: Rot (für Halt), Grün (für Fahrt) und Gelb (beim Vorsignal zum Beispiel für ‚Zughalt erwarten'). Zuerst wurden die Signale von Hand bedient und zugleich mit den Weichen ‚gestellt'. Um die Jahrhundertmitte vereinigte man die Bedienung der Weichen und Signale in mechanischen Stellwerken. Über Hebel, Drahtzüge und -gestänge – eine im Winter oft schwere Arbeit – wurden die Signale und Weichen fernbedient… Bei den Kraftstellwerken um die Jahrhundertwende wurde das Stellen hydraulisch, durch

Rotes Licht bedeutet „Halt", grünes „Fahrt". Kein Zug könnte indessen rechtzeitig stehen bleiben, würden die entscheidenden Signale nicht im „Bremswegabstand", meist tausend Meter vorher, durch Vorsignale angekündigt. Dort bedeuten zwei gelbe Lichter „Halt erwarten", zwei grüne „Fahrt erwarten", ein gelbes und ein grünes „Langsamfahrt erwarten". In diesem Fall leuchtet auch am Hauptsignal das grüne Licht mit einem gelben kombiniert, jedoch nicht schräg, wie am Vorsignal, sondern senkrecht untereinander

Abb. 168
Signalanlage am Tage. Der obere Flügel des Hauptsignals bedeutet waagrecht „Halt“, schräg nach oben „Fahrt“; beide schräg signalisieren „Langsamfahrt“.
Das Signalbuch der früheren Bundesbahn – und da hat sich wenig geändert – enthält rund sechzig weitere Zeichen, einschließlich solcher, die oftmals nicht für Signale gehalten werden, z.B. die Lichter vorn an den Zügen, die Pfeiftöne der Lokomotiven, das Schlusslicht am letzten Wagen oder der grün-weiße Befehlsstab, mit dem die Züge auf die Reise geschickt werden.

Druckluft oder elektrisch ausgeübt. Von hier führt der Weg zum Relaisstellwerk und endlich zum sogenannten DR = Drucktasten oder Gleis-Bildstellwerk. Auf einer Art Pulttafel sind in kleinem Maßstab alle Gleise, Weichen, Signale und die fahrenden Züge durch aufleuchtende Punkte und Striche sichtbar. Zur Durchfahrt eines Zuges muß der Stellwerkswärter nur eine Taste im Einfahrgleis des Zuges und eine Taste im Ausfahrgleis drücken, und alle notwendigen Weichen und Signale sind gestellt; alle anderen Einfahrten oder Weichenbewegungen zu diesem Durchfahrgleis hin gesperrt. Den gesicherten Fahrweg bezeichnet man als Fahrstraße. Die Festlegung der Fahrstraße durch Tastenddruck ermöglicht erst die Signalstellung. Die letzte Achse des durchlaufenden Zuges löst dann die Festlegung auf.“[81]

Zu spät

Der schlesische Schnellzug war gemeldet, und Thiel mußte auf seinen Posten. Kaum stand er dienstfertig an der Barriere, so hörte er ihn auch schon heranbrausen.
Der Zug wurde sichtbar – er kam näher – in unzählbaren, sich überhastenden Stößen fauchte der Dampf aus dem schwarzen Maschinenschlote. Da: ein – zwei – drei milchweiße Dampfstrahlen quollen kerzengerade empor, und gleich darauf brachte die Luft den Pfiff der Maschine getragen. Dreimal hintereinander, kurz, grell, beängstigend. Sie bremsen, dachte Thiel, warum nur? Und wieder gellten die Notpfiffe schreiend, den Widerhall weckend, diesmal in langer, ununterbrochener Reihe.

Thiel trat vor, um die Strecke überschauen zu können. Mechanisch zog er die rote Fahne aus dem Futteral und hielt sie gerade vor sich hin über die Geleise. – Jesus Christus – war er blind gewesen? Jesus Christus – o Jesus, Jesus, Jesus Christus! was war das? Dort! – dort zwischen den Schienen ... „Haalt!" schrie der Wärter aus Leibeskräften. Zu spät. Eine dunkle Masse war unter den Zug geraten und wurde zwischen den Rädern wie ein Gummiball hin und her geworfen. Noch einige Augenblicke, und man hörte das Knarren und Quietschen der Bremsen. Der Zug stand.

Die einsame Strecke belebte sich. Zugführer und Schaffner rannten über den Kies nach dem Ende des Zuges. Aus jedem Fenster blickten neugierige Gesichter, und jetzt – die Menge knäulte sich und kam nach vorn.

Thiel keuchte; er mußte sich festhalten, um nicht umzusinken wie ein gefällter Stier. Wahrhaftig, man winkt ihm – „nein!"

Ein Aufschrei zerreißt die Luft von der Unglücksstelle her, ein Geheul folgt, wie aus der Kehle eines Tieres kommend. Wer war das?! Lene?! Es war nicht ihre Stimme, und doch ...

Ein Mann kommt in Eile die Strecke herauf.

„Wärter!"

„Was gibt's?"

„Ein Unglück!" ... Der Bote schrickt zurück, denn des Wärters Augen spielen seltsam. Die Mütze sitzt schief, die roten Haare scheinen sich aufzubäumen.

„Er lebt noch, vielleicht ist noch Hilfe."

Ein Röcheln ist die einzige Antwort.

„Kommen Sie schnell, schnell!"

Thiel reißt sich auf mit gewaltiger Anstrengung. Seine schlaffen Muskeln spannen sich; er richtet sich hoch auf, sein Gesicht ist blöd und tot.

Er rennt mit dem Boten, er sieht nicht die todbleichen, erschreckten Gesichter der Reisenden in den Zugfenstern. Eine junge Frau schaut heraus, ein Handlungsreisender im Fez, ein junges Paar, anscheinend auf der Hochzeitsreise. Was geht's ihn an? Er hat sich nie um den Inhalt dieser Polterkasten gekümmert; – sein Ohr füllt das Geheul Lenens. Vor seinen Augen schwimmt es durcheinander, gelbe Punkte, Glühwürmchen gleich, unzählig. Er schrickt zurück – er steht. Aus dem Tanze der Glühwürmchen tritt es hervor, blass, schlaff, blutrünstig. Eine Stirn, braun und blau geschlagen, blaue Lippen, über die schwarzes Blut tröpfelt. Er ist es.

Thiel spricht nicht. Sein Gesicht nimmt eine schmutzige Blässe an. Er lächelt wie abwesend; endlich beugt er sich; er fühlt die schlaffen, toten Gliedmaßen schwer in seinen Armen; die rote Fahne wickelt sich darum.

Er geht.

Wohin?

„Zum Bahnarzt, zum Bahnarzt", tönt es durcheinander.

„Wir nehmen ihn gleich mit", ruft der Packmeister und macht in seinem Wagen aus Dienströcken und Büchern ein Lager zurecht. „Nun also?"

Thiel macht keine Anstalten, den Verunglückten loszulassen. Man drängt in ihn. Vergebens. Der Packmeister läßt eine Bahre aus dem Packwagen reichen und beordert einen Mann, dem Vater beizustehen.

Die Zeit ist kostbar. Die Pfeife des Zugführers trillert. Münzen regnen aus den Fenstern. Lene gebärdet sich wie wahnsinnig. „Das arme, arme Weib", heißt es in den Coupes, „die arme, arme Mutter."

Gerhart Hauptmann: Bahnwärter Thiel (S. 36 ff.)

Der Zugführer trillert abermals – ein Pfiff – die Maschine stößt weiße, zischende Dämpfe aus ihren Zylindern und streckt ihre eisernen Sehnen; einige Sekunden, und der Kurierzug braust mit wehender Rauchfahne in verdoppelter Geschwindigkeit durch den Forst.
Der Wärter, anderen Sinnes geworden, legt den halbtoten Jungen auf die Bahre. Da liegt er da in seiner verkommenen Körpergestalt, und hin und wieder hebt ein langer, rasselnder Atemzug die knöcherne Brust, welche unter dem zerfetzten Hemd sichtbar wird. Die Ärmchen und Beinchen, nicht nur in den Gelenken gebrochen, nehmen die unnatürlichsten Stellungen ein. Die Ferse des kleinen Fußes ist nach vorn gedreht. Die Arme schlottern über den Rand der Bahre.

Zur Sicherheit im Zug kommt die Sicherheit vor dem Zug. Bei Bahnübergängen bedeutet dies Schranken, Blinklichter oder die Kombination von Blinklichtern und (Halb-)Schranken. Lange Zeit erfolgte die Bedienung der Schranken durch Bahnwärter.
In den Grenzen von 1937 gab es in Deutschland etwa 100.000 Bahnübergänge, 1984 bestanden noch 23.417, davon etwa 12.000 an Feld-, Wald- und Wiesenwegen ohne technische Sicherung. Ein weitgehender kreuzungsfreier Ausbau mit Unter- und Überführungen war und ist das Ziel.
Der Beruf des Bahnwärters im umfassenden Sinne ist inzwischen ausgestorben. Seine Aufgabe war nicht nur die Sicherung der Übergänge; er musste den ihm zugewiesenen Streckenabschnitt (von ein bis zwei Kilometern), was den Zustand der Bahnanlage und -gleise betraf, überwachen und auch kleinere Reparaturen ausführen. Der Bahnwärter wohnte meist im Bahnwärterhaus, das für ihn errichtet wurde; es bot „Raum zur gesunden Unterbringung einer Familie“. Seine Tätigkeit war sehr verantwortungsvoll; er stünde mit dem einen Fuß nahe an der „Kurbel“, mit dem anderen nahe am Zuchthaus. Zugleich wurde die Idyllik seiner Existenz romantisch verklärt.

Das Häuschen an der Bahn

Steht ein Häuschen an der Bahn,
hoch auf grünem Hügelplan.

Tag und Nacht, in schnellem Flug,
braust vorüber Zug um Zug.

Jedesmal bei dem Gebraus
zittert leis das kleine Haus –:

„Wen verläßt, wen sucht auf
euer nimmermüder Lauf?“

„Oh nehmt mit, oh bestellt
Grüße an die weite Welt!“

Abb. 169
„Steht ein Häuschen an der Bahn“ – diesmal inmitten einer grünen Garten-Oase.

Rauch, Gestampf, Geroll, Geschrill...
Alles wieder totenstill.

Tag und Nacht dröhnt das Gleis.
Einsam Häuschen zittert leis.

Christian Morgenstern: Meine Liebe ist groß wie die weite Welt (S. 201)

Bei aller rasanten wie imposanten Verbesserung der technischen Sicherheitssysteme mit ihrer heute ausgeklügelten digitalen Vernetzung – vom Betätigen des schweren Hebels zum fingerleichten Knopfdruck – ist ein Unsicherheitsfaktor weitgehend geblieben: der Mensch. Aber auch ihn versucht man, was seine Mängel betrifft, zu „meliorisieren“, bis man ihn, durch die computergesteuerte Eisenbahn, eines Tages ganz „aus dem Verkehr“ ziehen kann. Zurzeit ist die „induktive Zugbeeinflussung“ (Indusi), mit experimentellen Vorläufern seit Mitte der 20er Jahre des vergangenen Jahrhunderts, die einigermaßen verlässliche Gewähr für die Ausschaltung menschlicher Unzulänglichkeit. „ ‚Indusi‘ macht die Sicherheit des Zuges unabhängig von der Aufmerksamkeit des Lokomotivführers. Relaismagneten sind an den Schienen und unter den Lokomotiven angebracht. Eine solche Indusi-Anlage arbeitet mit drei Frequenzen (2000, 1000 und 500 Hertz), um ‚möglicherweise unterlassene Handlungen und Fehlhandlungen des Lokführers auszugleichen‘. Alle Schnellfahrstrecken und die entsprechenden Triebfahrzeuge der DB sind inzwischen damit ausgerüstet worden. Die 1000-Hertz-Frequenz dient der Wachsamkeitsüberwachung. Dem Lokomotivführer wird ein akustische Warnsignal gegeben, wenn er nach Vorbeifahren an einem auf Warnstellung stehenden Vorsignal nicht die Geschwindigkeit ermäßigt. Dasselbe gilt vor Langsamfahrstellen. Danach erfolgt eine Geschwindigkeitsüberprüfung (500 Hertz), die sicherstellt, daß der Lokomotivführer nicht irrtümlich, weil er vielleicht bei der Vielzahl von Signalen einer Bahnhofseinfahrt einer Verwechslung erlegen ist, die Geschwindigkeit wieder erhöht. In diesem Falle wird durch die 2000-Hertz-Frequenz eine Zwangsbremsung ausgelöst. Zum ausnahmsweisen Überfahren eines in Haltstellung stehenden Signals ist eine Befehlstaste zu drücken."[82]

Der Weg zur deutschen Reichsbahn

Schon Friedrich List hatte bei seiner Begründung für die Notwendigkeit eines deutschen Eisenbahnsystems hervorgehoben, dass dadurch ein wichtiges Nationalverteidigungsinstrument geschaffen werde, denn es erleichtere die Zusammenziehung, Verteilung und Direktion der Nationalstreitkräfte. Er dachte dabei an die Schaffung eines deutschen Reiches, das dann als „kleindeutsche" Lösung (also ohne Österreich) 1871 verwirklicht wurde. Das Verkehrswesen, so Heinrich von Treitschke, habe den Weg dorthin wesentlich mit vorbereitet; die technische Rationalität mit dem Ziel der Vernetzung der Strecken verlangte eine Kooperation von Staaten und Bürgern, die der nationalen Zentralisation förderlich waren. „Wo immer mit dem Bahnbau begonnen wird und welche lokalen Gesichtspunkte dabei auch maßgebend sind – mit der wachsenden Verknüpfung werden die Teile zu Bausteinen des nationalen Bahnnetzes. … ‚Der Vaterlandsfreund', so liest man auf einem Stahlstich, erschienen zur Eröffnung der Ludwigs-Eisenbahn, ‚freut sich schon im Geist der Zeit, wo die Ludwigs-

Abb. 170
Abfahrt eines Truppentransports, Verabschiedung durch Angehörige; Erster Weltkrieg.

Abb. 171
Adolph von Menzel: Truppentransport mit Personen- und Güterwagen (vor 1870).

Eisenbahn ihre Arme weit ausbreiten wird, um Städte und Länder segnend zu verknüpfen.' Für die Eisenbahn sei kein Opfer zu groß, wegen ihrer ,Bedeutung für Deutschlands Verkehr und zur Wohlfahrt des gesamten deutschen Vaterlandes'. Aus der Perspektive der bürgerlichen Eisenbahnbauer ist somit jeder Schienenkilometer ein Beitrag zur nationalen Einigung." (Markus Völkel) [83]

Das ging nicht ohne Spannungen ab, da sich auch beim Eisenbahnbau die mittleren und kleineren Staaten, vor allem Sachsen, gegenüber der dominanten Macht Preußen behaupten wollten. Eine optimale Streckenführung wurde dadurch oft verhindert. Dazu kamen partikulare Interessen; so begann das Großherzogtum Baden zunächst den Bahnbau mit einer abweichenden Spurweite, um Umladegewinne zu kassieren. Das Königreich Hannover verbot 1854 Eisenbahnschnell- und Nachtzüge, um vom „Nachtstapel" und den Übernachtungen zu profitieren.

Bereits vor 1848 spielten strategische Rücksichten beim Bau bzw. der Linienführung neuer Eisenbahnen eine große Rolle. 1852 schuf sich Preußen eine sichere, schnelle, von Hannover unabhängige Ost-West-Verbindung an den Rhein. Die preußische Bahn, die nach Bromberg führte und Jahr für Jahr weiter ausgebaut wurde, diente der strategischen Absicherung der Ostgrenze. Als 1870 der Krieg bevorstand, erfolgte der deutsche Aufmarsch an die französische Grenze mit Hilfe der Eisenbahnen in erstaunlicher Schnelle. In rund 1300 Transporten rollten 550.000 Mann und 160.000 Pferde in den Westen. Die Geschwindigkeit und Präzision des deutschen Aufmarsches in den ersten drei Wochen des Krieges sind mit eine Ursache für den deutschen Sieg gewesen – zumal vom französischen Militär die Eisenbahn vergleichsweise schlecht genutzt wurde. Nach dem gewonnenen Krieg wurden die Bahnen Elsaß-Lothringens mit einer Streckenlänge von 766 km als Reichseisenbahnen dem neu gegründeten Reich, und zwar dem Reichskanzler unmittelbar, unterstellt.

Abb. 172
Der Waffenstillstandswagen von Compiègne beim Transport durch das Brandenburger Tor in Berlin; Adolf Hitler ließ in dem Wagen, in dem 1918 die deutsche Waffenstillstandskommission unter Matthias Erzberger gegenüber der französischen Delegation unter Marschall Ferdinand Foch die Kapitulation unterzeichnet hatte, 1940 die Bedingungen für die französische Niederlage im Zweiten Weltkrieg unterzeichnen; der Wagen wurde dann, ehe die Alliierten 1945 ihrerseits als Sieger in Berlin einrückten, gesprengt. In der Gedenkstätte von Compiègne steht heute ein Ersatzwagen.

Nach der Reichsgründung verstärkten sich generell die Tendenzen, auch aus volkswirtschaftlichen Gründen, die Vereinigung aller Bahnen in den Händen des Staates vorzunehmen. In der Reichsverfassung von 1871 wurde zwar festgelegt, dass im Interesse des allgemeinen Verkehrs die deutschen Eisenbahnen wie ein einheitliches Netz zu verwalten und die neu herzustellenden Bahnen nach einheitlichen Normen anzulegen und auszurüsten seien, doch blieben die Eisenbahnen „Landessache in Landesverwaltung mit mäßigster Reichsaufsicht“ (so ein Kommentar zur Reichsverfassung 1904).[84] Bismarck gelang 1873 immerhin die Errichtung eines Reichseisenbahnamtes, dessen vorrangige Aufgabe die Vorbereitung eines Reichseisenbahngesetzes und Tarifvereinheitlichung sein sollte. Im Rahmen des Ersten Weltkrieges wurde das gesamte Eisenbahnnetz in den Kriegsbetrieb überführt; die Reichsverfassung bot in einem Grundsatz dazu die Möglichkeit. Auf den dreizehn nach Westen führenden Linien fuhren während des Aufmarsches täglich 660 Transporte; in 11.000 Transporten wurden über 3 Millionen Mann und 860.000 Pferde an die Front im Westen geschafft. Dazu kam der Transport des Nachschubs. Zentrum der Planung war die Eisenbahnabteilung des Großen Generalstabs, der die Linienkommandanturen, die sich am Sitz der einzelnen Eisenbahndirektionen befanden und mit diesen zusammenarbeiteten, unterstanden. Auch an anderen Fronten, in Italien, in Polen, Russland und Rumänien, in der Türkei, Mesopotamien und Palästina waren deutsche Eisenbahner und deutsche Eisenbahn-Betriebsmittel eingesetzt. „Nur bei voller Ausnutzung der Schienenwege der Heimat und der besetzten Gebiete sowie in innigster Zusammenarbeit mit den Eisenbahnorganisationen der verbündeten Mächte war die deutsche Heeresleitung befähigt, die ungeheueren Räume des Weltkrieges zu beherrschen und den Anforderungen des Mehrfrontenkrieges zu entsprechen“, heißt es im Vorwort zur Darstellung des Feldeisenbahnwesens, dem zwei Bände des Generalstabswerkes „Der

Weltkrieg 1914-1918“ gewidmet sind. „Bei rückhaltsloser Anerkennung der Mitwirkung unserer Verbündeten darf von dem deutschen Feldeisenbahnwesen mit Recht gesagt werden, daß es das Rückgrat und die Lebensader des ausgedehnten Netzes gemeinschaftlicher Verbindungen darstellte. Es besaß von Anfang an eine Ausdehnungsfähigkeit und Biegsamkeit, die es zur Anpassung und Beherrschung auch der schwierigsten operativen, technischen und wirtschaftlichen Lagen befähigte. Wie auf allen Gebieten kriegerischer Betätigung spielte auch auf dem des Feldeisenbahnwesens die Persönlichkeit die entscheidende Rolle. Hier war es neben dem leitenden Chef der deutsche Eisenbahner in allen seinen Dienstgraden. Pflichttreu und selbstlos, ein Muster des gewissenhaften Beamten und Soldaten, so trat er in den Krieg, so legte er die nie rastende Hand an seine letzte Aufgabe bei der Zurückführung des Heeres in die Heimat.“[85]

Eine Verstaatlichung der Landesbahnen erfolgte freilich erst in der Weimarer Republik; 1920 wurden sie „verreichlicht“, d.h. Eigentum des Reiches. Acht deutsche Länder gaben ihren Eisenbahnbesitz ab: Preußens 34.443 Kilometer, Bayern 8526 Kilometer, Sachsen 3370 Kilometer, Württemberg 2156 Kilometer, Baden 1899 Kilometer, Hessen 1307 Kilometer, Mecklenburg-Schwerin 1177 Kilometer und Oldenburg 681 Kilometer. Ein nationales Eisenbahnunternehmen, die „Deutsche Reichsbahn“, wurde geschaffen. Die rechtliche Grundlage für die Übernahme bildete die am 11. August 1919 in Kraft getretene Weimarer Verfassung. In Artikel 89 hieß es: „Aufgabe des Reiches ist es, die dem allgemeinen Verkehre dienenden Eisenbahnen in sein Eigentum zu übernehmen und als einheitliche Verkehrsanstalt zu verwalten.“ In Artikel 171 wurde der 1. April 1921 als spätester Termin für die Übernahme bestimmt. „Der kriegsbedingte schlechte Zustand der Eisenbahnanlagen und die wirtschaftlichen Probleme in Deutschland führten 1918/19 zeitweise zum Stillstand im Ei-

Abb. 173 (oben) und **Abb. 174** (rechts unten)
„Krieg“ – Titelblatt Nr. 31/1906 der satirischen Zeitschrift „Simplicissimus“: Eine visionäre Abbildung, die das vorwegnahm, was dann wenige Jahre später im Ersten Weltkrieg furchtbare Wirklichkeit wurde (hier Arrasfront, 1916). Der Krieg, so Sigmund Freud, „zerreißt alle Bande der Gemeinschaft unter den miteinander ringenden Völkern und droht eine Erbitterung zu hinterlassen, welche eine Wiederanknüpfung derselben für lange Zeit unmöglich machen wird… So mag der Kulturweltbürger… ratlos dastehen in der ihm fremd gewordenen Welt, sein großes Vaterland zerfallen, die gemeinsamen Besitztümer verwüstet, die Mitbürger entzweit und erniedrigt.“

Abb.175
Kalender der Deutschen Reichsbahn 1929. Der „Rheingold" als europäischer Luxuszug fuhr ab 1928. „In seinen bequemen Polstern pflegten Reisende aus aller Welt das kultivierte Reisen. Sie wurden im ‚Rheingold' mit allem erdenklichen Luxus verwöhnt, der sich seinerzeit in einem Eisenbahnzug vorstellen ließ. Doch der vielleicht größte Genuß lag jenseits der Fensterscheiben: die Aussicht auf Weinberge und berühmte Burgen, auf verwinkelte Städtchen und die legendäre Loreley und natürlich auf den Strom selbst, dem der Zug seinen Namen verdankt. Denn der ‚Rheingold' ist untrennbar mit der Strecke verbunden, auf der er bis in die achtziger Jahre hin unterwegs war." (Heinz Neuhaus)

59

MAI 1929

SA 4.10, SU 19.43; MA 7.14, MU 0.24	SA 4.09, SU 19.45; MA 8.35, MU 1.11	SA 4.07, SU 19.46; MA 10.01, MU 1.44
13	14	15
Montag	Dienstag	Mittwoch

Die Fernverbindungen der Reichsbahn

Der „Rheingold"-Zug

Seit dem 15. Mai 1928 verkehrt der „Rheingold" auf der Strecke Hoek v. Holland-Köln-Basel-Luzern. Dieser Fernschnellzug, der möglichst große Strecken ohne Halt durchfährt und nur mit Salonspeisewagen ausgerüstet ist, bietet das höchste Maß an Bequemlichkeit und ist eine Tagesverbindung, die neben dem deutschen Nord-Süd-Verkehr besonders auch durch Deutschland am Rhein entlang den internationalen Verkehr zwischen England, Holland und der Schweiz vermitteln soll. — Der „Rheingold" fährt von Amsterdam nach Basel 10½ Stunden, von Hoek v. Holland nach Luzern nur 13 Stunden. Der Weg von London nach Luzern kann bei Benutzung des „Rheingold" in 24 Stunden zurückgelegt werden. Die bisherige Fahrzeit Amsterdam-Basel verkürzt der „Rheingold" um 2½ Stunden. In der Hauptreisezeit vom 1. Juli bis 10. September wird er von Basel aus bis nach Luzern und umgekehrt durchgeführt. In der übrigen Zeit bestehen unmittelbare Anschlüsse nach den Hauptreiseplätzen in der Schweiz. Die Zollabfertigung beim Grenzübergang findet im Zuge statt. Der „Rheingold" besteht nur aus Salonspeisewagen, und zwar aus drei Wagen 1. Klasse und drei Wagen 2. Klasse. Die Wagen sind mit breiten bequemen Sesseln ausgerüstet. Je zwei Wagen werden von einer gemeinsamen Küche aus bedient. Die Speisen werden an den Plätzen eingenommen. Die Wagen, von denen jeder eine besonders vornehme farbenprächtige Innenausstattung hat, lassen dem Reisenden den Zug als ein modernes, mit jeder Bequemlichkeit ausgerüstetes Hotel erscheinen. — Auch äußerlich ist der „Rheingold" besonders gekennzeichnet. Die Fläche über und unter den Fenstern hat einen violetten, die Fläche zwischen den Fenstern einen cremefarbenen Anstrich. — Durch Deutschlands schönste Landschaft, stets am Rhein entlang, fährt auf seiner Fahrt von der Nordsee zu den Alpen dieser neue Zug der Reichsbahn als ein Werk deutscher Arbeit und deutschen Schaffens.

senbahnbetrieb, wodurch sich die Versorgungslage der Bevölkerung verschlechterte. Zudem konnten die Länder den wachsenden Schuldenberg ihrer Eisenbahnen nicht mehr verkraften. Daher wurde die Verreichlichung beschleunigt und fand bereits am 30. April 1920 mit einem ‚Staatsvertrag über den Übergang der Staatseisenbahnen auf das Reich' ihren Abschluss. An diesem Tag unterzeichneten Reichspräsident Friedrich Ebert und Reichsverkehrsminister Johannes Bell ein Gesetz, das den Staatsvertrag in Kraft setzte. Damit gingen die Länderbahnen rückwirkend bereits zum 1. April 1920 in das Eigentum des Reiches über." (86) 1924 wurde dann die Reichsbahn in eine an privatwirtschaftliche Vorgaben orientierte Gesellschaft umgewandelt.

Nach dem verlorenen Krieg hatten die Siegermächte aufgrund der Waffenstillstandsbedingungen des nachfolgenden Versailler Vertrages die Ablieferung von 8000 Lokomotiven, 280.000 Güter- und 13.000 Personenwagen verlangt. Im Zuge der Abtretung von Elsaß-Lothringen musste dessen Streckennetz mit einer Länge von 1970 Kilometer sowie Strecken in Schlesien, Posen, Ost- und Westpreußen in einer Länge von 4115 Kilometer abgegeben werden.

Die Deutsche Reichsbahn-Gesellschaft wurde zudem im Rahmen des Dawes-Plans verpflichtet, zur Zahlung der Deutschland auferlegten Reparationen beizutragen. Trotz dieser politischen Indienstnahme und trotz einer wachsenden Konkurrenz durch den Lastkraftwagenverkehr erwirtschaftete die Deutsche Reichsbahn jährlich einen beträchtlichen Überschuss (von 1925 bis 1936: 5346 Milliarden Reichsmark), der wesentliche Modernisierungen erlaubte. So erfolgte die Ausstattung der Güterwagen mit Druckluftbremsen und die Planung von Einheitslokomotiven. Es erfolgte der Ausbau eines eigenen Telefonnetzes und die Entwicklung des „Fliegenden Hamburger", dem Urahn des ICE. Die härtesten Jahre der Weltwirtschaftskrise von 1929 bis 1932 konnten zudem aufgrund der Bildung von Rücklagen relativ gut überstanden werden. Die Deutsche Reichsbahn der Weimarer Republik entwickelte sich, bei allen Schwierigkeiten, zu einem der modernsten Eisenbahnsysteme Europas.

Abb. 176
Zu den großen Innovationen des Eisenbahnbaus in der Weimarer Republik gehörte ein Diesel-Schnelltriebwagen, ein „vom Himmel auf die Schiene geholter Zeppelin". (Von den Ingenieuren Franz Kruckenberg und Curt Stedefeld) Am 21. Juni 1931 fuhr er die 257 km lange Strecke von Hamburg nach Berlin in 98 Minuten mit einer Spitzengeschwindigkeit von 230 km/h. Doch entschloss sich die Reichsbahn nicht dazu, das Projekt weiter zu verfolgen.

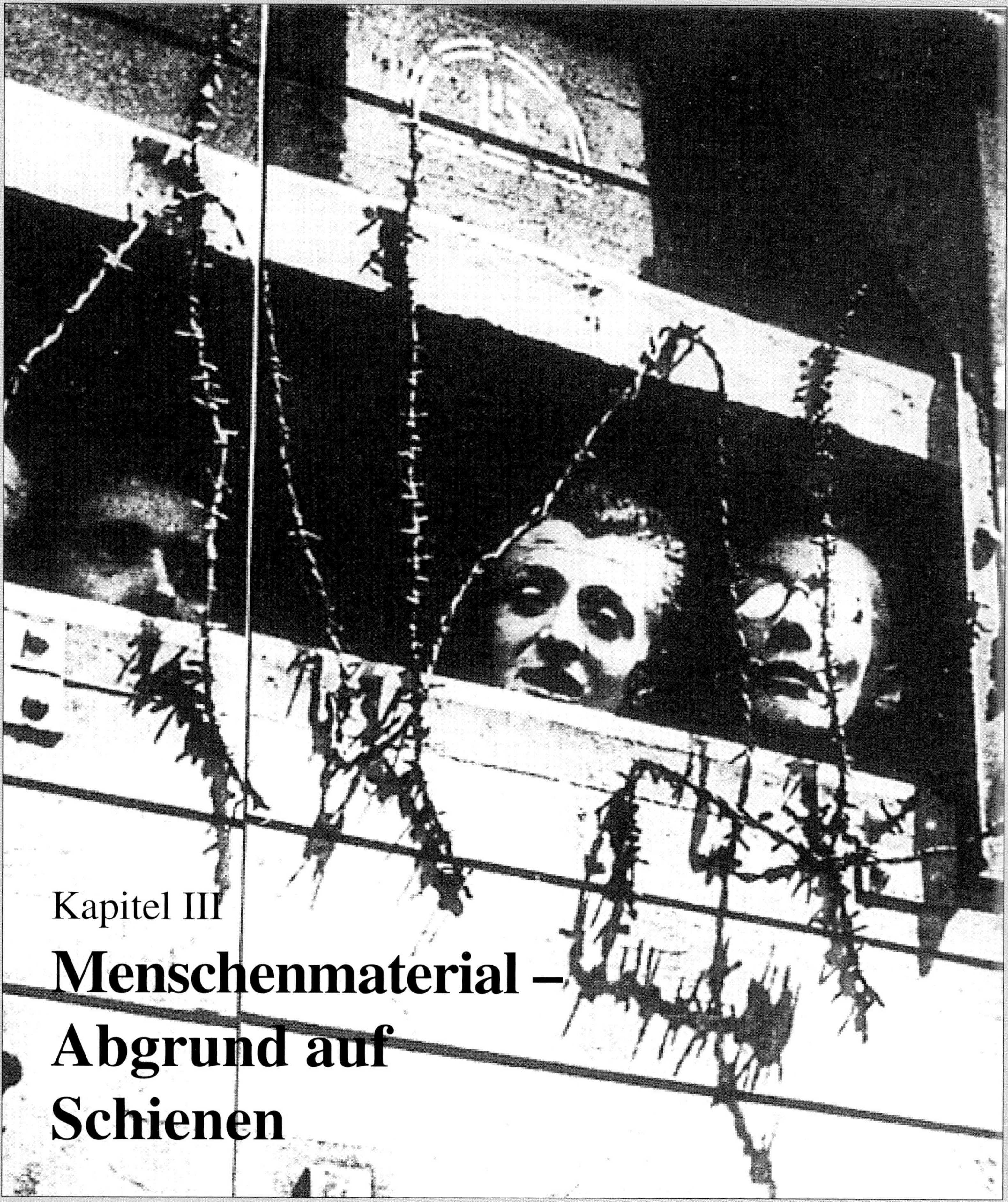

Kapitel III

Menschenmaterial – Abgrund auf Schienen

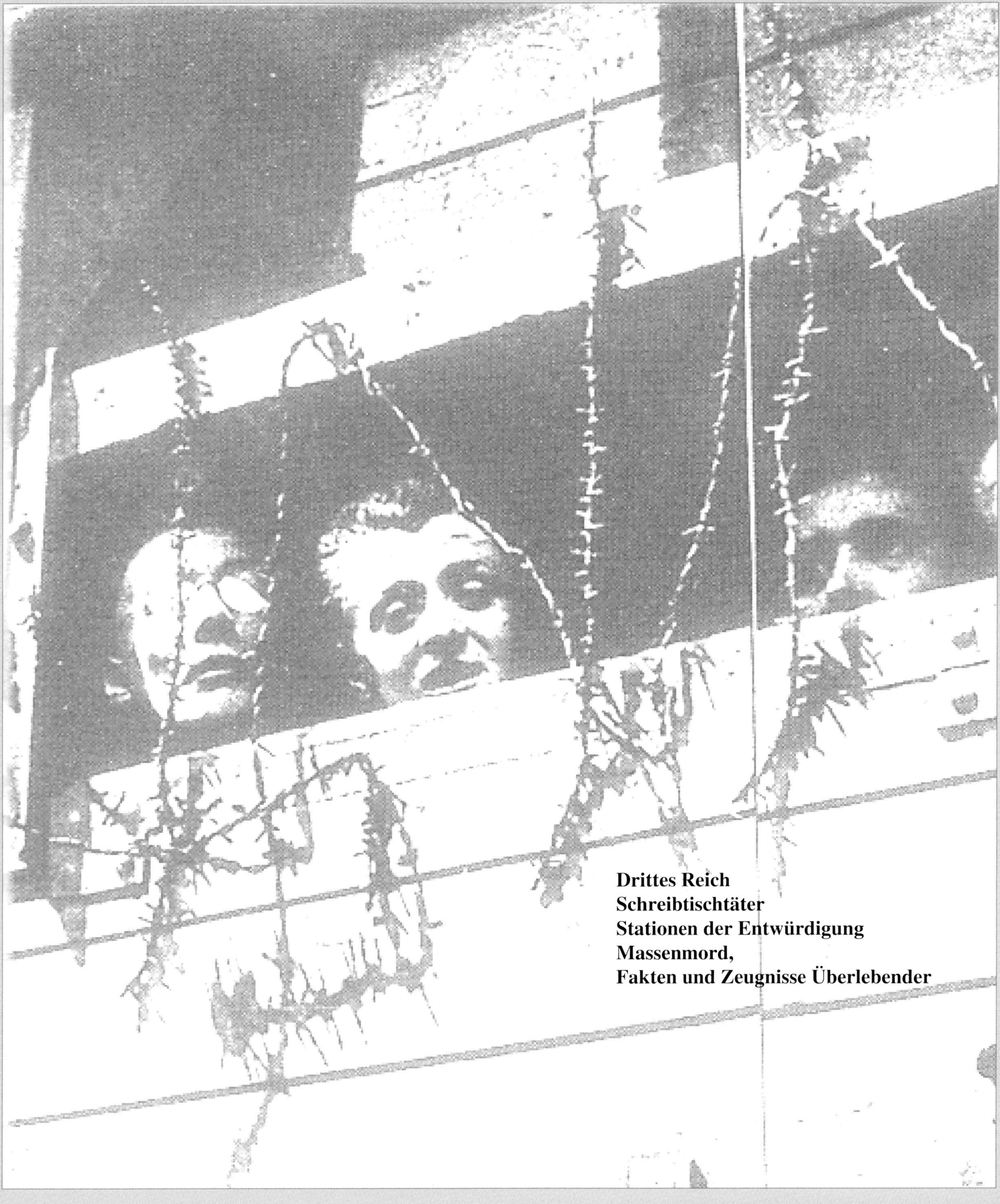

Drittes Reich
Schreibtischtäter
Stationen der Entwürdigung
Massenmord,
Fakten und Zeugnisse Überlebender

III MENSCHENMATERIAL – ABGRUND AUF SCHIENEN

Drittes Reich

Abb. 177
Aufmarsch von SA und SS im Luitpoldhain vor Adolf Hitler, Parteitag 1935. „Die Nürnberger Bahnhöfe waren während der Parteitage stark belastet. Die in der Nähe des Parteitagsgeländes gelegenen Bahnhöfe Nürnberg-Dutzendteich und Nürnberg-Fischbach wurden umgebaut, um die großen Menschenmassen aufnehmen zu können. Geplant war zudem der Bau eines riesenhaften Bahnhofs am Märzfeld, um die Besucher direkt an das Parteitagsgelände heranführen zu können. Der Bau blieb jedoch unvollendet. Bei der An- und Abfahrt zu den Reichsparteitagen herrschte an den Bahnsteigen dichtes Gedränge. Insbesondere beim Abtransport der Besucher, wenn innerhalb weniger Stunden große Menschenmassen die Stadt verließen, ergaben sich im Nürnberger Hauptbahnhof teilweise Abfertigungsintervalle von nur 80 Sekunden. Zwischen An- und Abtransport standen die Sonderzüge auf Abstellplätzen. Diese Plätze lagen in einem Umkreis von bis zu 400 Kilometern um Nürnberg herum. Beim Reichsparteitag 1937 etwa reichten sie bis nach Dresden… Obgleich nicht von vornherein für den Kriegsfall geplant wurde, waren die Transporte zu den Reichsparteitagen für die Reichsbahn dennoch eine nützliche Übung für den späteren Kriegseinsatz.“ (Ursula Bertelsheim)

Das düsterste Kapitel in der Kulturgeschichte der deutschen Eisenbahn begann, wie in der deutschen Geschichte überhaupt, mit dem Jahr 1933: der Machtergreifung durch die Nationalsozialisten. In wenigen Jahren wurde die Reichsbahn zu einem Werkzeug der NS-Diktatur. „Die ‚Gleichschaltung' erfolgte durch gezielte Entlassungen, massive Propaganda und umfassende Eingriffe in die Unternehmensstruktur; die zusätzlichen Aufgaben der Reichsbahn reichten von Arbeitsbeschaffungsmaßnahmen über die Organisation der ‚Kraft-durch-Freude'-Urlaubsfahrten bis zur logistischen Unterstützung der nationalsozialistischen Massenveranstaltungen [wie der Nürnberger Parteitage]. Die Vereinnahmung gipfelte in der unmittelbaren Beteiligung des Staatsbetriebes am Zweiten Weltkrieg und an den Verbrechen des Regimes. Weder der Vernichtungskrieg im Osten noch die Deportationen von Millionen Menschen in die Konzentrations- und Vernichtungslager wären ohne die Reichsbahn möglich gewesen. Die Nationalsozialisten konnten auf die Staatstreue und die nationale Gesinnung der meisten Eisenbahner bauen; viele Mitarbeiter der Reichsbahn begrüßten den neuen Staat. Der Arbeitsalltag sowie die gesamte Unternehmenskultur waren geprägt von strenger Hierarchie, strikter Aufgabenteilung und einem hohen Maß an Pflichtbewusstein. So transportierte die Reichsbahn riesige Mengen Kohle und Kartoffeln mit der selben Präzision wie sie Soldaten an die Front und Juden in die Vernichtungslager beförderte. Nur wenige der beteiligten Eisenbahner erkannten die Tragweite ihres Handelns jenseits der reinen Pflichterfüllung.“[87]

Im Dritten Reich erscheint das im Eisenbahnwesen als Kehrseite der Vernetzungskultur gegebene Unheil in schlimmster Ausprägung. Es besteht drin, dass Menschen als „Menschenmaterial“ angesehen und auch dementsprechend, etwa in Güterwagen und Viehwaggons, „transportiert“ werden. Die Eisenbahn liefert die „Masse Mensch“ zur Schlacht an und ab. Das Individuum hat kein Recht mehr; das Reiseziel heißt: Kampf, Zerstörung, Tod.

Abb. 178 und **Abb. 179**
Auf verschiedene Weise sollte auch die Bahn den nationalsozialistischen Propaganda-Inszenierungen dienen. So wurden ab 1934 auf Geheiß von Joseph Goebbels Bahnhofsgebäude mit volkstümelnden Wandgemälden ausgeschmückt.
Das größte Projekt war die von Hitler entwickelte Idee einer Fernschnell-Breitspurbahn, die alle bisherigen Bahnsysteme in den Schatten stellen sollte; gedacht waren an drei Meter Spurweite, Luxuswagen von 40 Metern Länge und eine Geschwindigkeit bis zu 250 km/h. (Entwürfe, 1944, für die Inneneinrichtung der Breitspurbahn: Speisewagen und Abteil)

Ich werde sterben…

„Bald“, dachte er und er spürte, wie er bleich wurde. Dabei vollführte er das Gewohnte, fast ohne es zu wissen. Er zündete ein Streichholz an, beleuchtete die Haufen liegender, hockender und schlafender Soldaten, die über, unter und auf ihren Gepäckstücken herumlagen. Der Geruch von kaltem Tabakqualm war mit dem Geruch von kaltem Schweiß und jenem seltsam staubigen Dreck vermischt, der allen Ansammlungen von Soldaten anhaftet. Die Flamme des erlöschenden Hölzchens zischte noch einmal hell auf, und er entdeckte in diesem letzten Schein, dort, wo der Gang schmäler wurde, einen kleinen freien Platz, dem er nun vorsichtig zustrebte. Er hatte sein Bündel unter den Arm geklemmt, die Mütze in der Hand.

„Bald“, dachte er, und der Schrecken saß tief, tief. Schrecken und völlige Gewißheit. „Nie mehr“, dachte er, „nie mehr werde ich diesen Bahnhof sehen, nie mehr dieses Gesicht meines Freundes, den ich bis zum letzten Augenblick beschimpft habe ... nie mehr ...“ Bald! Er hatte den Platz erreicht, legte vorsichtig, um die ringsum Schlafenden nicht zu wecken, seine Tasche auf den Boden, setzte sich darauf, so, daß er mit dem Rücken gegen eine Abteiltür lehnen konnte; dann versuchte er, seine Beine möglichst bequem unterzubringen; er streckte das linke am Gesicht eines Schlafenden vorbei vorsichtig aus und legte das rechte quer über ein Gepäckstück, das den Rücken eines anderen Schlafenden verdeckte. In dem Abteil in seinem Rücken flammte ein Streichholz auf, und jemand begann stumm im Dunkeln zu rauchen. Er konnte, wenn er sich ein wenig zur Seite wandte, den glühenden Punkt der Zigarette sehen, und manchmal, wenn der Fremde zog, breitete sich die Glut über ein unbekanntes Soldatengesicht, grau und müde, mit bitteren Falten schrecklicher Nüchternheit.

„Bald“, dachte er. Das Rattern des Zuges, alles wie sonst. Der Geruch. Der Wunsch zu rauchen, unbedingt zu rauchen. Nur nicht schlafen! Am Fenster zogen die finsteren Silhouetten der Stadt vorüber. Irgendwo in der Ferne waren Scheinwerfer suchend am Himmel, wie lange Leichenfinger, die den blauen Mantel der Nacht teilten … fern auch Schießen von Abwehrkanonen ... und diese lichtlosen, stummen, finsteren Häuser. Wann wird dieses Bald sein? Das Blut floß aus seinem Herzen, floß zurück ins Herz, kreiste, kreiste, das Leben kreiste, und dieser Pulsschlag sagte nichts anderes mehr als: Bald! … Er konnte nicht mehr sagen, nicht einmal mehr denken: „Ich will nicht sterben“. Sooft er den Satz bilden wollte, fiel ihm ein: Ich werde sterben ... bald ...

Heinrich Böll: Der Zug war pünktlich (S. 7)

Für den patriotisch emotionalisierten Soldaten zeigte freilich die Verschickung an die Front immer noch einen Abglanz des ehemals bürgerlichen Reisens; oft war zudem der Truppentransport die erste größere Fahrt, die so mit entsprechender Aura versehen war. In „Mein Kampf“ schreibt Adolf Hitler: „Und so kam endlich der Tag, an dem wir München verließen, um anzutreten zur Erfüllung unserer Pflicht. Zum ersten Male sah ich so den Rhein, als wir an seinen stillen Wellen entlang dem Westen entgegenfuhren, um ihn, den deutschen Strom der Ströme zu schirmen vor der Habgier des alten Feindes. Als durch den zarten Schleier des Frühnebels die milden Strahlen der ersten Sonne das Niederwalddenkmal auf uns herabschimmern ließen, da brauste aus dem endlos langen Transportzuge die alte Wacht am Rhein in den Morgenhimmel hinaus, und mir wollte die Brust zu enge werden.“[88]
Aufgehoben ist auch die Reise-Intention – und zwar in extremer Weise – bei denjenigen, die nur noch und gerade noch mit Hilfe der Eisenbahn fliehen können: beim Flüchtlingstrans-

Reise an die Front

Sie waren in Schweigen versunken und jeder für sich in seiner Verlassenheit. Sie waren ein Häuflein von Männern der verschiedensten Lebensalter, aus allerlei Landschaften und Umwelten zusammengeführt durch den Zufall, den schrecklichen Zufall, der ein Gesetz des Krieges war. Sie kannten sich allesamt nicht. Und sie kannten sich manchmal bis in die Tiefe ihrer Herzen. Sie erkannten dann die ungeheure, die karstige Einsamkeit, die in ihnen war. Sie waren Verstörte. Aber in ihnen brannte unauslöschlich die Frage nach dem Sinn ihres Lebens. Sie hatten alle Antworten, die man ihnen geben wollte, mit der rauhen Sprache der Männer, die um die Verlorenheit ihres Postens wissen, verschüttet.
Waren sie Kreaturen eines übermächtigen Willens, ausgeliefert der kalten Mechanik der Gewalt? Oder war noch ein Rest von Sinn, eine winzige Insel von Wahrheit in dieser Existenz, die sie herausgeführt hatte aus jeglicher Ordnung und Bindung in die Welt des Grauens, des toten Gehorsams, des Marschbefehls, der sie in die Ziellosigkeit entsandte? Schließlich spürten sie nur noch den fahrenden Zug in ihrem Schlaf, wie er ihre Träume umrauschte, ein metallener Baum.

Alfred Andersch: Jahre in Zügen (S. 84)

port. Ihre Hoffnung besteht darin, an einem an sich gar nicht gewollten Ort anzukommen, wenn dieser Rettung verspricht. Der Zynismus der Macht, die Hybris des Dritten Reiches endete in der totalen Niederlage; sie war begleitet von ungeheuren Flüchtlingsströmen. „Während der Verkehr am 8. Mai 1945, dem Tag der Kapitulation, in weiten Teilen des eroberten Reiches ruhte, rollten in den seit Wochen befreiten Gebieten links des Rheins schon wieder die ersten Versorgungszüge unter Aufsicht der Amerikaner. Im Osten des Reiches flohen gegen Kriegsende Millionen Deutsche vor der Roten Armee Richtung Westen. Mit Hilfe der Reichsbahn gelang es, über fünf Millionen Menschen aus dem Danziger Raum in den Westen zu evakuieren. Dennoch konnten viel zu wenige Flüchtlinge auf die Bahn als rettendes Transportmittel zurückgreifen – die politische Führung hatte eine planmäßige Evakuierung der Zivilbevölkerung versäumt.“[89] Hunderttausende Menschen starben.
Truppentransport und Flüchtlingstransport haben immerhin noch mit einem Reiseziel zu tun, das insofern angestrebt wird, als es ideologisch vorgegeben oder durch Not aufgezwungen ist. Der Massentransport zur Menschenvernichtung macht jedoch das „Reiseziel“ zum Ort abgründigster Hoffnungslosigkeit. Rund drei Millionen Menschen transportierte die Deutsche Reichsbahn im Rahmen der „Endlösung“, der Vernichtung des europäischen Judentums durch die Nationalsozialisten, in die Vernichtungslager. Manch tapferer Eisenbahner mag ein Signal, eine Weiche falsch gestellt, einen Zug so zum Halten gebracht haben. Der Mord wurde dadurch nicht verhindert, nur verzögert. Die Fahrpläne, ursprünglich der friedlichen Vernetzung der Menschheit dienend, waren auch bei der Verwirklichung menschenverachtender Bösartigkeit „verlässlich“: Die Maschinerie des Eisenbahnwesens funktionierte beim Massenmord bis in die Schlussphase des Krieges hinein weitgehend exakt.

Schreibtischtäter

Das Ungeheuerliche der Vernichtung von Millionen wehrloser Menschen hat eine bedrückende Vorgeschichte: Schreibtischtäter haben die „geistigen“ Voraussetzungen für die Verbrechen geschaffen. Einige wenige Beispiele sollen diesen Weg in die Barbarei andeuten.
Der Jude war für den deutschen Spießer des 19. und 20. Jahrhunderts der vorrangigste Sün-

Abb. 180 und **Abb. 181**
Der Erfolg von Julius Streichers seit 1923 vier Mal im Monat erscheinendem antisemitischem Hetzblatt „Der Stürmer“ – das ursprüngliche Lokalblatt wurde bald reichsweit, teilweise millionenfach verbreitet – ist nur zu verstehen aufgrund jahrzehntelang von Schreibtischtätern verbreiteter Ressentiments. Adolf Hitler war vom „Stürmer“ begeistert; es sei das einzige Blatt, das er gerne und von der ersten bis zur letzten Zeile lese, sagte er zu einem Besucher. Der in der Nähe von Augsburg 1885 geborene Herausgeber war Lehrer und wurde 1909 nach Nürnberg versetzt, wo er sich nach dem Ersten Weltkrieg, an dem er als Leutnant der Reserve teilgenommen hatte, verschiedenen rechts gerichteten Gruppen anschloss. 1922 gründete er eine Ortsgruppe der NSDAP. Sogar in einem „Reich der niederen Dämonen“, wie Ernst Niekisch das Dritte Reich nannte, nahm man Anstoß an Streichers psychopathischem und korruptem Verhalten wie an seinen sexuellen Eskapaden. So wurde er 1940 durch das Parteigericht aller Geschäfte enthoben und aus dem öffentlichen Leben verbannt; er blieb aber Gauleiter – eine Position, die er seit 1930 inne hatte. Beim Nürnberger Hauptkriegsverbrecherprozess wurde er 1946 zum Tode verurteilt und hingerichtet. Die Bildunterschrift für die nebenstehende „Karikatur“ im Stürmer: „Was ist der Jud ein armer Wicht! Mag seine eigenen Frauen nicht! Er meint, er sei entsetzlich schlau, wenn er sich stiehlt ‘ne deutsche Frau.- Doch seht ihr an dem Juden hier: Er paßt gar nicht einmal zu ihr! Bei dieser deutschen Frau, o Graus, sieht er ja ganz erbärmlich aus! Dem Juden würde besser stehn: Er ließ die deutschen Frauen gehn. Und ging zu seiner ‚Kalle‘ schön.“

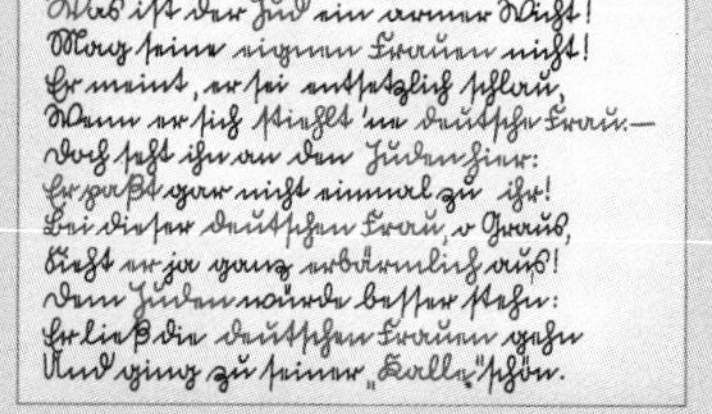
Was ist der Jud ein armer Wicht!
Mag seine eigenen Frauen nicht!
Er meint, er sei entsetzlich schlau,
Wenn er sich stiehlt 'ne deutsche Frau. –
Doch seht ihr an dem Juden hier:
Er paßt gar nicht einmal zu ihr!
Bei dieser deutschen Frau, o Graus,
Sieht er ja ganz erbärmlich aus!
Dem Juden würde besser stehn:
Er ließ die deutschen Frauen gehn
Und ging zu seiner „Kalle“ schön.

denbock; auch eine Projektionsfläche für die Kompensation von Minderwertigkeitsgefühlen: Über ihn konnte man sich erheben und damit seine eigene Stärke demonstrieren. Die jahrhundertelange Ghettoexistenz hatte das Judentum dem allgemeinen Bewusstsein so entfremdet, dass Ideologen die bestehende Unwissenheit über diese Minderheit ausnutzen, das heißt das Vakuum der Unkenntnis mit Schauer- und Gräuelmärchen auffüllen konnten. Der Versuch der Juden, im Zuge ihrer durch die Aufklärung eingeleiteten Emanzipation Anschluss nach „oben“ zu gewinnen, förderte in ihren Reihen die Parvenü-Mentalität; nicht weil die Juden „rassenmäßig“ Parvenüs waren, sondern weil der Parvenütyp in aufstrebenden Schichten häufiger erscheint. Die Antisemiten aber konnten daraus erneut „Gründe“ für ihre Vorurteile gewinnen.

Das Wort „Antisemitismus“ war 1879 durch den Publizisten Wilhelm Marr („Der Sieg des Judentums über das Germanentum“) geprägt worden: eine pseudowissenschaftliche Etikette für die Bündelung lange bestehender antijüdischer Motive und Argumente, widersprüchlicher Mythen und rassistischer Hintertreppengerüchte. „Er hat damit einer sich aufgeklärt und wissenschaftsgläubig gebärdenden Zeit nur eine entsprechend vordergründige Rationalisierung der ideologisch und emotional, ja letztlich in einem bestimmten Sinne religiös begründeten und als solche vielfach manipulierten Ablehnung der Juden gegeben.“[90] Der Mythos vom jüdischen Satanas wurde planmäßig von ideologischen Verführern erzeugt; er war keine „wilde Frucht“ und kein Produkt der Gosse, wenn auch auf Gossenniveau. Diese erhoben ihre individuelle Bosheit zur allgemeinen Norm und versuchten so, ein durch Ressentiments „zusammengeschweißtes“ Volksganzes zu konstituieren, indem sie die Führerrolle übernahmen.

Für Richard Wagner etwa war der jüdische Musiker durch eine grundsätzliche Unfähigkeit gekennzeichnet; die Kunst der Juden lasse gleichgültig und bleibe stets trivial; Herz und See-

le könne sie nicht ansprechen. Die jüdische Rasse hielt Wagner für den „geborenen Feind der reinen Menschheit und alles Edlen in ihr"; „daß namentlich wir Deutschen an ihnen zugrunde gehen werden, ist gewiß, und vielleicht bin ich der letzte Deutsche, der sich gegen den bereits alles beherrschenden ... Judaismus aufrechtzuerhalten wußte".[91]

Der sich als Kulturphilosoph betätigende Houston Stewart Chamberlain (der englische Schwiegersohn Wagners) verachtete die Juden vor allem, weil sie eine Mischrasse, eine Rasse mit unreinem Blut seien: „... ein Bastardhund ist nicht selten sehr klug, jedoch niemals zuverlässig, sittlich ist er stets ein Lump." Alle Niedertracht sei im Völkchen der Juden verdichtet; die Fratze des Lasters und der Bosheit glotze schamlos aus jedem Judengesicht dem Germanen ins Antlitz.[92]

Man erkenne, meinte 1887 der Schriftsteller Theodor Fritsch in seinem „Antisemiten-Katechismus", schon am verhältnismäßig tief liegenden Oberlid das „Sinnlich-Brütende oder Lauernde" der jüdischen Seele, besonders der jüdischen Ärzte. Juden könnten keine richtigen Soldaten sein, da ihnen der „heldenhafte Gliederbau" fehle; sie hätten zudem Plattfüße und feige Hasenherzen; sie seien keiner Gefühle und keiner Herzenswärme fähig, seien zynische Zersetzer und degenerierte Intellektuelle. In ihren Kaufhäusern böten sie nur minderwertige Ware an. Da der Jude kein Germane sei, weder blond noch blauäugig, „des Langschädels entbehrend", habe er auch keine Moral. Die deutschen Begriffe von Treue, Bescheidenheit, Hingebung, Aufopferung für eine Sache seien dem Juden unverständlich und forderten seinen Spott heraus. Ihm erscheine nur das als Tugend, was persönlichen Vorteil oder Genuss einbringe. Der Deutsche sollte wissen, dass er mit all seinen Mitdeutschen „ohne Unterschied des Glaubens oder der politischen Meinung einen gemeinsamen unversöhnlichen Widersacher hat: Er heißt Jude!"[93]

Solche „Bildungsbarbarei" sei – so Thomas Mann – Ergebnis einer „Germanisten-Romantik und Nordgläubigkeit aus akademisch-professoraler Sphäre gewesen, die in einem Idiom von mystischem Biedersinn und verstiegener Abgeschmacktheit mit Vokabeln wie rassisch, völkisch, bündisch, heldisch auf die Deutschen" einredete.[94] In seiner Anthologie „Propheten des Nationalismus", mit Beiträgen über die Publizisten Friedrich Ludwig Jahn,
Paul de Lagarde, Heinrich von Treitschke, Julius Langbehn, Houston Stewart Chamberlain, Walter Flex, Arthur Moeller van den Bruck, Dietrich Eckart, Ludwig Klages, Hans Blüher, Erwin Guido Kolbenheyer und Hans Grimm stellt Karl Schwedhelm resümierend fest, dass die Auffüllung der „Schreckenskammer der Gedanken" häufig Folge einer tiefen, traumatisch bestimmten Sehnsucht nach „gesunden" Verhältnissen gewesen sei. An ihren von der Realität isolierten Schreibtischen hätten diese Autoren die Welt, mit der sie selber nicht ins Reine kamen, neu nach ihrem Bilde geordnet; Machtträume, Aggressionstriebe, Herrenmenschentum wurden zu dem makabren Evangelium einer politischen Erlösungsreligion verbunden. Wie alle Propheten brauchten sie als Gegenspieler eine dämonisierte Feindfigur, deren Vorhandensein hasserfülltes Eifern zu rechtfertigen hatte. Bezeichnenderweise gelten solche Angriffe kaum je einer realen Einzelperson, sondern mit Vorliebe Kollektiven: den Juden, der katholischen Kirche, den Freimaurern, den „Minderrassigen oder – noch verschwommener – der ‚Verschwörung überstaatlicher Mächte'". Charakteristisch, aber dennoch erstaunlich sei die betonte Geistfeindlichkeit vieler dieser Autoren und Literaten.[95]

Adolf Hitlers Buch „Mein Kampf" – in zwei Bänden 1925/26 erschienen erweist sich als ein Sammelbecken all der Strömungen, die seit langem im 19. Jahrhundert das deutsche Verhängnis vorbereiteten – als ein „Spießer-Spiegel" par excellence. Man hat die Meinung vertreten, Bedeutung und Einfluss von Hitlers „Mein Kampf" dürften nicht hoch eingeschätzt werden, da das Buch zwar weit verbreitet, aber kaum gelesen wurde. Das mag stimmen; doch kann man daraus auch eine zunächst paradox klingende Folgerung ziehen: Das Buch war so erfolgreich, weil es überhaupt nicht mehr gelesen werden musste. Lebensgefühl und Weltanschauung

Abb. 182 (oben Mitte)
Zeitgenössische Illustration zur 100. Wiederkehr von Friedrich Schillers Geburtstag. Der Philister hause „in den Werken unserer großen Dichter und Musiker wie ein Gewürm, welches lebe, indem es zerstört, bewundert, indem es frisst, anbetet, indem es verdaut". So geißelt Friedrich Nietzsche in den „Unzeitgemäßen Betrachtungen" den Rückzug auf die Position des „Es ist erreicht"; „es darf nicht mehr gesucht werden; das ist die Philisterlosung".

Abb. 183 (oben rechts)
Das Nationaldenkmal (Niederwald bei Rüdesheim, 1883). Es liegt 225 Meter über dem Rhein; sein Sockel ist 25 Meter, die Germania 10,5 Meter hoch. Unterhalb der Germania ist zu lesen: ZUM ANDENKEN AN DIE EINMUETHIGE SIEGREICHE ERHEBUNG DES DEUTSCHEN VOLKES UND AN DIE WIEDERAUFRICHTUNG DES DEUTSCHEN REICHES 1870-1871.

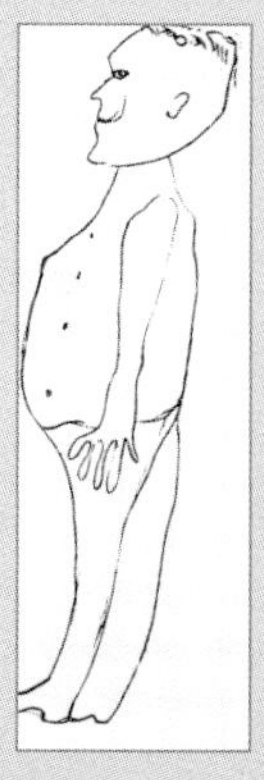

Abb. 184 (unten links) und
Abb. 185 (unten rechts)
„Mein Vater" – Kinderzeichnungen, vor 1914

Abb. 186
Enthüllung des Hans-Sachs-Denkmals in Nürnberg 1874 (anlässlich der 400. Wiederkehr seines Geburtstages).

Abb. 187 (oben)
Wilhelm II., deutscher Kaiser von 1888 bis 1918, mit seinen Söhnen auf dem Weg zur Neujahrsparade im Jahr 1914. Benedetto Croce sprach in Anspielung auf den deutschen Sieg über Frankreich bei Sedan am 2. September 1870 davon, dass die Deutschen ihr nationalistisches „Sedanlächeln", mit dem sie ein dem Westen überlegenes Kulturbewusstein demonstrierten, nicht mehr abgelegt hätten. Als „verderblichen Wahn" bezeichnete dagegen Friedrich Nietzsche den Irrtum, dass mit dem Sieg über Frankreich die deutsche Kultur gesiegt hätte: Er sei imstande, den Weg in eine völlige Niederlage zu verwandeln, „in die Niederlage, ja Exstirpation des deutschen Geistes zugunsten des deutschen Reiches".

Der Weg der deutschen neuen Bildung, so Franz Grillparzer 1849 in einer düsteren Prophezeiung, führe von der Humanität durch die Nationalität zur Bestialität. Die sogenannten „Agenturen der Gesellschaft" (Familie, Schule, Universität, Kirche, Verwaltung, konservative Parteien, Verbände, Vereine, Industrie und Wirtschaft, Aristokratie, Militär) waren im 19. und 20. Jahrhundert mit ihren ideologischen Verfälschungen, klischeehaften Vereinfachungen und nationalistischen Umdeutungen deutscher Geistestraditionen ungemein erfolgreich – ungeachtet der Tatsache, dass, vor allem seit der Aufklärung, die Deutschen etwa in der Dichtung, der Musik, der bildenden Kunst und der Philosophie wertvolle, humanistisch-progressive Beiträge zur Weltkultur geleistet hatten. Das nationale Unglück bestand drin, dass die Elemente der deutschen Kultur verkehrt, ins Gegenteil gekehrt und dabei nominal beibehalten wurden. Es blieben Wortkadaver, die ihres Wahrheitsgehalts beraubt waren und nun mit Ressentiments gefüllt wurden. Kultur wurde zur Fassade, der Logos (das Wort, die sinnvolle Rede und die Vernunft überhaupt) zerstört und durch einen wirren Mythos ersetzt. Dieser Vorgang der Verdrängung von Geist, Vernunft und Wahrheit schuf seelische Haltungen, die zu einer Ansammlung von Wahnideen der verschiedensten Art („Spießer-Ideologie") führten und den Boden für die NS-Weltanschauung bereiteten.

Abb. 188 (links)
Rekrutenausbildung um 1900

Abb. 189
Adolf Hitler. Gemälde von Fritz Erler

eines Großteils der deutschen Bevölkerung stimmten mit dem überein, was in „Mein Kampf“ dargeboten und propagiert wurde. Der Inhalt des Buches – zudem in Tausenden von Broschüren, in vielen Zeitungen, Zeitschriften und jeglichen Propagandamaterialien, vor allem auch durch die Reden Hitlers und seiner Gefolgsleute unters Volk gebracht – enthielt all das, was des „Spießers Wunderhorn“ (Gustav Meyrink), die Pandorabüchse kleinbürgerlicher Traktätchenverfasser, bereithielt: abgründige Gemeinheiten, in schiefe Metaphern geschlagene Ressentiments, endlose Tiraden, rhetorisch aufgeschminkte Plattitüden. Hitler besaß die Genialität des Mittelmäßigen; seine Durchschnittlichkeit war überdurchschnittlich; so wurde seine Mediokrität zum Schicksal eines Volkes, das sich Schritt um Schritt von Humanität und Kultur abbringen ließ.
Für diesen Aufstieg bedurfte es (und das machte die große Stunde des Kleinbürgertums aus) keiner geschickten Verführung, keiner raffinierten Dämonie oder Verlogenheit. Hitler musste nur er selbst sein: das war sein Erfolg; er musste nur Spießer sein, mittelmäßig, primitiv, ohne Vorzüge und Meriten: das war sein Verdienst. In „Mein Kampf“ hat Hitler auch seine Rassentheorie, Kern der neuen Weltanschauung, zum ersten Mal in primitivster Ausführlichkeit vorgestellt:

„Jedes Tier paart sich nur mit einem Genossen der gleichen Art. Meise geht zu Meise, Fink zu Fink, Storch zur Störchin, Feldmaus zu Feldmaus, Hausmaus zu Hausmaus, der Wolf zur Wölfin ... Die Folge dieses in der Natur allgemein gültigen Triebes zur Rassenreinheit ist nicht nur die scharfe Abgrenzung der einzelnen Rassen nach außen, sondern auch ihre gleichmäßige Wesensart in sich selber. Der Fuchs ist immer ein Fuchs, die Gans eine Gans, der Tiger ein Tiger usw. ... Es wird aber nie ein Fuchs zu finden sein, der seiner inneren Gesinnung nach etwa humane Anwandlungen Gänsen gegenüber haben könnte, wie es ebenso auch keine Katze gibt mit freundlicher Zuneigung zu Mäusen ... Es gibt nur ein heiligstes Menschenrecht, und dieses Recht ist zugleich die heiligste Verpflichtung, nämlich: zu sorgen, daß das Blut rein erhalten bleibt, um durch die Bewahrung des besten Menschentums die Möglichkeit einer edleren Entwicklung dieser Wesen zu geben. Ein völkischer Staat wird damit in erster Linie die Ehe aus dem Niveau einer dauernden Rassenschande herauszuheben haben, um ihr die Weihe jener Institution zu geben, die berufen ist, Ebenbilder des Herrn zu zeugen und nicht Mißgeburten zwischen Mensch und Affe ... Alles, was wir heute auf dieser Erde bewundern – Wissenschaft und Kunst, Technik und Erfindungen – ist nur das schöpferische Produkt weniger Völker und vielleicht ursprünglich einer Rasse. Von ihnen hängt auch der Bestand dieser ganzen Kultur ab.
Gehen sie zugrunde, so sinkt mit ihnen die Schönheit dieser Erde ins Grab. … Was wir heute an menschlicher Kultur, an Ergebnissen von Kunst, Wissenschaft und Technik vor uns sehen, ist nahezu ausschließlich schöpferisches Produkt des Ariers. Gerade diese Tatsache läßt den nicht unbegründeten Rückschluß zu, daß er allein der Begründer höheren Menschentums überhaupt war, mithin den Urtyp dessen darstellt, was wir unter dem Wort ‚Mensch‘ verstehen. … Solange er den Herrenstandpunkt rücksichtslos aufrechterhielt, blieb er nicht nur wirklich der Herr, sondern auch der Erhalter und Vermehrer der Kultur. … [Man muß] fühlen, daß in einer Welt, in der Planeten und Sonne kreisen, Monde um Planeten ziehen, in der immer nur die Kraft Herrin der Schwäche ist und sie zum gehorsamen Diener zwingt oder zerbricht, für den Menschen nicht Sondergesetze gelten können. ...
Hier freilich kommt der echt judenhaft freche, aber ebenso dumme Einwand des modernen Pazifisten: Der Mensch überwindet eben die Natur! ... Mit der Zertrümmerung der Persönlichkeit und der Rasse fällt das wesentliche Hindernis für die Herrschaft des Minderwertigen – dieser aber ist der Jude ... Indem ich mich des Juden erwehre, kämpfe ich für das Werk des Herrn.“[96]

Abb. 190
Der „Führergruß“ diente als öffentlicher Prüfstein, ob der Volksgenosse den Unterwerfungsanspruch der Hitler-Diktatur akzeptierte bzw. für sich bejahte. Er kam einem unentwegten Gelöbnis zu Hitler gleich.

Stationen der Entwürdigung

Schritt um Schritt und für alle einsehbar hat der nationalsozialistische Unrechtsstaat die Diskriminierung des jüdischen Bevölkerungsteils – auf der Basis seiner abstrusen Rassentheorie – vollzogen. Ein juristischer Kommentar meinte schon 1934 hierzu: „Eine Kulturhöhe, d. h. die psychische Leistungsfähigkeit eines Volkes, kann nur dadurch erhalten und gesteigert werden, daß der dem Volke zugrunde liegende beste Rassekern geschützt und gefördert wird ... Diese Grundsätze waren zwar bisher bei allen Züchtungen von Tieren und Pflanzen anerkannt, vergessen war aber, daß wir Menschen demselben Naturgesetz unterworfen sind. Erst dem Führer des neuen Deutschland, Adolf Hitler, war es vorbehalten, diese so selbstverständlichen Naturgesetze seinen Volksgenossen bekannt zu machen.“[97]

Das „Gesetz zum Schutze des Berufsbeamtentums“ war der erste offizielle Schritt auf dem Wege zur Verwirklichung des NSDAP-Parteiprogramms von 1920: „Staatsbürger kann nur sein, wer Volksgenosse ist, Volksgenosse kann nur sein, wer deutschen Blutes ist, ohne Rücksichtnahme auf Konfession. Kein Jude kann daher Volksgenosse sein.“ Nun konnten die jüdischen Beamten aus ihren Stellungen verdrängt werden. Durch Verordnung wurde für Juden zudem der Zugang zum akademischen Studium erschwert und teilweise völlig unterbunden.

Mit der Verkündung der Rassegesetze auf dem „Nürnberger Parteitag der Freiheit“ (1935) wurde die zweite Phase der Judengesetzgebung eingeleitet. Der Reichstag stimmte den Gesetzesanträgen durch Akklamation zu. „Durchdrungen von der Erkenntnis, daß die Reinheit des deutschen Blutes die Voraussetzung für den Fortbestand des deutschen Volkes ist, und beseelt von dem unbeugsamen Willen, die deutsche Nation für alle Zukunft zu sichern, hat der Reichstag einstimmig das folgende Gesetz beschlossen, das hiermit verkündet wird“, hieß es in der Präambel. Eheschließungen zwischen Juden und Staatsangehörigen deutschen oder verwandten Blutes wurden verboten. Wer dem Verbot zuwiderhandle, sei mit Zuchthaus zu bestrafen.

In Fortführung des damit begonnenen Weges zur „Rassenreinheit“ wurde kurz darauf auch der „außereheliche Geschlechtsverkehr zwischen Angehörigen beider Rassen“ verboten und als „Rassenschande“ (beliebtes Thema für die staatlich sanktionierte und geförderte Pornographie eines „Stürmer“ und ähnlicher Schmutzblätter) mit schweren Strafen – bis zur Todesstrafe – belegt.

Die den Nürnberger Gesetzen nachfolgenden Verordnungen zielten vor allem darauf ab, die Juden aus der Wirtschaft und den freien Berufen vollständig zu entfernen. Bis 1938 war der jüdische Besitz verhältnismäßig unversehrt erhalten geblieben; man hätte sonst wirtschaftliche Erschütterungen, vorwiegend in der Außenhandelspolitik, befürchten müssen. Als jedoch Hjalmar Schacht im Herbst 1937 vom Posten des Reichswirtschaftsministers zurücktrat, begannen auch hier, sich die antisemitischen Bestrebungen durchzusetzen.

Mit dem Pogrom am 9. und 10. November 1938 trat die NS-Rassenpolitik in ihre dritte Phase. Anlässlich eines jüdischen Attentats auf den Gesandtschaftsrat vom Rath (Paris) wurden SA und andere Organisationen aufgeboten, um in jüdische Wohnungen einzudringen, das Mobiliar zu zerschlagen, die Bewohner zu quälen, Läden und Geschäftsräume zu zerstören. Sehr viele Juden wurden zudem in die Konzentrationslager eingeliefert, wo sie nur in wenigen Fällen die Quälereien der verrohten und bestialisch sich gebärdenden Wachmannschaften überstanden.

In der NS-Führung hatten sich indes nach dem Pogrom Stimmen erhoben, die seine Durchführung nicht billigten. Nicht menschliche Gründe waren dafür freilich maßgebend, sondern wirtschaftliche Überlegungen. So vertrat Göring die Ansicht, dass dabei mutwillig wertvolles Eigentum zerstört worden sei, das man besser hätte enteignen sollen. Man könnte ruhig

200 Juden umbringen, aber nicht soviel kostbare Ware vernichten. Bei einer Zusammenkunft am 12. November 1938 im Reichsluftfahrtministerium, an der neben Göring auch Goebbels, Funk, Graf Schwerin-Krosigk (Finanz), Frick, Gürtner (Justiz), Heydrich u. a. teilnahmen, wurden im Besonderen Versicherungsfragen besprochen. Keines der „bürgerlichen“ Mitglieder der Besprechung wagte auch nur mit einem Wort, gegen das Pogrom als solches Stellung zu nehmen. Am gleichen Tag wurde eine Verordnung erlassen, die den Juden auch noch eine Sühneleistung von 1 Milliarde Reichsmark an das Deutsche Reich auferlegte. Alle Schäden seien zudem von den Juden selbst zu beseitigen; irgendwelche rechtlichen Schadensersatzforderungen könnten sie nicht geltend machen.
Die seit 1938 von den Nationalsozialisten herausgegebenen Bestimmungen setzten den Terror der „Reichskristallnacht“ fort. Die jüdischen Mitbürger wurden weiter entrechtet und wirtschaftlich systematisch ruiniert: Boykott der jüdischen Geschäfte und Aussperrung der jüdischen Kunden aus deutschen Geschäften („Juden sind hier unerwünscht“; einen ersten Boykott hatte Goebbels bereits 1933 in Berlin organisiert!); Berufsverbot für jüdische Ärzte Nichtjuden gegenüber; erzwungenes Ausscheiden aus den noch verbliebenen freien Berufen. Zudem entwickelte die deutsche Gesetzgebung eine sadistische Lust an den gemeinsten Quälereien, die korrekt paragrafiert und in einer steten Folge von Verordnungen und Gesetzen ihren Niederschlag fanden (vom 1. April 1933 bis zum 10. Juni 1943 kam man dabei auf rund 430 Erlasse).
Die Approbationen jüdischer Arzte erloschen (30. Sept. 1938); Einführung der Vornamen Israel bzw. Sarah für alle Juden (17. August 1938); jüdische Rechtsanwälte müssen ihre Praxis einstellen (27. Sept. 1938); Reisepässe von Juden werden mit „J“ gekennzeichnet (7. Nov. 1938); kein Jude darf nichtjüdische Schulen besuchen (12. Dez. 1938); Einführung von Wohnbeschränkungen (26. Nov. 1938); Mieterschutz für Juden wird aufgehoben (17. Jan. 1939); Juden müssen um 20 Uhr zu Hause sein (1. Sept. 1939); Juden müssen ihre Rundfunkgeräte abliefern (23. Sept. 1939); Juden erhalten grundsätzlich keine Kleiderkarte (6. Febr. 1940); Juden bedürfen zum Verlassen ihrer Wohnungen und zur Benutzung von Verkehrsmitteln besonderer Erlaubnis (10. Okt. 1941); Juden dürfen keine Haustiere mehr halten und diese auch nicht in Pflegestellen geben (15. Mai 1942); Juden haben alle entbehrlichen Kleidungsstücke abzuliefern (9. Juni 1942); Einstellung jeglichen Schulunterrichts für jüdische Kinder „im Hinblick auf die Entwicklung der Aussiedlung der Juden“ (1. Juli 1942).
Am 15. 11. 1940 war der „Judenstern“ eingeführt worden: jeder Jude hatte auf der linken Brustseite ein gelbes Stoffzeichen mit der Aufschrift „Jude“ „vollständig sichtbar, fest angenäht“ zu tragen; ähnlich waren die jüdischen Wohnungen zu kennzeichnen. Am gleichen Tag hieß es in einem Erlass des Reichsministers der Justiz: „Die in weiten Kreisen der deutschen Bevölkerung hervorgetretene Mißstimmung darüber, daß man den in Deutschland lebenden Juden noch Rechtsmittel in Strafsachen einräumt und ihnen noch das Recht gibt, gegen polizeiliche Strafverfügungen die Entscheidung der Gerichte anzurufen, ist geeignet, den Abwehrwillen des deutschen Volkes in dem ihm aufgezwungenen Kampfe zu schwächen.“ Das war zu einer Zeit, als die ersten Groß-Deportationen begannen und der Terror in die systematische Vernichtung umschlug. Und auch hier arbeitete die juristisch-verwaltungstechnische Bürokratie mit der gleichen Präzision und Unerbittlichkeit – mit Verordnungen und Ausführungsbestimmungen.

Massenmord. Fakten und Zeugnisse Überlebender

„Mit dem Ausbruch des Zweiten Weltkrieges begann die systematische Vernichtung der Juden in Europa. Zwischen Februar 1940 und Juni 1943 wurden fast 165.000 deutsche Juden in Ghettos und Lager deportiert. Zur selben Zeit und noch bis kurz vor Kriegsende fanden in

fast allen europäischen Ländern Judendeportationen statt. Rund sechs Millionen Juden wurden von den Nationalsozialisten umgebracht. Als zweite große Gruppe fielen die Sinti und Roma dem Rassenwahn zum Opfer. Ab Mai 1940 wurden sie in Ghettos und Arbeitslager deportiert. Insgesamt starben rund 500.000 Sinti und Roma. Nach Schätzungen fuhren etwa drei Millionen der in Auschwitz und anderswo ermordeten Menschen mit der Eisenbahn in den Tod.

Abb. 191
Aus fast allen Regionen Europas wurden Juden (etwa drei Millionen) mit der Eisenbahn nach Auschwitz deportiert.

Die Reichsbahn führte die Deportationen im Auftrag der vom Reichsführer-SS Heinrich Himmler geleiteten ‚Sicherheitspolizei' und des ‚Reichssicherheitshauptamtes' (RSHA) durch. Die Verständigung zwischen den Auftraggebern und der Reichsbahn wurde erleichtert durch die Tatsache, dass mit Albert Ganzenmüller ein langjähriger Nationalsozialist den Posten des für die Reichsbahn zuständigen Staatssekretärs im Reichsverkehrsministerium (RVM) bekleidete. Durch einen Briefwechsel ist belegt, dass Ganzenmüller persönlich mit dem Adjutanten Himmlers, Karl Wolff, über Judendeportationen nach Treblinka verhandelte: Im Juli 1942 wurde eine Bahnstrecke, die zum Vernichtungslager Sobibor führte, wegen Reparaturarbeiten geschlossen. Da die Deportation von 300.000 Juden aus Warschau nach Sobibor geplant war, setzte sich Wolff mit Ganzenmüller in Verbindung. Dieser informierte ihn, dass täglich 5.000 Juden in Sonderzügen von Warschau in das neu gebaute Vernichtungslager Treblinka deportiert werden könnten.

Über den organisatorischen Ablauf der Deportationen ist im Detail oft wenig bekannt, da ein Großteil des Aktenmaterials gegen Kriegsende vernichtet wurde. In vielen Fällen erfolgte die Organisation offenbar im Rahmen der üblichen Planungen für den Sonderzugverkehr. Auf Konferenzen, an denen meist Vertreter des RVM, des RSHA, der Generalbetriebsleitungen und der betroffenen Reichsbahndirektionen teilnahmen, wurden Absprachen über den Einsatz von Sonderzügen getroffen. Hierbei wurden Sonderzug-Programme für die Judendeportationen aufgestellt, die an die betroffenen Reichsbahndirektionen weitergeleitet wurden. Die Direktionen erarbeiteten daraufhin Fahrpläne bzw. Fahrplananordnungen und übergaben diese den untergeordneten Dienststellen, die die Transporte vom Abgangsbahnhof bis in die Konzentrations- und Vernichtungslager durchführten.

Der Weg über das RVM und die Sonderzug-Konferenzen erwies sich allerdings von Beginn an umständlich. Die Reichsbahndirektionen erhielten daher die Erlaubnis, eine begrenzte Zahl von Sonderzügen in eigener Verantwortung abzuwickeln. Auch die Sicherheitspolizei trat bei der Organisation der Deportationen direkt in Kontakt mit den einzelnen Direktionen. Dieser direkte Weg wurde offenbar im Verlauf des Krieges immer häufiger beschritten.

Die Kosten für die Transporte stellte die Reichsbahn den Auftraggebern – RSHA und Sicherheitspolizei – in Rechnung. Sie wurden nach dem Tarif für die Personenbeförderung in der 3. Klasse bemessen, wobei die Reichsbahn später Preisnachlässe einräumte. Die Auftraggeber bezahlten in der Regel erst nach erfolgter Dienstleistung. Das Geld zogen sie in Deutschland von den deportierten Juden selbst ein. Im Ausland war die Finanzierung unterschiedlich. Für die Opfer aus den Ghettos in Osteuropa musste die Sicherheitspolizei die Bahnrechnungen aus ihrem Etat begleichen.

Die von der Reichsbahn erhobenen Transportkosten waren unabhängig davon, ob Reisezugwagen oder Güterwagen zum Einsatz kamen. Im Deutschen Reich und in den westeuropäischen Ländern wurden zu Beginn des Krieges noch Reisezugwagen eingesetzt, um den Zweck der Fahrt zu tarnen. Im Osten hingegen verwendete die Reichsbahn in der Regel Güterwagen, in denen die Menschen unter unsäglichen Bedingungen zusammengepfercht wurden.

Bis zu 100, nach einzelnen Berichten sogar bis zu 200 Menschen wurden in einen Waggon gezwängt. Es gab Deportationszüge, in denen über 8000 Menschen transportiert wurden. In den Güterwagen fehlten Heizungen und hygienische Einrichtungen, die kleinen Fenster waren mit Stacheldraht bespannt. Im Sommer war es in den Wagen unerträglich heiß und stickig, im Winter eiskalt. Hinzu kam, dass Wehrmachtstransporte und andere Versorgungszüge Vorrang hatten vor den Deportationszügen, die oft stundenlang auf die Weiterfahrt warteten. Es dauerte meist Tage, bis sie am Zielort ankamen. Währenddessen bekamen die Menschen kaum oder gar keine Nahrung und Wasser. Unter diesen unmenschlichen Bedingungen starben viele von ihnen bereits während der Fahrt ins Lager. Die Leichen verstärkten die Panik der Menschen im Zug. Diejenigen, die zu fliehen versuchten, wurden von der bewaffneten

Begleitmannschaft erschossen. Viele Eisenbahner, die an der Durchführung der Transporte beteiligt waren, müssen die Lage der Menschen in den Wagen bemerkt haben. Zwar stellte die Sicherheitspolizei das Begleitpersonal der Züge, Lokführer und Heizer jedoch kamen von der Reichsbahn. In Auschwitz-Birkenau fuhren sie bis kurz vor die Einfahrt ins Lager, wo sie von KZ-Personal abgelöst wurden. Auch an den Bahnhöfen hatten Mitarbeiter der Reichsbahn die Züge im Blick. Es gibt Berichte, wonach Bahnarbeiter ungenügend verschlossene Waggons reparierten und der Bahnschutz einen Zug überwachen half. Nur vereinzelt wird von Hilfeleistungen berichtet, wie dem Versuch eines Eisenbahners, einer Frau Wasser in den Waggon zu reichen, was von einem SS-Mann verhindert wurde.
Viele Eisenbahner müssen auch gewusst oder zumindest geahnt haben, dass die Menschen in den Lagern ermordet wurden. Zwar war in den Fahrplänen und sonstigen Unterlagen der Reichsbahn stets von ‚Evakuierung' oder ‚Umsiedlung' die Rede. Dass die Eisenbahn jedoch Hunderttausende von Menschen an einen Ort – etwa nach Auschwitz oder Treblinka – beförderte, ohne dass dieser Ort beständig anwuchs und ohne dass die Bahn Lebensmittel in entsprechender Größenordnung dorthin lieferte, kann nur wenigen der unmittelbar am Geschehen Beteiligten entgangen sein. Trotzdem gab es seitens der Eisenbahner keinen nennenswerten Widerstand gegen die Deportationen." (Ursula Bartelsheim)[98]

Abb. 192
Würzburger Juden auf dem Weg zum Bahnhof, von wo aus sie nach Lublin transportiert wurden.

Abb. 193
Die Deportationszüge aus Würzburg fuhren am Güterbahnhof Aumühle ab.

„Die Maschinerie der Deportationen war angelaufen. Sie wurde zu einer ebenso schrecklichen wie exakten Routine. Die Gestapo setzte die Normen. Die Vorsitzenden der Jüdischen Gemeinde erhielten die Weisung, daß am Tag X ein weiterer Transport aus Berlin abgeht, für den 1000 Personen bereitzustellen sind. Dann folgte, wie Dr. Conrad Cohen berichtete, die Direktive. Und nach dieser Direktive stellte die Jüdische Gemeinde die Listen zusammen. Für den ersten Transport waren Menschen über 65 Jahre ausgewählt worden. Dann forderte die Gestapo Arbeitsunfähige, von Unterstützung lebende Personen, alleinstehende Frauen mit Kindern. Die Kategorien änderten sich ständig. Levy hatte die ‚Listen' bekommen, weil er als Blinder und über 60 Jahre alt registriert war.
Als Berufstätige in nicht kriegswichtigen Betrieben zur Deportation aufgerufen wurden, traf es auch mich. Ich erhielt die ‚Listen'. Meine Mutter war völlig verstört.
‚Ich melde mich freiwillig. Ich lasse dich nicht allein gehen', erklärte sie. Tagelang rang sie mit mir. Sie arbeitete in einer Fabrik, die Batterien für Funkgeräte herstellte und zu den kriegswichtigen Betrieben gehörte. Natürlich hatte ich Angst vor dem, was am Ende der Deportation stehen würde. Wir wußten es damals noch nicht und ahnten nur, daß es schlimmer sein müßte als das bisher Erlebte. Aber neben der Angst erwachte in mir auch Neugier. Welchem Schicksal waren diejenigen entgegengegangen, die uns schon verlassen hatten? Was erwartete mich auf diesem Weg?
Ich ging zu Dr. Cohen, meinem früheren Arbeitgeber, bei dem ich an einigen Nachmittagen so wie einst im Haushalt half.
‚Gib das Ding sofort her!' sagte Cohen. Ich sah die ‚Listen' nicht wieder. Die Jüdische Gemeinde hatte offenbar den Namen einer anderen Person auf die Liste setzen müssen. Meine Mutter war gänzlich erschöpft von der Aufregung der vergangenen Tage. Mich quälte zunächst der Gedanke, daß nun ein anderer das mir zugeteilte Los tragen mußte. Aber ich vergaß es bald. Dann kamen auch in kriegswichtigen Betrieben Arbeitende an die Reihe, soweit sie dort relativ unwichtige Aufgaben hatten, etwa Boten oder ungelernte Hilfsarbeiter. Die Firmen AEG und Siemens wurden gegen die Auskämmung ihrer Betriebe bei der Gestapo vorstellig. Sie erklärten – zweifellos glaubwürdiger als Otto Weidt –, daß der Arbeitsprozeß gestört wurde, wenn ihnen die fleißigen jüdischen Arbeiter, für die es zu jener Zeit keinen

Abb. 194
„Der verschlossene Waggon“. Zeichnung eines Häftlings aus dem KZ Buchenwald

Abb. 195
„Den Opfern wurde vorgespiegelt, daß sie zur Umsiedlung oder zum Arbeitseinsatz kämen.“ (Oberstaatsanwalt Alfred Spieß) Szene auf dem Bahnhof in Hanau am 28. Mai 1942

Ersatz gab, genommen würden. Aber die Züge mit Deportierten rollten weiter. Familien wurden auseinandergerissen; alte Menschen von ihren Kindern getrennt.
Die ersten Transporte, die Menschen über 65 Jahre nach Theresienstadt brachten, begannen im Juni 1942. Der 85jährige Onkel Paul Litten, einst einer der angesehensten Bürger der pommerschen Stadt Köslin, mußte mit. Er war ein wohlhabender Mann gewesen, der sein Leben lang von seinen fünf Kindern verwöhnt worden war. Im Alter wurde er von zweien seiner Töchter versorgt. Drei seiner Kinder waren ausgewandert. Sie hatten versprochen, ihn nachkommen zu lassen. Dazu kam es nicht mehr. Er konnte kaum noch allein gehen.
‚Macht euch um mich keine Sorgen, meine Kinder‘, sagte er tröstend, als die Gestapo ihn holte. Er wußte, daß er seine letzte Reise antrat. Seiner unverheirateten Schwester, Tante Gustel, brachte meine Mutter noch eine warme Jacke, bevor sie zum Abtransport geholt wurde. Sie lebten im Altersheim Altonaer Straße. Als wir hinkamen, fanden wir die alten Herrschaften beim Packen. Ja, natürlich würden sie sich vorsehen. Natürlich würden sie schreiben, natürlich würden sie sich nicht erkälten – sie wiederholten es immerzu, wenn die Angehörigen, die gekommen waren, um beim Packen zu helfen, vorsorgliche Ratschläge gaben. Keiner glaubte dem anderen. Jeder wußte genau, daß es kein Wiedersehen geben würde.
‚Ich werde mich um Paul kümmern‘, sagte meine Tante, der Typ einer alten Jungfer, viel verlacht, gutmütig und den Wirren des Lebens gegenüber sehr hilflos. Sie war stets von ihrem wohlhabenden Bruder unterhalten worden. Nun gehörte sie wohl zu den wenigen, die sich noch eine Aufgabe für Theresienstadt vornahmen. ‚Theresienstadt wird schon nicht so groß sein, daß ich ihn dort nicht finden werde‘, meinte sie. Mit Hilfe meiner Mutter packte sie ihre wenigen Habseligkeiten in eine große Tragetasche. Verlegen lachend tat sie einen Blechnapf hinein. ‚Wie ein Hundenapf, nicht wahr?‘ Solche Eßnäpfe waren an die alten Leute verteilt worden. Während im Hause Geschäftigkeit herrschte, wie bei einem Umzug und die Auflösung um sich griff, standen draußen die Angehörigen, die schon Abschied genommen hatten, weinten, schluchzten und warfen sich verzweifelt einander in die Arme. Langsam und zögernd verließen sie den Ort, von dem aus ihre lieben Angehörigen die Reise in den Tod antraten.“ (Inge Deutschkorn)[99]

„Als wir in die Viehwaggons hineingestoßen wurden, die Türen sich hinter uns schlossen, um sich erst wieder in Auschwitz zu öffnen, griff wohl kalte Angst nach uns und entpreßte meinem Manne die Worte: ‚So, jetzt sind wir in der Falle‘. Aber schon begannen wir uns auch dieser Situation anzupassen, schichteten fein sorgfältig die Gepäckstücke und richteten

Abb.196
Französische Juden in einem Güterwaggon; um 1942

Abb. 197
Ungarische Juden nach der Ankunft in Auschwitz im Sommer 1944

uns häuslich ein. Ganz mechanisch, gewohnheitsmäßig taten wir das; auch in einem Waggon mit 58 Menschen und Gepäckstücken vollgepreßt, mit einem Kübel zur Verrichtung der Notdurft und einem Krug Trinkwasser, fanden wir irgendwo Raum für unsere Körper. Wo viele Kranke und Kinder waren, gab es natürlich panikartige Stimmungen. In unserem Zuge waren viele Kranke und allein 300 elternlose Kinder. Ein kleines Mädchen mit einer Puppe auf dem Rücken – so groß wie sie selbst – sah ich einsteigen, ein süßes winziges Ding.
Wir fuhren 32 Stunden, einen Nachmittag, eine Nacht und einen Tag. Im Waggon waren zwei kleine Gucklöcher und da stand immer einer, um zu berichten, wo ungefähr wir uns befanden. Wenn zufällig draußen jemand vorüberging, riefen wir mit angstgepreßten Stimmen, ‚wohin fahren wir, bitte sagen sie uns, wohin wir fahren'.
Unterdessen floß der Kübel mit Unrat über, machte das Trinkwasser unbrauchbar, beschmutzte unser Gepäck und uns selbst. Unruhe wechselte mit müder Stumpfheit. Die besonders Geschickten hatten sich allmählich ein Plätzchen zum Liegen zurecht geschoben, andere konnten kaum stehen. Einer schlief etwas erhöht über mir, ein großer, schwerer Mann, und im Schlaf fiel er immer über mich, nachdem auch ich für Minuten in einen Halbschlummer gesunken war. Das entnervte mich so (noch heute schäme ich mich dessen), daß ich anfing zu weinen, das letzte Mal während der ganzen Konzentrationshaft. Resultat, daß mein Mann um einen Platz für mich kämpfte. Immer werde ich es vor mir sehen, das arme verstörte Gesicht meines Mannes. Das mußte furchtbar für einen Mann sein, seine Frau und Kinder so leiden zu sehen, ohne helfen zu können. Da waren Männer, die im Kriege gekämpft hatten und da waren sie doch Männer unter sich und jetzt mit Frauen und Kindern, das raubte ihnen die letzte Kraft, so daß wir Frauen oftmals die Stärkeren sein mußten.
Wenn die Gefahr von überall lauert, Du nicht weißt, von wo sie kommt und wie sie aussieht, eingesperrt bist in einen fahrenden Kasten, in dem Du kaum atmen kannst, wo einer den anderen fast erdrückt mit seinem Haß und seiner Körperlichkeit, da kannst Du Dich nur hineinflüchten in rettende Stumpfheit ...
Ein Ruck, wir hielten. An beiden Seiten des Zuges sahen wir Stacheldraht, wir waren also mitten in das Lager hineingefahren. Abgeblendete Scheinwerfer, fensterlose Baracken, keine Menschenseele, Totenstille. Wir sahen uns an, was ist das, wo sind die Menschen, alles schien uns wie ausgestorben. Es war bereits zehn Uhr nachts und wir sagten uns, daß wir wahrscheinlich noch die Nacht über in den Waggons zubringen würden und begannen uns auszuziehen und auf ein abermaliges Übernachten vorzubereiten. Da auf einmal – brach es aus der Stille. Wir hörten Waggontüren aufreißen, scharfe Befehle, ein Geschrei und Gelaufe, daß es uns kalt über den Rücken lief. Unsere Waggontür wurde aufgerissen und ein Mann in gestreiftem Anzug sprang zu uns herein, ‚Gepäck und Kranke liegen lassen' alle anderen schnell heraus, schrie er uns zu und draußen war er. Wir packten aber trotzdem unser Handgepäck und sprangen aus dem hohen Wagen." (Grete Salus)[100]

Da konnten dreitausend Leute auf einmal ins Gas geschickt werden?
Erber: Ja, aber soviel kamen nie zusammen, weil nie zwei Transporte zusammen kamen. Weil ein Transport immer nach dem anderen abgefertigt wurde.
Und während der Zeit stand der nächste Transport schon irgendwo außerhalb von Auschwitz?
Erber: So schlimm war es ja nicht. Ich meine, daß sie so hintereinander gekommen sind. Bloß wie dann die Ungarn-Transporte kamen. Da kamen drei bis vier Transporte am Tag.
Herr Erber, wie groß war die Kapazität der Transporte? Wie viele Menschen kamen auf die Rampe?
Erber: Ganz verschieden. Das konnten zweihundert sein, das konnte bloß ein Lastwagen sein, es konnten zweitausend sein.
In welchem Jahr kamen denn die meisten Transporte?

Erber: Also, die meisten Transporte kamen 1944, weil da Ungarn war und so.
Wie groß war etwa der Anteil derjenigen, die arbeiten mußten und derjenigen, die direkt in die Gaskammern geschickt wurden?
Erber: Man kann als Anteil rechnen mit 30 Prozent zu der Arbeit.
Und 70 Prozent in die Gaskammern?
Erber: Und 70 Prozent kam weg. Ich meine, es war eine sehr schlimme Sache. Aber wir durften nicht darüber reden und gar nichts. Denn von uns, wir hatten uns schon 1941 weggemeldet. Ich hab es dreimal versucht, und 1942, ich weiß nicht, war's im August oder im September, da kam ein Führerbefehl: Der Dienst in Auschwitz ist Frontdienst. Das heißt mit anderen Worten, wer dort ist, kann sich nicht wegmelden. Denn von der Front kann sich kein Soldat wegmelden."
(Ebbo Demant im Gespräch mit dem zu lebenslangem Zuchthaus verurteilten SS-Oberscharführer Josef Erber)[101]

Abb. 198
Gleisanlage im Vernichtungslager Auschwitz-Birkenau

Kapitel IV

Eisenbahnen – eine Bilanz

Überraschend und erregend
Anmerkungen
Bibliografie
Bildnachweis
Verlagswerbung

IV EISENBAHNEN – EINE BILANZ

Überraschend und erregend

Dass Deutschland eins werde, dazu würden, so Goethe Oktober 1828 im Gespräch mit seinem Sekretär und Adlatus Johann Peter Eckermann, die „guten Chausseen und künftigen Eisenbahnen“ das ihrige tun.[102] Der Optimismus des Dichters hatte zunächst eine gewisse Berechtigung, doch konnte er natürlich nicht die tragische geschichtliche Entwicklung des 20. Jahrhunderts mit Drittem Reich, Zweitem Weltkrieg und der Teilung Deutschlands voraussehen. Dass es dann 1990 wieder zur Einheit Deutschlands kam, war freilich nicht den Chausseen und Eisenbahnen zu danken – die meisten der 39 Reichsbahnstrecken, welche die 1393 Kilometer der Grenze zwischen Bundesrepublik und DDR durchtrennten, hatte man abgebaut (sie endeten im Niemandsland); nur sieben blieben für den Reise- und eine für den Güterverkehr offen. Die Veränderung der Weltlage und die große Wende bewirkten Michail Gorbatschows Perestroika und die friedliche Revolution, mit der die Bürgerinnen und Bürger das SED-Regime zum Einsturz brachten.
Aber die Eisenbahn spielte insofern eine bedeutende, höchst förderliche Rolle beim glückhaften Geschehen, als sie der Flucht- und Ausreisebewegung der DDR-Bevölkerung, welche das Ende des SED-Regimes einleitete, einen spektakulären Ausdruck verlieh. „Tausende von Menschen flüchteten im Sommer 1989 in die Botschaften der Bundesrepublik in Prag und Warschau und besetzten diese wochenlang. Schließlich wurde ihnen von der DDR-Regierung erlaubt, in die Bundesrepublik auszureisen. Die Ausreise hatte in Sonderzügen der Reichsbahn über das Territorium der DDR zu erfolgen. Bei der Fahrt der Flüchtlingszüge durch die DDR kam es entlang der Strecke zu Demonstrationen und Tumulten. Am 4. Oktober wurde sogar der von Staatssicherheit, Armee und Polizei abgeriegelte Dresdener Hauptbahnhof von ausreisewilligen Menschen gestürmt. Sie hofften, die durchfahrenden Züge mit den Botschaftsflüchtlingen stoppen und mit ihnen in den Westen fahren zu können. Unter dem Eindruck der zunehmenden Demonstrationen, auf denen der Ruf ‚Wir sind das Volk‘ immer lauter zu hören war, gab die SED am 9. November schließlich nach und beschloss die Einführung der allgemeinen Reisefreiheit. Die öffentliche Bekanntgabe der neuen Reiseregelung durch das Politbüro-Mitglied Günter Schabowski führte noch am selben Abend zum Fall der Mauer.
In den folgenden Tagen und Wochen hatte die Reichsbahn mit einem enormen Ansturm von Reisenden in Richtung Westen zu kämpfen. Die Züge waren völlig überlastet, so dass ihre Reisegeschwindigkeit erheblich herabgesetzt werden musste. Auf den Bahnhöfen im Grenzgebiet herrschten chaotische Zustände, aber auch große Freude über die neu gewonnene Freiheit.“[103]
Mit der wiederhergestellten staatlichen Einheit Deutschlands am 3. Oktober 1990 – die Volkskammer erklärte den „Beitritt der DDR zum Geltungsbereich des Grundgesetzes der Bundesrepublik Deutschland gemäß Artikel 23 des GG“ – und als Folge des dann geschlossenen Einigungsvertrages wurden die beiden deutschen Eisenbahnsysteme wieder zusammengeführt, wobei es 1994 zu einer Strukturreform kam, um die Wirtschaftlichkeit und Wettbewerbsfähigkeit der Bahn zu erhöhen. Die Sondervermögen der Deutschen Bundesbahn und der Deutschen Reichsbahn wurden zum Bundeseisenbahnvermögen (BEV) zusammengefasst und der unternehmerische Bereich als privatrechtliche Deutsche Bahn AG (DB AG) ausgegliedert. Seit 1999 wird die DB AG (mit dem Bund als alleinigem Aktionär) in Form eines mehrstufigen Konzerns von einer Holding geführt – vornehmlich mit den Geschäftsfeldern Personenfern- und -Personennahverkehr, Güterverkehr, Fahrweg und Personenbahnhöfe.

Abb. 199
Das Plakat aus dem Jahr 1955 bezog sich auf den Befehl Nr. 8 der Sowjetischen Militäradministration in Deutschland vom 11. August 1945, in dem verfügt worden war, dass ab 1. September in der SBZ (Sowjetischen Besatzungszone) der Eisenbahnbetrieb den deutschen Eisenbahnern zu übergeben sei. Die Siegermächte, ausgenommen die Franzosen, hatten allesamt eine solche Regelung getroffen: unter ihrer Aufsicht wurde Leitung und Verwaltung des Eisenbahnwesens den Deutschen rasch wieder übertragen. Im Westen kam es im Rahmen des 1946 gebildeten Vereinten Wirtschaftsgebietes (Bizone) zur Verschmelzung der Bahnverwaltungen der britischen und amerikanischen, nach Gründung der Bundesrepublik 1949 auch der französischen Zone. Der „Kalte Krieg“ führte zu einer immer stärkeren Abtrennung des ostdeutschen Bahnwesens, das besonders unter der Demontage litt; so wurden in der SBZ sämtliche Stromleitungen und Fahrleitungsmasten sowie die elektrischen Lokomotiven und Triebwagen beschlagnahmt und in die Sowjetunion abtransportiert. „Interzonenzüge“ zwischen den beiden Deutschland wurden an der „Grenze“ besonders streng kontrolliert. (Die Bezeichnung galt ursprünglich für alle Verbindungen zwischen den verschiedenen Besatzungszonen; für solche Reisen benötigte man einen eigenen „Interzonenpass“.)
Mit der deutschen Trennung erfolgte auch eine Teilung der Reichsbahn: Im Westen wurde sie in „Deutsche Bundesbahn“ umbenannt; im Osten behielt sie ihren Namen und wurde dem DDR-Verkehrsminister unterstellt. Die Deutsche Reichsbahn war Teil der DDR-Planwirtschaft. Abgetrennt von den Kohlerevieren des Ruhrgebiets versuchte man die Umstellung auf die im Osten reichlich vorhandene Braunkohle, was große Probleme mit sich brachte; der Diesel- und Elektrobetrieb erhielt dadurch freilich Entwicklungsimpulse: zu den besonders leistungsfähigen Fahrzeugen der DDR gehörten die Diesellokomotive (Forts. S. 210)

Durch technische Innovationen, Rationalisierungen (oft verbunden mit umstrittenen Streckenstillegungen und Personalabbau), Verbesserung des Leistungsangebots (etwa in Form eines engmaschigen Netzes von Intercity-Zügen), durch Komfortsteigerung und großzügige Bahnhofsrestaurierungen, vor allem aber durch Steigerung des Güterverkehrs will die Bahn zeigen, dass „die Zukunft ihr gehört“ (Hartmut Mehdorn).

Robert Walser:
Die Einfahrt (S. 165)

wurde wieder wach zu meinem Entzücken. O das war ein schönes Eisenbahnfahren mit mild gesinnten, klugen, ernsten Landsgenossen in die Umschlungenheit hinein. Es umschlang uns mit Felsen und mit Bergen. Liebe, grüne Täler lachten in der Tiefe und von der Höhe herab nickte stolz die edle Tanne. Ich sah das Haus an der Halde stehen und Menschen auf den Wegen gehen, die sich in die Wälder schlängelten. Das Land öffnete die Arme, und ich, ich sank hinein in die Umarmung und war wieder der Sohn des Landes und seiner Bürger einer. Allmählich wurde es Nacht.

Unter den vielen Texten, die sich in der Literatur mit der Eisenbahn beschäftigen, stellt aus meiner Sicht die ergreifendst-eindringlichste „Seelen-Bilanz" ein Prosastück von Wolfgang Borchert dar („Eisenbahnen, nachmittags und nachts")[106] – Summe all der Gefühle und Vorstellungen, Hoffnungen und Ängste, Erwartungen und Enttäuschungen, die über Jahrzehnte mit dem Phänomen Eisenbahn sich verbunden haben. Es ist ein Aufschrei von Verlorenheit und zugleich Jubel über bewegenden Aufbruch. Den Rhythmus, den das Leben sowohl hart als auch verführerisch schlägt, wird zu einer „Bahnmelodie" komprimiert – eine Komposition, in der alle Lebensweisen in Dur und Moll aufklingen, freilich ekstatisch-expressiv verschlüsselt.

Die „Zeit der Züge" kündet als „Zug der Zeit" vom Aufbruch des Menschen in die widersprüchliche Modernität als vorläufig letzte geschichtliche Epoche. Dies hämmern uns die Bahnen ins Gehirn und in die Seele. „Durch schwarzgrünatmende Wälder und die sternbestickten seidigen samtenen Nächte fauchen die Güterzüge heran und davon mit dem unablässigen Hintereinander der Räder. Über Millionen schwieliger Schwellen vorwärtsgerumpelt. Unaufhaltsam. Ununterbrochen: Die Bahnen. Über Dämme hinhämmernd, über Brücken gebrüllt, aus Diesigkeiten herandonnernd, in Dunkelheiten verdämmernd: Summende brummende Bahnen. Güterzüge, murmelnd, eilig, irgendwie träge und ruhlos, sind sie wie wir." Auch weil einige unter ihnen singen – summen und brummen durch unsere glücklichen Nächte. Gierig ihr verheißungsvoller Rhythmus: Nach Haus – nach Haus – nach Haus! Zugleich erzählen sie denen, die nachts mit ihrem Ohr leben und mit ihrem Ohr unterwegs sind, den Kranken und den Eingesperrten, von der unbegreiflichen Weite der Welt, von ihren Schätzen, von ihrer Süße, ihren Enden und Unendlichkeiten. Und sie murmeln die, die ohne Schlaf sind, in gute Träume.

„Aber es gibt auch grausame, unerbittliche, brutale, die ohne Melodie durch die Nacht hämmern, und ihr Puls will dir nicht wieder aus den Ohren, denn er ist hart und häßlich, wie der Atem eines bösen asthmatischen Hundes, der hinter dir herhetzt: Immer weiter – nie zurück – für immer – für immer. Oder grimmiger mit grollenden Rädern: Alles vorbei – alles vorbei." In ihrem Schrei schreit dann das Heimweh, das Verlorene, Verlassene – und sie donnern einen dumpfen Rhythmus, unselig und untröstlich, auf den mondbeschienenen Schienen. Und du vergisst sie nie.

Eisenbahnen sind wie wir. Sie halten viel mehr aus, als alle geglaubt haben. Dann kippen sie aus den Gleisen, stehen still oder verlieren ein wichtiges Organ. Immer wollen sie irgendwo hin. Niemals bleiben sie irgendwo. Und wenn es aus ist, was ist ihr Leben? „Unterwegssein. Aber großartig, grausam, grenzenlos. Eisenbahnen, nachmittags, nachts. Die Blumen an den Bahndämmen, mit ihren rußigen Köpfen, die Vögel auf den Drähten, mit rußigen Stimmen, sind mit ihnen befreundet und erinnern sie noch lange."

Das Leben wie ein Schienenstrang, rostig, fleckig, silbern, blank, schön und ungewiss. Eisenbahn bist du, vorübergerumpelt, vorübergeschrien – „Und dein Herz kennt keiner genau."

Abb. 200
Rechte Seite: Berlin Hauptbahnhof (DB-Archiv 2009)

DER ANHANG

Anmerkungen

1) Zit. nach Max Beckh, S. 221
2) Vgl. Stadtlexikon, S. 145
3) Zit. nach Max Beckh, S. 219 ff.
4) Zit. nach Max Beckh, S. 221
5) Zit. nach Max Beckh, S. 223
6) Rolf L. Temming, S. 23
7) Zit. nach Eisenbahnjahr Ausstellungsgesellschaft, S. 77 (Manfred Jehle: Eiserne Kunststraßen. Zur Vor- und Frühgeschichte der Eisenbahn)
8) Zit. nach Walter Schatz, S. 3
9) Vgl. Stadtlexikon, S. 627 f.
10) Friedrich List (Schriften), S. 347 ff.
11) Friedrich List (Sächsisches Eisenbahnsystem), S. 35 ff.
12) Hans Christian Andersen, S. 33
13) Karl Bosl, S. 13
14) Heinrich Heine, S.478
15) Hans Christian Andersen, S. 25
16) Wolfgang Schivelbusch, S. 35 ff.
17) Klaus Beyrer, S. 235
18) Heinrich Stephan, S. 789
19) Klaus Beyrer, S. 237 f.
20) Zit. nach Archiv für deutsche Postgeschichte, S. 6
21) Zit. nach Gerald Deckart, S. 80
22) Zit. nach Gerald Deckart, S. 74 f.
23) Zit. nach Werner Pöls, S. 384 f.
24) Zit. nach Gerald Deckart, S. 78
25) Dirk Hoeges, S. 9 ff.
26) Dirk Hoeges, S. 12 f.
27) Emmanuel Geibel, S. 4 ff
28) Zit. nach Wolfgang Schivelbusch, S. 74
29) Franz Kafka, S. 54
30) Eisenbahnjahr Ausstellungsgesellschaft, S. 25 ff. (dort auch die Zitate); (Franz Sonnenberger: Mensch und Maschine. Technikfurcht und Techniklob am Beispiel Eisenbahn)
31) Nikolaus Lenau, S. 290
32) Wolfgang Schivelbusch, S. 16
33) Vgl. Werner Schultheiß, S. 85 ff.
34) Kurt Tucholsky, S. 486
35) Ludwig Thoma, S. 632 f.
36) Vgl. Peter Heigl, u.a. S. 11 f.
37) Zit. nach Rolf L. Temming, S. 132 f.
38) Franz Rehbein, S. 29 f.
39) Karl-Ernst Maedel, S. 11
40) Ludwig Thoma, S. 40
41) Thomas Mann, S. 7 ff.
42) Peter Rosegger, S. 100
43) Karl Fischer, S. 124 f.
44) Karl Fischer, S. 126

45) Eisenbahn-Zeitung vom 20.10.1849. Zit. nach Ulrich Otto Ringsdorf, S. 117
46) Vgl. Eisenbahnjahr Ausstellungsgesellschaft, S. 134 ff.
(Rainer Fremdling: Pioniere. Porträts deutscher Lokomotivhersteller)
47) Vgl. Dieter Vorsteher, S. 90 ff.
48) Zit. nach Rolf L. Temming, S. 72
49) Rolf L. Temming, S. 72
50) Rolf L. Temming, S.77
51) Rolf L. Temming, S. 121
52) Zit. nach Dieter Vorsteher, S. 97
53) Egon Friedell, S. 99
54) Vgl. Günter Ogger, S. 157 ff. (dort auch Zitate)
55) Vgl. Ralf Roman Rossberg, S. 89 ff. (dort auch die Daten zu den Streckenlängen und die Zitate)
56) Zit. nach Johannes Maar, S. 199
57) Vgl. Monika Sperr, S. 29
58) Joachim Radkau, S. 13
59) Sigmund Freud, S. 14 ff.
60) Willy Hellpach, S. 45 f. und 91
61) Detlev von Liliencron, S. 340
62) Jean Dethier, S. 6
63) Wolfgang Schivelbusch, S. 45
64) Eisenbahnjahr Ausstellungsgesellschaft, S. 537
(Klaus-Jürgen Sembach: Durchgang und Zeitlichkeit. Die transitorische Funktion der Bahnhöfe)
65) Eisenbahnjahr Ausstellungsgesellschaft, S. 537
66) Thomas Wolfe, S. 87 ff.
67) Mascha Kaléko, S. 116
68) Hans Christian Andersen, S. 22
69) Thomas Mann (Felix Krull), S. 202
70) Richard Dehmel, S. 145 ff.
71) Zit. nach Werner Walz, S. 195
72) Rolf L. Temmling, S. 153
73) Sigmund Freud, S. 37
74) Eisenbahnjahr Ausstellungsgesellschaft, S. 581
(Andreas Ley: Mantel, Hut und Necessaire. Reiseausstattung der Eisenbahnzeit – Nötiges und Modisches)
75) Eisenbahnjahr Ausstellungsgesellschaft, S. 586 f.
76) Zit. nach Wolfgang Schivelbusch, S. 117
77) Zit. nach Wolfgang Schivelbusch, S. 118
78) Vgl. Werner Walz, S. 226 f.
79) Rolf L. Temmling, S. 112
80) Werner Walz, S. 220
81) Werner Walz, S. 223 f.
82) Rolf, L. Temmling, S. 120
83) Eisenbahnjahr Ausstellungsgesellschaft, S. 220 ff.
(Markus Völkel: Einigkeit und Freiheit. Die Eisenbahn als Mittel nationaler Politik?)
84) Im Dienst von Demokratie und Diktatur, S. 9 ff.
85) Zit. nach Hundert Jahre deutsche Eisenbahn, S. 42

86) Im Dienst von Demokratie und Diktatur, S. 10
87) Im Dienst von Demokratie und Diktatur, S. 69
88) Adolf Hitler, S. 180
89) Im Dienst von Demokratie und Diktatur, S. 121 ff.
90) Dietrich Goldschmidt, S. 1
91) Zit. nach Eva G. Reichmann, S. 191
92) Houston Stewart Chamberlain, S. 312
93) Theodor Fritsch, S. 21, 346
94) Zit. nach Kurt Sontheimer, S. 92
95) Karl Schwedhelm, S. 266
96) Adolf Hitler, S. 311 f., 444, 316 f., 324, 267, 314, 351, 70
97) Otto Schwarz/ Erwin Noack, S. 15
98) Deutsches Bundesbahnmuseum, Band 2, S. 121 ff.
99) Inge Deutschkorn, S. 96 ff.
100) Grete Salus, S. 8 ff.
101) Ebbo Demant, S. 33 f.
102) Johann Peter Eckermann, S. 605
103) Deutsches Bundesbahn Museum (Auf getrennten Gleisen), S. 141
104) Zit. nach Renate Nagel, S. 7
105) Jakob van Hoddis, S. 443
106) Wolfgang Borchert, zit. nach Wolfgang Minaty, S. 264 ff.

Bibliografie

Herangezogene Literatur, darunter auch die Titel und Texte, die in der Darstellung sowie in den Anmerkungen zitiert werden.

Andersch, Alfred: Jahre in Zügen. Ein Bericht. In Klaus R. Scherpe: In Deutschland unterwegs. Reportagen, Skizzen, Berichte 1945-1948. Stuttgart 1982

Andersen, Hans Christian: Eines Dichters Basar. Weimar o. J.

Archiv für deutsche Postgeschichte, Heft 1/1987

Armengaud der Ältere/ Armengaud, Carl: Das Eisenbahnwesen oder Abbildungen und Beschreibungen. Hannover 1980 (Nachdruck von 1841)

Asmus, Carl: Die Ludwigs-Eisenbahn. Die erste Eisenbahnlinie in Deutschland. Zürich, Schwäbisch Hall 1984

Barret, André (Hg.): Die große Zeit der Eisenbahnen 1832-1914. Frankfurt a. M. 1979

Becher, Johannes R.: Lokomotiven. In: Gesammelte Werke. Bd.1 Hg. vom Johannes R.-Becher-Archiv der Deutschen Akademie der Künste zu Berlin. Berlin, Weimar 1966

Beckh, Max: Deutschlands erste Eisenbahn Nürnberg – Fürth. Nürnberg 1935

Beyrer, Klaus: Die Postkutschenreise. Tübingen 1985

Heinrich Böll: Der Zug war pünktlich. Opladen o. J.

Borchert, Wolfgang: Das Gesamtwerk. Hamburg 1949

Born, Nicolas: Bahnhof Lüneburg 30. April 1976. In: Gedichte 1967-1978. Reinbek bei Hamburg 1978

Bosl, Karl: Der technische Fortschritt in Bayerns Staat und Gesellschaft. Festvortrag zum Verfassungstag 1979. Sonderdruck Nürnberg 1980

Braun, Andreas: Tempo, Tempo! Eine Kunst- und Kulturgeschichte der Geschwindigkeit im 19. Jahrhundert. Frankfurt a. M. 2001

Brown, Dee: Das Feuerroß erreicht das Große Wasser im Westen. Der Bau der amerikanischen Eisenbahn. Hamburg 1978

Burkhardt, Irene: Das zeitgenössische Echo auf Planung, Bau und Eröffnung der ersten Eisenbahn mit Dampfkraft in Deutschland, der Ludwigseisenbahn zwischen Nürnberg und Fürth. Nicht veröffentlichte Zulassungsarbeit für das Lehramt an Gymnasien an der Friedrich-Alexander-Universität Erlangen-Nürnberg. Erlangen 1980

Cars, Jean des: Schlafwagen. Internationale Expreßzüge: Hundert Jahre Reisen und Abenteuer. Stuttgart 1984

Cars, Jean des/ Caracalla, Jean-Paul: 100 Jahre Orient-Expreß. Zürich, Schwäbisch Hall 1984

Chamberlain, Houston Stewart: Die Grundlagen des 19. Jahrhunderts. Volksausgabe München 1909

Deckart, Gerald: Gar lustig blies der Postillion. Gedichte und Bilder aus der Postkutschenzeit. München 1979

Dehmel, Richard: Vierter Klasse. In: Erlösungen – Eine Seelenwanderung in Gedichten und Sprüchen. Stuttgart 1891

Demant, Ebbo (Hg.): Auschwitz – „Direkt von der Rampe weg…“ Kaduk, Erber, Klehr: Drei Täter geben zu Protokoll. Mit einer Einführung von Axel Eggebrecht. Reinbek bei Hamburg 1979

Dethier, Jean/ Centre Georges Pompidou, Paris/ Staatliche Kunsthalle Berlin (Hg.): Die Welt der Bahnhöfe. Berlin 1980

Deutsche Bundesbahn (Hg.): Die Eisenbahn in der Kunst. Ein Bildwerk. Bonn 1958

Deutsche Bundesbahn (Hg.): 125 Jahre Deutsche Eisenbahnen. Ein Bildwerk. Frankfurt a. M., Bonn 1960

Deutsche Bundesbahn (Hg.): 150 Jahre Deutsche Eisenbahnen. Offizieller Jubiläumsband. München 1985

Deutsches Bundesbahn Museum (Hg.): Geschichte der Eisenbahn in Deutschland. Bd. 3: Auf getrennten Gleisen. Reichsbahn und Bundesbahn 1945-1989. Katalog zur Dauerausstellung. Nürnberg 2001

Deutsches Bundesbahn Museum (Hg.): Geschichte der Eisenbahn in Deutschland. Bd. 2: Im Dienst von Demokratie und Diktatur – Die Reichsbahn 1920-1945. 2. Aufl., Nürnberg 2004

Deutschkorn, Inge: Ich trug den gelben Stern. Köln 1978

Ebenfeld, Stefan; in Deutsches Eisenbahnmuseum: Geschichte der Eisenbahn in Deutschland, Band 2, S. 101

Eckermann, Johann Peter: Gespräche mit Goethe in den letzten Jahren seines Lebens (1835). München 1984

Eisenbahnjahr Ausstellungsgesellschaft Nürnberg (Hg.): Zug der Zeit – Zeit der Züge. Deutsche Eisenbahn 1835-1985. Bd. 1 und 2. Berlin 1985

Eisenbahn-Zeitung, 31. August 1845. Zit. nach Ringsdorff, Ulrich Otto: Der Eisenbahnbau südlich Nürnberg 1841-1849. Schriftenreihe des Stadtarchivs Nürnberg Bd. 24. Nürnberg 1978

Engelke, Gerrit: Lokomotive. In: Rhythmus des neuen Europa. Jena 1921

Ferstl, Karl Heinz/ Kaiser, Heinrich W. (Hg.): Hauptbahnhof Nürnberg. Geschichte und Visionen. München, Herten 2002

Fischer, Karl: Denkwürdigkeiten und Erinnerungen eines Arbeiters. Hg. und mit einem Geleitwort versehen von Paul Göhre. Bd. 1, Leipzig 1903

Fontane, Theodor: Die Brück' am Tay. In: Sämtliche Werke. Hg. von Edgar Groß u.a., Bd. 20. München 1959 ff.

Franzke, Jürgen (Hg.): Bagdad- und Hedjazbahn. Deutsche Eisenbahngeschichte im Vorderen Orient. Reisefotografie von Helmut Dollhopf und Jürgen Franzke. Nürnberg 2003

Franzke, Jürgen (Hg.): Rheingold – ein europäischer Luxuszug. Nürnberg, Frankfurt a. M. 1997

Franzke, Jürgen (Hg.): König der Züge. Orientexpress. Nürnberg 1999

Freiligrath, Ferdinand: Was die Lokomotiven sagten. In: Sämtliche Werke in 10 Bde. Hg. von Gunter Caspar. Bd. 7. Leipzig 1907

Freud, Sigmund: Die ‚kulturelle' Sexualmoral und die moderne Nervosität (1908). In Alexander Mitscherlich/ Angela Richards/ James Strachey (Hg.): Sigmund Freud. Studienausgabe Bd. I-X und Ergänzungsband. Frankfurt a. M. 1969 ff. Bd. IX

Friedell, Egon: Kulturgeschichte der Neuzeit. Bd.3. München 1931

Friedrich, Hans-Peter/ Scheford, Ulrich: Die Eisenbahn von A-Z. München 1983

Fritsch, Theodor: Antisemiten-Katechismus. Eine Zusammenstellung des wichtigsten Materials zum Verständnis der Judenfrage. Leipzig 1892

Gall, Lothar/ Pohl, Manfred (Hg.): Die Eisenbahn in Deutschland. Von den Anfängen bis zur Gegenwart. München 1999

Gall, Lothar/ Roth, Ralf: 1848/49. Die Eisenbahn und die Revolution. Berlin 1999

Geibel, Emmanuel: Gesammelte Werke in 8 Bde. Bd. 3. Stuttgart, Berlin 1906

Genazino, Wilhelm: Mittelmäßiges Heimweh. München 2007. In: Neue Zürcher Zeitung, 20./21.12.2008

Gerlach, Hans-Henning: Atlas zur Eisenbahngeschichte. Deutschland, Österreich, Schweiz. Zürich, Wiesbaden 1986

Glaser, Hermann: Sigmund Freuds Zwanzigstes Jahrhundert. Seelenbilder einer Epoche. München, Wien 1976

Glaser, Hermann: Maschinenwelt und Alltagsleben. Industriekultur in Deutschland vom Biedermeier bis zur Weimarer Republik. Frankfurt a. M. 1981.

Glaser, Hermann/ Neudecker, Norbert: Die deutsche Eisenbahn. Bilder aus ihrer Geschichte. München 1984

Glaser, Hermann: Wie Hitler den deutschen Geist zerstörte. Kulturpolitik im Dritten Reich. Hamburg 2005

Goldschmidt, Dietrich: Zur Soziologie des Antisemitismus. Schriften der Akademie für politische Bildung. Reihe A, Heft 3. Tutzing 1960

Gottwaldt, Alfred B.: Alte Lokomotiv-Annoncen. Eine Stilgeschichte der industriellen Werbung. Stuttgart 1974

Gottwaldt, Alfred B.: Deutsche Reichsbahn 1935. Stuttgart 1976

Grube, Frank/ Richter, Gerhard (Hg.): Das große Buch der Eisenbahn. Hamburg 1979

Hagen, Rudolf: Die erste deutsche Eisenbahn mit Dampfbetrieb zwischen Nürnberg und Fürth. Gedenkschrift zu deren fünfzigjährigem Jubiläum am 7. Dezember 1885. Nürnberg 1885

Hajt, Jörg: Das große TEE-Buch. 40 Jahre Trans-Europ-Express. Schindellegi 1997

Hauptmann, Gerhart: Bahnwärter Thiel. In: Gesammelte Werke in 6 Bde. 5.Bd. Berlin 1916

Heigl, Peter: Das Allinger Bockerl. Bayerns kürzeste Bahnstrecke 1875-1967. Regensburg 1997

Heigl, Peter: Adler. Stationen einer Lokomotive im Laufe dreier Jahrhunderte. Amberg 2009

Heine, Heinrich: Lutetia. Berichte über Politik, Kunst und Volksleben. In: Werke und Briefe in 10 Bde. Hg. von Hans Kaufmann. Bd. 6. Berlin (Ost) 1962

Hellpach, Willy: Nervosität und Kultur. Berlin 1902

Hemberger, Andreas: Die Eisenbahnfibel. Bamberg 1954

Herold, Alfred: In Franzke, Jürgen: König der Züge. Orientexpress. Nürnberg 1999

Hilberg, Raul: Sonderzüge nach Auschwitz. Mainz 1981

Heym, Georg: Die Züge (Dezember 1910). In: Dichtungen und Schriften. Bd. I. Lyrik. München 1962

Hitler, Adolf: Mein Kampf. München 1934

Höfer, Werner (Hg.): Nacht-Express. Vom Zauber der Züge und vom Abenteuer des Reisens; o. O. 1982

Hoddis, Jakob van: Zit. nach Conrady, Karl Otto (Hg.): Das große deutsche Gedichtbuch von 1500 bis zur Gegenwart. München, Zürich 1992

Hoeges, Dirk: Alles veloziferisch. Die Eisenbahn – vom schönen Ungeheuer zur Ästhetik der Geschwindigkeit. Rheinbach-Merzbach 1985

Hornstein, Anton von: Eisenbahnmuseen, Denkmalloks, Touristenbahnen in aller Welt. Zürich 1973

Horváth, Ödön von: Der jüngste Tag. In: Gesammelte Werke. Bd. 2. Schauspiele. Frankfurt a. M. 1970

150 Jahre deutsche Eisenbahn. Zug der Zeit. Zeit der Züge. Sonderbeilage der Nürnberger Nachrichten, 10. Mai 1985

Intensiv Marketing GmbH, Nürnberg (Hg.): 150 Jahre Eisenbahn Nürnberg-Fürth 1835-1985. Nürnberg 1985

Kästner, Erich: Das Eisenbahngleichnis. In: Gesammelte Schriften. Bd. 1. Gedichte. Köln 1959

Kafka, Franz: Eisenbahnreisende. In: Erzählungen. Frankfurt a. M. 1961

Kaléko, Mascha: Das lyrische Stenogrammheft. Reinbek bei Hamburg 1956

Kempowski, Walter: Schöne Aussicht. Hamburg 1981

Kerner, Justinus: Im Eisenbahnhofe. In: Sämtliche poetische Werke in 4 Bde. Hg. von Josef Gaismaier. 2. Bd. Leipzig o. J.

Lenau, Nicolaus: An den Frühling, 1838. In: Sämtliche Werke und Briefe. Bd. 1. Leipzig, Frankfurt a. M. 1970

Lersch, Heinrich: Abglanz des Lebens. M.-Gladbach 1917

Lichtenstein, Heiner: Mit der Reichsbahn in den Tod. Massentransporte in den Holocaust. Köln 1985

Liliencron, Detlev von: Ich war so glücklich. In: Gesammelte Werke. Bd. 2: Gedichte. Berlin 1916

Liliencron, Detlev von: Blitzzug. In: Ausgewählte Gedichte. Berlin, Leipzig 1907

List, Friedrich: Schriften, Reden, Briefe. Bd. 3: Schriften zum Verkehrswesen. Hg. von Erwin von Beckenrath und Otto Stühler. Berlin 1929

List, Friedrich: Über ein sächsisches Eisenbahn-System als Grundlage eines allgemeinen deutschen Eisenbahnsystems. Mainz 1984 (Nachdruck)

Logan, Ian: Lost Glory. Eisenbahn in Amerika und ihre großen Tage. Frankfurt a. M. 1977

Maedel, Karl-Ernst: Liebe alte Bimmelbahn. Eine Erinnerung an unsere deutschen Klein- und Nebenbahnen. Stuttgart 1967

Mahr, Johannes: Eisenbahnen in der deutschen Dichtung. Der Wandel eines literarischen Motivs im 19. und im beginnenden 20. Jahrhundert. München 1982

Mann, Thomas: Bekenntnisse des Hochstaplers Felix Krull. Frankfurt a. M. 1965

Mann, Thomas: Der Zauberberg. Frankfurt a. M. 1967

Mann, Thomas: Das Eisenbahnunglück. In: Die Erzählungen. Bd. 1. Frankfurt a. M. 1975

Meyers Conversations-Lexicon für die gebildeten Stände. Gotha 1840 ff.

Meyer, Ulfilas: Kino-Express. Die Eisenbahn in der Welt des Films. München, Luzern 1985

Minaty, Wolfgang (Hg.): Die Eisenbahn. Gedichte, Prosa, Bilder. Frankfurt a. M. 1984

Militär-Medizinal-Abtheilung des Königlich Preussischen Kriegsministerium (Hg.): Die Deutschen Sanitätszüge im Kriege gegen Frankreich 1870/71. Berlin 1886

Molo, Walter von: Ein Deutscher ohne Deutschland. Zit. nach Rossberg, Ralf Roman (Hg.): Vom Reiz der Eisenbahn. Künzelsau, Thalwil, Straßburg, Salzburg 1979

Morgenstern, Christian: Das Häuschen an der Bahn. Zit. nach Rossberg, Ralf Roman (Hg.): Vom Reiz der Eisenbahn. Künzelsau, Thalwil, Straßburg, Salzburg 1979

Nagel, Renate (Hg.): Abfahrt auf Gleis elf. Die schönsten Eisenbahngeschichten. Zürich, Köln 1976 (München 1980)

Nock (O.S.) (Hg.): Encyclopedia of Railways. London 1977

Ogger, Günter: Die Gründerjahre. Als der Kapitalismus jung und verwegen war. München, Zürich 1982

Orientexpress. Reportage von der ersten Fahrt. Zit. nach Sölch, Werner: Orient-Express. Glanzzeit und Niedergang eines Luxuszuges. Reinbek bei Hamburg 1980

Ott, Hermann: Der Adler am Ziel. Fürth und die deutsche Eisenbahn. Fürth 1985

Petersen, Carl Olof und Elly: Die Moosschwaige. Zit. nach Rossberg, Ralf Roman (Hg.): Vom Reiz der Eisenbahn. Künzelsau, Thalwil, Straßburg, Salzburg 1979

Popp, Walter: Gründung und Verwaltung der ersten deutschen Eisenbahn, der Ludwigsbahn zwischen Nürnberg und Fürth. Erlangen 1943

Pöls, Werner (Hg.): Deutsche Sozialgeschichte. Dokumente und Skizzen. Bd. I: 1815-1870. München 1973

Radkau, Joachim: Das Zeitalter der Nervosität. Deutschland zwischen Bismarck und Hitler. München 1998

Reuleaux, Franz: Einführung in die Geschichte der Erfindungen. Bildungsgang und Bildungsmittel der Menschheit. Bd. 1 und Bd. 6. Leipzig, Berlin 1884

Rehbein, Franz: Das Leben eines Landarbeiters. Hg. von Karl Winfried Schafhausen. Darmstadt-Neuwied 1973

Reichmann, Eva G.: Die Flucht in den Hass. Die Ursachen der deutschen Judenkatastrophe. Frankfurt a. M. 1956

Reichsverkehrsministerium (Hg.): Hundert Jahre deutsche Eisenbahn. Jubiläumsschrift zum hundertjährigen Bestehen der deutschen Eisenbahnen. Leipzig 1938

Rilke, Rainer Maria: Aufzeichnungen des Malte Laurids Brigge. In: Ausgewählte Werke. 2. Bd. Hg. vom Rilke-Archiv. Leipzig 1938

Ringsdorf, Ulrich Otto: Der Eisenbahnbau südlich Nürnberg 1841-1849. Schriftenreihe des Stadtarchivs Nürnberg Bd. 24. Nürnberg 1978

Ritzau, Hans Joachim: Eisenbahnkatastrophen in Deutschland. Splitter deutscher Geschichte. Bd.1. Landsberg, Pürgen 1979

Rosegger, Peter. Als ich noch der Waldbauernbub war. 1. Teil. Leipzig 1905

Erwin Rosen: Der deutsche Lausbub in Amerika. Erinnerungen und Eindrücke. Erster Teil, Stuttgart 1911

Rossberg, Ralf Roman (Hg.): Geschichte der Eisenbahn. Künzelsau 1977

Rossberg, Ralf Roman (Hg.): Vom Reiz der Eisenbahn. Künzelsau, Thalwil, Straßburg, Salzburg 1979

Roth, Joseph: Radetzkymarsch. Berlin 1932

Rübberdt, Rudolf: Geschichte der Industrialisierung. Wirtschaft und Gesellschaft auf dem Weg in unsere Zeit. München 1972

Salus, Grete: Niemand, nichts – ein Jude. Theresienstadt, Auschwitz, Oederan. Darmstadt 1981

Sammet, Gerald: Schiefe Ebene. Ein Almanach für Eisenbahner, Reisende und die Leute an den Zügen. Bremen 1983

Sammet, Gerald: Höchste Eisenbahn. Eine Reise mit den Zügen in ihre Zeit. Darmstadt, Neuwied 1984

Sammet, Gerald: Gleiswege. Texte aus Zügen. Reinbek bei Hamburg 1985

Schadendorf, Wulf: Das Jahrhundert der Eisenbahn. München 1965

Schatz, Walter: Die Väter der Eisenbahn. In: 150 Jahre deutsche Eisenbahn. Zug der Zeit – Zeit der Züge. Sonderbeilage der Nürnberger Nachrichten, 10. Mai 1985

Schivelbusch, Wolfgang: Geschichte der Eisenbahnreise. Zur Industrialisierung von Raum und Zeit im 19. Jahrhundert. Mün-chen, Wien 1977

Schmitt, W. Christian (Hg.): Von der Lust mit der Eisenbahn zu reisen. Düsseldorf, Wien 1982

Schnerr, Jakob. Zit. nach Beckh, Max: Deutschlands erste Eisenbahn Nürnberg – Fürth. Nürnberg 1935

Schöllgen, Gregor / Pfullmann, Uwe: Die Bagdad- und Hedjazbahn. In Franzke, Jürgen (Hg.): Bagdad- und Hedjazbahn. Nürnberg 2003

Schoepp, Sebastian: Letzter Zug nach Nirgendwo. In: Süddeutsche Zeitung, 11.5.2009

Schreibwerkstatt Wendelstein (Hg.): Auf der fränkischen Eisenbahn. Ein Lesebuch über Züge, Bahnhöfe und Menschen. Treuchtlingen 1997

Schröder, Klaus Albrecht: Die Eisenbahn in der Kunst. Katalog zur Ausstellung 8.10.-6.12.1987. Wien 1987

Schultheiß, Werner: Grundlagen der Verkehrsentwicklung der Reichsstadt Nürnberg. In Verein für Geschichte der Stadt Nürnberg (Hg.): Verkehrsentwicklung Nürnbergs im 19. und 20. Jahrhundert. Nürnberg 1972

Schwarz, Otto / Noack, Erwin: Die Gesetzgebung des Dritten Reiches. Ein Grundriß. Berlin 1934

Schwedhelm, Karl (Hg.): Propheten des Nationalismus. München 1969

Sölch, Werner: Orient-Express. Glanzzeit und Niedergang eines Luxuszuges. Reinbek bei Hamburg 1980

Sontheimer, Kurt: Thomas Mann und die Deutschen. München 1961

Sperr, Monika: Das große Schlager-Buch. Deutsche Schlager 1800 – heute. München 1978

Ernst Stadler: Fahrt über die Kölner Rheinbrücke bei Nacht. In: Dichtungen, Schriften, Briefe. Kritische Ausgabe. Hg. von Klaus Hurlebusch und Karl Ludwig Schneider. München 1983

Stadtlexikon Nürnberg. Hg. von Michael Diefenbacher und Rudolf Endres. Nürnberg 1999

Stadt und Eisenbahn. In: Stadt. Zeitschrift für Wohnungs- und Städtebau. Heft 2/1985

Stephan, Heinrich: Geschichte der preußischen Post von ihrem Ursprung bis auf die Gegenwart. Nach amtlichen Quellen (1859), Heidelberg 1987

Sternberg, Alexander von. Zit. nach Pöls, Werner (Hg.): Deutsche Sozialgeschichte. Dokumente und Skizzen. Bd. I: 1815-1870. München 1973

Stöckl, Fritz/ Molle, Peter /Wolters, Hermann (Hg.): Vom „Adler“ zum „IC“. Eisenbahnen in Deutschland. Gütersloh 1977

Stöckl, Fritz: Die großen Eisenbahnrouten der Welt. Hamburg 1985

Stoffels, Arno: Auch nach zehn Jahren sind die Wunden noch nicht verheilt. Das ICE-Unglück von Eschede. In: Nürnberger Nachrichten, 3. Juni 2008

Strindberg, August: Die Saga vom Sankt Gotthard. Zit. nach Rossberg, Ralf Roman (Hg.): Vom Reiz der Eisenbahn. Künzelsau, Thalwil, Straßburg, Salzburg 1979

Strößenreuther, Hugo: Nürnbergs Eisenbahnverkehr seit 1835. In Verein für Geschichte

Bildnachweis*

Archiv Bank Austria Kunstforum: Wien 12, 13, 30, 31;
Archiv für Kunst und Geschichte, Berlin: 84, 88;
Berlinische Galerie, Berlin: 125;
Bildagentur für Kunst, Kultur und Geschichte, Berlin: 171;
Bildarchiv der Österreichischen Nationalbibliothek, Wien: 70;
Bildarchiv Preußischer Kulturbesitz, Berlin: 15, 27, 80;
Bröhan-Museum der Stiftung Bröhan, Berlin: 48, 160;
Centrum Industriekultur Nürnberg: 79, 123;
DB (DB-Bilderdienst, DB-Museum Nürnberg, DB-Archiv): 9, 11-14, 27, 29, 32-34, 38, 40, 50-53, 60, 66, 68, 69, 73, 82, 83, 85, 87, 89, 96, 108, 110-112, 138, 144, 146, 147, 153, 154, 156, 157, 159, 160, 163, 167, 168, 174, 176, 177, 178, 179, 191, 191. 193, 194, 197, 199;
Deutsches Museum, München: 1, 8, 17, 18, 20, 21, 42, 140, 141;
Deutsches Postmuseum, Frankfurt am Main: 35, 36
DIZ Dokumentations- und Informationszentrum München GmbH: 109, 115, 155, 196
Franzke, Jürgen (Hrsg.): König der Züge. Orientexpress. Nürnberg 1999: 98, 99, 100, 101, 103;
Germanisches Nationalmuseum Nürnberg: 47, 64, 72, 94, 95, 120, 126, 163;
Gerullis, Hagen, Nürnberg: 81;
Hauptamt für Hochbauwesen Nürnberg: 19, 107;
Historisches Museum, Frankfurt am Main: 121;
Kunstmuseum Bern, Bern: 131;
Lichtbildstelle Bundesbahndirektion Nürnberg: 2, 6, 7, 22, 23, 24, 55, 75, 107, 119, 120, 139, 152, 163;
London National Gallery: 37;
Münchner Stadtmuseum, München: 16;
Nürnberger Nachrichten, Bildredaktion (Foto: Herbert Voll): 166;
Schrenk, Heidi, Garmisch-Partenkirchen: 65;
Staatsgalerie Stuttgart: 124, 136;
Stadtarchiv Erlangen: 170;
Stadtarchiv Offenburg: 67;
Stadtgeschichtliche Museen, Nürnberg: 3;
Städtisches Museum Fürth: 5;
Städtisches Museum, Braunschweig: 28;
Technisches Musem, Wien: 25;
Ullstein Bilderdienst, Berlin: 117, 118, 148, 173, 187, 195, 198;
Verkehrsmuseum Nürnberg**, Verkehrsarchiv: 4, 16, 27, 120, 140, 151.

---

* Die Nummern beziehen sich auf die Abb.-Nummern im Buch. Alle hier nicht aufgeführten Bilder sind den Archiven von Hermann Glaser bzw. des Schrenk-Verlags entnommen. Bei einigen Bildern konnte eine Bildquelle trotz ausführlicher Recherchen nicht ermittelt werden. Sollten Rechteinhaber Urheberrechte nachweisen und beanspruchen, bitten wir um Kontaktaufnahme.

** Wir danken ausdrücklich allen Museen, Galerien und Archiven, insbesondere dem Verkehrsmuseum Nürnberg, Lessingstraße 6, 90443 Nürnberg, www.dbmuseum.de.